Seu Sete da Lira

Cristian Siqueira

O fenômeno **Seu Sete da Lira**

Cacilda de Assis, a médium que parou o Brasil

LEGIÃO
PUBLICAÇÕES

1ª edição / Porto Alegre-RS / 2020

Coordenação editorial: Maitê Cena
Capa e projeto gráfico: Marco Cena
Assessoria Editorial: Daniel Rodrigues
Revisão: Gaia Revisão Textual
Produção editorial: Bruna Dali e Maitê Cena
Assessoramento gráfico: André Luis Alt
Foto da capa cedida por Al Hamdan
Fotos do livro: acervo do autor e da família de Cacilda de Assis

---

Dados Internacionais de Catalogação na Publicação (CIP)

S618f   Siqueira, Cristian
O fenômeno Seu Sete da Lira: Cacilda de Assis, a médium que parou o Brasil. / Cristian Siqueira. – Porto Alegre: BesouroBox, 2020.
320 p.; 16 x 23 cm

ISBN: 978-65-990353-1-9

1. Religião. 2. Umbanda. 3. Biografia. 4. Mãe Cacilda de Assis. I. Título.

CDU 299.6

Bibliotecária responsável Kátia Rosi Possobon CRB10/1782

Direitos de Publicação: © 2020 Edições BesouroBox Ltda.
Copyright © Cristian Siqueira, 2020.

Todos os direitos desta edição reservados a
Edições BesouroBox Ltda.
Rua Brito Peixoto, 224 - CEP: 91030-400
Passo D'Areia - Porto Alegre - RS
Fone: (51) 3337.5620
www.legiaopublicacoes.com.br

Impresso no Brasil
Fevereiro 2020

Salve, Sr. Marabô
Salve, Sra. Rosa Vermelha
Salve, Seu Sete Encruzilhadas Rei da Lira
Salve, Sra. Audara Maria
Salve, Seu Tiriri
Salve, Seu Sete Chaves
Salve, Seu Sete Porteiras
Salve, Sra. Cyangá.

Dedico esta obra à Mãe Cacilda de Assis como agradecimento pelos anos de trabalho votados à Umbanda e aos necessitados. Uma missão só tem sentido quando é abraçada e seguida. Muitos vieram à Terra com missões e se assustaram ao se deparar com o peso delas. Com Mãe Cacilda foi diferente, por isso pudemos ter contato com a história de uma das principais médiuns de nosso país e, sem dúvida, a mais conhecida da religião umbandista. Na comemoração de seu centenário (1919-2019), dedicamos a ela estas linhas como homenagem e sinal de reverência e admiração. Sua benção, Mãe.

Agradecimentos

É extremamente delicado traçar linhas com a intenção de agradecer pessoas em uma obra como esta que o caro leitor tem em mãos, pois sua materialização só foi possível graças à ajuda de muitas que aceitaram ceder informações, intimidades, tempo e apoio para que ela fosse construída. Esta obra foi desenvolvida como uma joia cujas pedras são colhidas com o passar dos anos com olhar meticuloso e delicado de um joalheiro. O desejo de ver este trabalho pronto exigiu paciência e apoio de amigos e familiares, para que nenhuma pedra se distanciasse da ideia inicial e imaterial concebida. Assim, graças a esses muitos seres iluminados, temos em mãos aquilo que melhor esteve ao nosso alcance desenvolver.

Da mesma forma, agradeço ao "homem", Seu Sete da Lira, e à Mãe Cacilda de Assis, que me permitiram, do outro lado da vida, tentar registrar aquela que, sem sombra de dúvidas, foi uma das mais belas, inimagináveis e intrigantes páginas da história da Umbanda e da Quimbanda brasileira. Amigos que pessoalmente não conheci, mas que se fizeram presentes do começo ao fim deste trabalho por meio de sinais, sonhos e intuições. Grandes achados só foram possíveis graças a essa dupla do além, que fez com que tudo se encaixasse da melhor forma possível nas horas e nos locais certos.

Esta obra também não seria possível sem a ajuda valiosa de Tia Luzia e Tia Eni, filhas biológicas de Mãe Cacilda, e Marcus, Bárbara e Viviane, netos de Mãe Cacilda, peças fundamentais de toda a pesquisa e figuras essenciais na compreensão real da figura de Seu Sete e sua médium. Palavras são pouco para agradecer tanta ajuda e confiança. Pude viajar nas lembranças e memórias da família Assis por dias, durante horas, e assim me aproximar o mais perto possível da verdade dos fatos cuja discrição de Mãe Cacilda não permitia que fosse do conhecimento público, o que permitiu que estas linhas fossem escritas com o propósito principal de fazer justiça aos impropérios e às críticas negativas e errôneas feitas no passado, e até mesmo no presente, contra o trabalho do "homem".

À minha família, Pai Enzo, Mãe Suze, irmãos George (Ayanakin), Matheus e Yuri, minha Vó Deusdedite e meu companheiro, Dilzemar: jamais eu seria quem sou sem a presença de vocês. Somos irmãos do passado e do presente, por isso desejo que assim possamos crescer dentro daquilo que tomamos por missão fazer nesta encarnação. Cada parte de meu coração foi construída e alimentada por um de vocês, e a única coisa que me cabe fazer é agradecê-los por isso.

Seu Sete trouxe para perto de mim meu sacerdote e mestre, Obashanan, cuja presença e apoio foram essenciais na construção deste trabalho; ele que, em 1971, viu o Exu nos palcos televisivos, trabalhou muito para que sua memória fosse preservada por meio do Acervo do Templo da Estrela Verde, responsável por divulgar a história de Seu Sete em blogs e revistas. Eu mesmo só pude desenvolver o início de minha devoção ao "homem" por conta da divulgação de sua história, que era feita pelas redes sociais por mestre Obashanan. Meu Pai: este livro é a materialização do respeito e carinho que sinto pelo senhor. Quis o astral que nos encontrássemos nesta vida para que o senhor me ajudasse a tentar entender uma pequenina ponta da infinita verdade existente embaixo do véu dos mistérios da Umbanda, e é isso que seu filho tenta fazer por intermédio destas linhas após, com sua ajuda, compreender uma das partes que lhe foi mostrada. Sua benção.

A história do terreiro de Santíssimo foi preservada e divulgada durante anos também por uma pessoa que me incentivou de forma descomunal a continuar minha pesquisa. Trata-se de Adão Lamenza, cambono de Seu Sete durante anos e responsável por fazer muitos jovens, pelas redes sociais, conhecer e se apaixonar pela história do Exu de Santíssimo. Adão, apenas Seu Sete poderá recompensá-lo por tanto amor e devoção; por tudo, muito obrigado!

Diamantino Trindade, meu tio de Santé, exímio e mais importante pesquisador da história umbandista, foi um amigo e irmão especial durante todo o percurso deste trabalho. Quando, nos momentos de dificuldade, eu desanimava, com medo de não conseguir concretizar a pesquisa, ele entrava em campo, com a meticulosidade de um doutor, para me afirmar e lembrar a importância do que eu havia sido imbuído de fazer. Só Seu Sete poderá recompensá-lo por tanto apoio, Mestre.

Aos meus filhos e discípulos, por me animarem sempre a continuar meu trabalho e se apaixonarem diariamente por Seu Sete tanto quanto eu. Sou profundamente grato a cada um de vocês pelo apoio e pela ajuda. O "homem" vê cada um de vocês como um amigo, por isso foram e são a voz dele todos os dias para mim e para muitos. Deus colocou-nos no mundo para os outros, então saibam que sou profundamente grato pelo fato de alguns desses "outros" da minha vida serem vocês. Benção!

A "Thinha", que no meio de tanto trabalho me ensinou o que é liberdade.

Meu agradecimento profundo a Erasmo e Andrea Trés que me cederam tempo, espaço e ânimo para que essa obra nascesse e se desenvolvesse.

A cada pessoa que compartilhou comigo suas lembranças e memórias, tempo e carinho, contando-me histórias, fatos e respondendo às perguntas insistentes de um baixinho cuja curiosidade não tem fim. Meu profundo obrigado! Não arriscaria citar nomes, pois, na verdade, muitos encarnados e desencarnados, à sua maneira, ajudaram a compor esta música. A ajuda teve uma serventia, e assim, agora, não apenas nós teremos conhecimento da história do "homem", e sim muitos outros, tantos quanto assim desejarem. No final, o que queremos mesmo é voltar na Lira de Santíssimo, mesmo que na memória, e cantarmos com o Rei. Apenas isto: cantar e se alegrar. Viva a Lira!

Sumário

Apresentação 13

Prefácio - Sete da Lira e Cacilda de Assis:
exemplos de missão e compromisso 15

A compreensão da sombra 19

1. Ela chegou. Ele chegou! 25

2. Mãe Cacilda 29

3. A caminhada de Cacilda 37

4. Santíssimo, a terra do Sete 49

5. Seu Sete da Lira 57

6. O Maracanã da Fé 67

7. As noites de sábado 83

8. É pra quem tem fé! 113

9. Audara 129

10. As coroas do Rei 137

11. Santo maior 171

12. Seu Sete na TV 181

13. Chegou Seu Sete da Lira 209

14. Consequências 221

15. Desentendimento entre irmãos 243

16. Imprensa marrom 259

17. Fisco na Lira 273

18. Retiro de guarda 285

19. Seu Sete se vai 301

20 A Lira eterna 307

Referências 315

Apresentação

Prezados leitores e leitoras!

Sinto-me imensamente honrado por fazer a apresentação de tão importante e consistente obra literária, que traz grande contribuição histórica para a Umbanda e os cultos afro-brasileiros.

No Brasil, as décadas de 1950, 1960 e 1970 foram palco para grandes fenômenos mediúnicos de cura: Padre Donizetti, em Tambaú (SP); Madalena de Morais, em Itapeva (RJ) – que atuava com o espírito de Zafira e trabalhava com o Padre Donizetti; Isaltina dos Milagres, no Rio de Janeiro; Arigó, em Congonhas do Campo (MG), dentre outros. No entanto, ninguém foi mais famoso do que o Exu Sete Encruzilhadas Rei da Lira, que atuava por intermédio da mediunidade de Mãe Cacilda de Assis, no bairro de Santíssimo, na Rua dos Caquizeiros, Rio de Janeiro. Milhares de pessoas acorriam todos os sábados à Casa de Axé do Exu do Povo.

Sem sombra de dúvida, Seu Sete Encruzilhadas Rei da Lira foi a entidade mais famosa da Umbanda até hoje. Multidões caudalosas de fiéis lotavam o terreiro, movidas pela fé, buscando um lenitivo para seus males, que Seu Sete da Lira curava usando como instrumentos o marafo, o charuto e, principalmente, a música de todos os ritmos, inclusive marchinhas de Carnaval, sempre acompanhado pela sua orquestra. Há milhares de depoimentos de pessoas curadas em Santíssimo.

Era um dos maiores espetáculos de massa da religião de Umbanda. Todos cantavam enquanto o Dr. Saracura ia curando, espargindo seu marafo carreado de ectoplasma. Celebridades participavam da gira: cantores, músicos, jogadores de futebol, políticos, artistas etc. frequentavam a Lira de Seu Sete, que só pedia fé, respeito e compreensão.

Meia-noite era o Pino da Hora Grande, a Hora da Corrente do Amor, hora da meditação da humildade, da compreensão. Era o momento em que Seu Sete saudava todos os presentes, pedindo para que se unissem em gesto fraterno. "Amem-se. Unam-se, pelo menos naquela hora de respeito". Durante muitos anos, esse ritual de fé se repetiu todos os sábados.

Cristian Siqueira recebeu a árdua tarefa de resgatar a memória de Seu Sete e Mãe Cacilda de Assis. Algo que fez com muita sobriedade, competência e honestidade. E qual o diferencial desta obra? Cristian não se deteve apenas a registros dos periódicos da época, ele visitou diversas vezes a família de Mãe Cacilda de Assis, que depositou total confiança em seu trabalho e seu caráter, e teve acesso irrestrito a documentos, fotografias, além dos depoimentos orais. Enfim, foi realmente uma pesquisa primária, como dizemos nos meios acadêmicos. Recebeu de presente, inclusive, alguns objetos utilizados por Seu Sete nas giras de cura, como capas e cartolas que faziam parte da sua indumentária de trabalho. Cristian bebeu diretamente na fonte dos acontecimentos. Assim nasceu este trabalho único e maravilhoso.

Parabéns, queridos leitores e leitoras, vocês estão de posse de uma importante obra, esclarecedora, consistente e honesta para todos os umbandistas e adeptos dos cultos afro-brasileiros. Vamos agora mergulhar neste maravilhoso livro e interpenetrar aspectos ainda desconhecidos dos trabalhos de Seu Sete Encruzilhadas Rei da Lira.

Salve, Seu Sete!
Salve, Mãe Cacilda de Assis!
Salve, Lira Sagrada!

Diamantino Fernandes Trindade (Hanamatan Ramayane)
Ministro religioso da Casa de Cultura Umbanda do Brasil
Sacerdote do Templo Cristão Umbanda do Brasil

Prefácio
Sete da Lira e Cacilda de Assis: exemplos de missão e compromisso

Em observação ao comportamento humano, um dos fatores mais desejados dos tempos modernos é a vontade do êxtase sob vários modos e formas: por intermédio da religião, das diversões, do sensualismo, dos vícios, da música, dos excessos...

Desde muito tempo, esses excessos são justificados como uma busca interior pela liberdade e transcendência, mas, com o tempo, perderam-se os limites da capacidade de dizer não aos abusos, de ter bom senso nas atitudes, de ter coerência nos atos e cuidado nas escolhas e nos caminhos. Nestes tempos de extremismos, estar em êxtase é sair de si e de tudo para se fundir em outra coisa, é querer forçar uma transformação ilusória, como uma tentativa de um salto na transcendência ou no abismo.

Assim, a sabedoria é, a todo momento, invocada e procurada, quer seja por necessidade ou por vergonha. Ela se torna um dos caminhos para encontrar uma cura para a vida sem ação, para o tédio existencial, uma justificativa para se compreender a estadia temporária no mundo com menos dor ou menos dano. Apesar disso, ela também tem seus excessos e não tem menos necessidade de moderação e cautela do que a loucura. Infelizmente, a sabedoria, embora seja um dos modos de se reconhecer a esperança, num mundo distorcido pela ignorância, quase sempre leva à solidão e ao isolamento.

Quanto à esperança, esta é uma virtude, um caminho que vale a pena insistir. Animadora, ela indica, dentre muitas coisas, que se espera o máximo de tudo, que é Deus. Ou Deus em tudo, como o significado maior da compreensão de todas as coisas, indicando que a paz e a harmonia podem ser atingidas. Por isso, é muito difícil ver Deus em todas as coisas, mas é muito mais difícil ver Deus além das coisas. Falta ao mundo o sentido de transcendência, que coloque os mais altos desejos numa esperança tão inalcançável, tão impossível que, fatalmente, a "compreensão" de Deus um dia virá aos sentidos mais básicos, retirando todos os medos e a esperança que Ele entrega aos que Nele creem, e virá carregada de uma liberdade muito maior do que se pode aquilatar ou imaginar.

O espírito é esse paradoxal não ser, que traduz a capacidade de pensar sobre o verdadeiro, sobre aquilo que é universal, sobre a certeza do encontro com a felicidade e com a realidade. Estar com Deus é estar feliz num mundo de sombras, é estar lúcido e preparado para o que vier. O espírito não é uma substância, mas também não é um nada. A verdade que o espírito traz é a mesma em todas as criaturas. Ele é a liberdade que todos possuem, visto que o espírito livre duvida de si mesmo e tem noção de sua sabedoria: sabe que não sabe, ou sabe pouco e se preocupa ou diverte-se com isso, sempre de duas maneiras: por meio da reflexão ou do riso, pois sempre temos de ser fiéis a nós mesmos sem nos crermos. Essa noção de espírito ensinada por nós, guardiões, é o que tentamos passar aos homens para superarem o fanatismo e a vaidade. Onde há o espírito de Cristo, aí há a liberdade. E há alegria.

A palavra "espírito" vem do latim "spiritus", que os gregos podiam traduzir por "psyché" (nas duas línguas, o significado faz referência ao sopro vital, à respiração). Isso significa que a fronteira entre o espiritual e o psíquico é aberta, possui um trânsito livre. O amor pertence a ambos; a religião pertence a ambos. Assim, a fé é um objeto psíquico como outro qualquer, mas também é uma experiência espiritual, enquanto que por psiquismo se entende o conjunto no qual a espiritualidade seria o ápice.

Na prática, a espiritualidade, sendo a parte superior da alma e do psiquismo, nos leva a tentar compreender a Deus ou o absoluto, assim como nos leva ao infinito ou ao todo, ao sentido ou à ausência, ao tempo ou à eternidade, à prece ou meditação, ao mistério ou misticismo, à salvação ou contemplação. Os espíritos guardiões atuam nesses limites, nessa porosidade entre psiquismo e espírito, lidando com todas as ilusões que a alma cria dentro da sombra da mente, lidando com os excessos citados e retirando aos poucos as barreiras e os bloqueios para que os necessitados de nossa ajuda enxerguem mais e melhor, além da capa, além da cachaça, além da cor vermelha da ira, além da cor negra da escuridão, além do bem e além do mal. Além de qualquer julgamento. Todos os sentidos e todas as percepções são bem-vindos no terreno da fé.

O que ditamos acima é apenas parte do que é realizado nos bastidores de nossa batalha por um mundo mais digno, limpo e que possa deixar boa memória. Nosso companheiro, que se identificou aos homens como Sete Encruzilhadas Rei da Lira, realizou o trabalho que todo Guardião de luz se dedica em suas horas de descanso quando vem até o plano mais denso e se reveste das mais estranhas ilusões e conceitos para se achegar mais perto daqueles que pretende ajudar. Sete da Lira mostrou o êxtase do transe mediúnico, trouxe esperança para milhares, falou de Deus, ensinou, acalmou, apascentou, deu direção, caminho, curou. E na compreensão dos excessos de tantas e tantas almas, por meio da felicidade, mostrou a fé e a religiosidade positiva onde poucos poderiam ver: na bebida, na dança, na música, na festa profana, na multidão massacrada pela pobreza e doença, que recebeu a atenção de um espírito que, assim como tantos outros falangeiros, irmãos de tarefa, são criticados, malcompreendidos, malfalados e mistificados pelos que têm má intenção e nenhuma relação com a verdade do que entendem como "exus".

Sete da Lira trouxe a caridade de Cristo à Terra, o que todo terreiro de Umbanda que visa à mediunidade verdadeira como caminho tem a obrigação de fazer. Muitos foram tratados por Sete da Lira, e sua dedicação a tantos o libertou de seu ciclo inicial de purificações nos planos que lhe eram afins. Por isso, não haverá mais outro Sete Encruzilhadas Rei da Lira em nenhum outro médium.

Sete da Lira é um de nossos grandes amigos. E nós, "compadres", somos amigos também de quem trabalha conosco. Entendemos a amizade como a alegria do amor. Ela transforma toda carência e toda paixão. Não há amor feliz enquanto for carência, nem amor sereno enquanto for paixão. Amizade não é o amor que toma, nem somente o amor que dá, é o amor que se compartilha. Sete da Lira e sua médium, Cacilda de Assis, fizeram sua tarefa como poucos ousaram e conseguiram fazer. Compartilharam o amor e a amizade verdadeiros para os que mais necessitavam. A eles o respeito de toda nossa falange e de nosso pequeno espírito admirado. A verdadeira espiritualidade foi ensinada por eles de uma forma poucas vezes vista no mundo. Vale a pena relembrar essa história vitoriosa neste livro, que outro médium, o Karaiman, cavalo do Marabô, escreveu como missão e tarefa.

Missão mediúnica é trabalho árduo e contínuo, mas é, antes de tudo, responsabilidade. E assim, deixando agora os canais deste "cavalo" que agora utilizo, desejo a todos que lerem estas linhas muita luz e realização em seus caminhos e que cada um contribua com o que tiver na alma, não com tristeza ou por necessidade, mas com alegria. Que habite Deus em seus corações, pela fé, esperança e caridade, cujo alicerce é o amor de Cristo, que excede todo entendimento e compreensão.

Fé, justiça e amizade para todos.

Guardião Sete Porteiras
Psicografado por mestre Obashanan em 28/08/2018
Mestre Obashanan é escritor, musicista, jornalista, produtor,
etnomusicólogo e dirigente do Templo da Estrela Verde (SP)

A compreensão da sombra

Os espíritos guardiões são ainda, como os outros mentores que se manifestam nas religiões brasileiras, seres malcompreendidos e reinventados segundo a compreensão, o alcance, a fé e a conveniência da maior parte daqueles que se ligam a essa forma de se comunicar com um mundo tão próximo, tão necessário e, ao mesmo tempo, tão distante dos vários modos comportamentais dos seres humanos.

Estar em contato com eles é, acima de tudo, um mérito poucas vezes pensado e aquilatado. Ter a mente equilibrada para lidar como mediador de um mundo ético na relação direta com um mundo moral em declínio, por vezes, tira da razão e do caminho muitos que durante um longo tempo procuram se dedicar à espiritualidade da melhor forma possível. Lidar com as questões dos espíritos guardiões não é tarefa fácil, não é algo que se deva levar como corriqueiro e, menos ainda, como diversão, mesmo que esses enviados do astral superior tratem os encarnados como amigos próximos e tenham com eles diálogos, posturas e atitudes pouco ortodoxas.

Esse lado da moeda abrange a visão da sombra como algo necessário a uma compreensão do momento em que aquelas pessoas vivem.

Há aqueles que entendem a espiritualidade apenas dentro de sua própria órbita e não é ainda possível tirar-lhes de sua compreensão para uma nova identidade sem antes dar-lhes o mínimo de comodidade e confiança em seu próprio ambiente. Os chamados Exus na Umbanda são esses expoentes de uma capacidade única de extraírem o melhor do pior, de darem esperança onde a luz, por merecimento dos que habitam as trevas, não tem como chegar, mas enviam seres que a ocultam e mostram apenas uma tênue luminosidade que não machuca, não afasta, mas, antes, atrai, guia e aquece os que estão perdidos sem visão e sem noção de espaço. Em razão disso, usam os elementos mais próximos daqueles que buscam socorrer: as atividades do instinto, das vaidades, dos vícios, das alegrias, das vontades e das ilusões São a concretização das verdades do deus Dioniso, o deus dos ciclos vitais, das festas, da bebida, das insanidades.

Os Exus são aqueles agentes mercuriais que ligam o que há de mais baixo com o que há de mais alto, são o sinal mais exato de uma esperança que desce até a habitação dos desesperados e os resgata. Assim como Dioniso, são os protetores dos que não pertencem à sociedade convencional. Lidam com o caos, com o que é perigoso, com o que é inesperado e sem razão. Os que beiram a loucura têm sua atenção.

Uma tradição se faz contínua com a compreensão do passado e um futuro claro, por onde vislumbramos, sem qualquer dúvida, os caminhos que se descortinam quando olhamos para um símbolo, quando ouvimos uma palavra, quando entendemos que a vida prossegue melhor para quem procura uma casa espiritual.

Mãe Cacilda de Assis foi indubitavelmente uma das maiores médiuns de Umbanda em todos os tempos, pois são inquestionáveis suas impressionantes giras com o Exu Sete da Lira, que marcou época e mostrou o poder que têm as religiões afro-brasileiras. Sem dúvida, o mundo espiritual não muda os panoramas dos encarnados porque não quer, pois tem outros planos, outras visões e outros caminhos. Bastaram duas aparições em programas de televisão de uma entidade tão polêmica como um Exu para movimentar todo o país. Esse foi o motivo maior de sua glória e também de seu sacrifício.

O Rei da Lira se apresentava como Exu, muito embora suas características originais o liguem também ao mundo da encantaria, onde é conhecido como Sete Rei da Lira, José das Sete Liras ou o Rei das Sete Liras. Poucos conhecem as lendas dessa entidade enquanto encantado, que começa na Idade Média e vai até sua reencarnação no século XIX. Na Espanha Medieval, havia um casal: Caio e Zelinda. Caio era um descendente de gregos que tocava e fabricava instrumentos musicais, especialmente liras; Zelinda era uma bela negra africana que, escondida dos poderosos da época, fazia rituais mágicos.

Tanto a lenda do encantado como a forma de apresentação do Exu Sete da Lira são traduções inconscientes das figuras alquímicas[1] que existem no imaginário do planeta, sustentadas por anos a fio de ritos, crenças e fé dos seres humanos, que se utilizando da força dessa egrégora produzem e mantêm acesa as histórias que permeiam as religiões do mundo. Essa força vem desde a pré-história e pode ser vista como expressões variadas de arquétipos antigos cuja imagem mental se pronuncia e se recria de tempos em tempos, acobertando uma verdade quase inacessível que só é revelada pelo esforço de poucos que se dedicam a entrar no mundo dos símbolos e das expressões ocultas comparadas.

Voltando à história de Caio e Zelinda, estes tiveram um filho chamado José, que era muito inteligente e tocava instrumentos como ninguém. O garoto herdou do pai o gosto para tocar e fabricar liras, das quais construía 7 diferentes modelos. Da mãe herdou os poderes paranormais: curava pessoas doentes, movia objetos com o olhar, tinha sonhos premonitórios, via a aura das pessoas etc. Na adolescência, conta a lenda que o garoto passou a incorporar espíritos enquanto tocava, e uma dessas almas seria a do bíblico Rei Davi. Por fazer muito sucesso com as mulheres, um marido ciumento entregou-o para os representantes da Igreja, acusando José das Sete Liras de bruxaria. Assim, foi queimado na fogueira pela Inquisição.

A fama do Exu Sete Rei da Lira que baixava em Mãe Cacilda começou a crescer rapidamente devido às características inusitadas de suas

---

[1] Sobre o mistério das formas de apresentação das entidades de Umbanda e a representação alquímica de seus símbolos, veja o *Magistério solar*, de Mestre Obashanan.

giras: músicas de todos os tipos podiam ser cantadas e tocadas, além da impressionante ingestão de litros e litros de "marafo" e da roupa ritualística bordada em veludo preto, combinada com botas, capas e cartola. Quem presenciou a manifestação desse espírito se impressionou com o magnetismo e com a capacidade de movimentação das pessoas que acorriam ao seu templo, em Santíssimo, um bairro do Rio de Janeiro. As notícias se davam boca a boca. Os casos de cura de doenças gravíssimas, por exemplo, se espalharam rapidamente, e a gira de Seu Sete chegou à marca impressionante de mais de cinco mil pessoas por rito.

Mãe Cacilda era compositora e escritora e tinha um programa na Rádio Metropolitana de Inhaúma. Para se ter uma ideia da fama de Seu Sete, artistas como Tim Maia, Freddie Mercury e o grupo Kiss estiveram por lá, até que um dia o apresentador Flávio Cavalcanti convidou o Exu a baixar em rede nacional. Ao contrário do que se esperava, Seu Sete concordou, e foi aí que o "dendê ferveu"!

Eu me lembro bem do fato, pois todo mundo comentou: foi em 1971, eu tinha 5 anos e me é inesquecível o sotaque de uma portuguesa da vila em que eu morava, no bairro do bexiga, em Sampa, agressiva e transtornada, ao comentar: "Um absurdo, como deixaram um demônio daqueles baixar no programa do Chacrinha? Viram o que ele fez?" A revolta da mulher, católica radical (ainda não existiam os neopentecostais, que mais tarde se aproveitariam do mesmo tipo de discurso), era acompanhada de uma credulidade não assumida: "Tudo bem, o santo baixou em todo mundo, isso realmente é difícil de explicar, mas..."

Incorporada pelo Exu Seu Sete Rei da Lira, Cacilda havia transformado os programas de Chacrinha e de Flávio Cavalcanti num verdadeiro ritual de Quimbanda, daqueles mais bravos. Não se questiona aqui a veracidade da presença do Exu naqueles momentos, ou se é válido esse tipo de exposição ou de manifestação em público, mas há a verdade inquestionável de que algum poder realmente tomou conta das pessoas naqueles programas, pois plateia, cantores, assistentes de câmera, seguranças, contrarregras e outros entraram em transe, desmaiaram ou foram "mediunizados" por Exus e outras entidades.

Inabalável, Seu Sete da Lira, após "tocar a macumba" no programa de Flávio Cavalcanti, sem desincorporar, saiu de carro dos estúdios da TV Tupi acompanhado por seus cambonos e foi até os estúdios da Rede Globo, no programa do Chacrinha. Nem bem entrou no palco, o mesmo fenômeno aconteceu: chacretes, músicos, diretores e outros entraram em transe.

O próprio Chacrinha, o rei da caricatura e da esbórnia, ficou sem ação, conforme o relato do professor universitário Paulo Duarte:

> "[...] me causou espanto, assistir, há dias àquele espetáculo de 'Seu Sete', apresentado como se fosse um retrato do Brasil: uma 'mandingueira' de cartola e charuto, espargindo cachaça pela multidão em transe, como um sacerdote o faz com água benta. Um adolescente entrou para colaborar, quando foi 'tomado' diante da Mãe de Santo. Esta, que já bebera em público largos goles de pinga, esborrifou-lhe o rosto com um pouco da bebida, aos efeitos mágicos da qual o moleque voltou à razão em meio ao alvoroço da multidão, sob o patrocínio de um Chacrinha mais inconsciente que legítimo."

Na Censura Federal, centenas de telefonemas de protestos e de narrativas de pessoas que haviam entrado em transe em suas casas entupiram as centrais telefônicas; a Igreja Católica, constrangida, reuniu sua cúria para debater o problema; e a concessão das duas emissoras de TV quase foram suspensas pelo governo, alegando a defesa da "moralidade" e dos "bons costumes".

Na verdade, o que podemos concluir é que a Umbanda e as religiões afro-brasileiras fazem parte de uma parcela do imaginário brasileiro – principalmente a Quimbanda. Se forem colocadas à mostra em sua totalidade, podem gerar efeitos inesperados no senso comum e no padrão das classes sociais e religiosas acomodadas, pois raramente se viu na história da cultura brasileira a religiosidade das classes subalternas manifestar-se de modo tão espontâneo e incontrolável e em escala nacional como foi feito pelo Sr. Exu da Lira, e só por ele, sozinho!

Pela primeira vez na história do país, cujo Estado e cujas classes dirigentes desfiam ao longo dos tempos uma compreensão e narrativa eurocêntricas sobre si mesmos, a sociedade brasileira se viu obrigada e se olhar no espelho tão profundamente que não aguentou se ver tão frágil e desnuda diante dos efeitos do trabalho de um Exu Guardião. As reações subsequentes revelaram ainda posicionamentos elitistas arraigados nas velhas estruturas de dominação e da luta de classes no plano das representações simbólicas. Entre o próprio povo do santo a coisa se dividiu: em conversa com nosso querido amigo pai Pedro Miranda, ele nos relatou que certas "cúpulas" umbandistas da época recusaram-se a entender o fenômeno "da Lira" e também tentaram abafar o caso.

Sem querer polemizar, mas sem medo de errar, Mãe Cacilda talvez tenha sido a maior médium que passou pelas religiões afro-brasileiras, seguida por outros baluartes, como Zélio Fernandino de Moraes, Domingos dos Santos, João Carneiro de Almeida, José Álvares Pessoa, Manoel Nogueira Aranha, João de Freitas, Cavalcanti Bandeira, Cícero Bernardino de Melo, Narciso Cavalcanti, Félix Nascente Pinto, Jerônimo de Souza, Henrique Landi Júnior, Matta e Silva, Tancredo da Silva Pinto, Áttila Nunes (pai), Omolubá, Joãozinho da Gomeia, Flavio da Guiné, dentre outros, mas nenhum deles com tamanho poder mediúnico de cura, amor ao próximo e, claro, polêmica. Só poderia ser Exu mesmo...

Perseguida, Mãe Cacilda se isolou, mas não foi abandonada por Seu Sete. Trabalhou até o fim de seus dias, conforme verá o leitor ao adentrar neste incrível livro, brilhantemente escrito por nosso filho, o mestre Karaiman, que honra com postura, ética, trabalho e respeito sua iniciação. Honra a nossa Casa, seu Clã e nossa Tradição. Permita-me desejar-lhe vida longa e iluminada.

E assim, vamos respeitosamente adentrar nos bastidores da Quimbanda do Brasil...

Ao Sr. Sete Rei da Lira: Mojubá, Exu!

Obashanan
Grão-mestre de iniciação do Templo da Estrela Verde,
a casa do Caboclo Aymoré

Ela chegou. Ele chegou!

> "Ele também veio de longe
> veio trazer um aperto de mão
> Seu Sete é meu amigo e é dono do meu coração
> Seja de dia ou ao amanhecer, bebo com ele e bebo com prazer
> Em cada gole ele está trabalhando,
> me ajudando a lutar e vencer"
> (*A lutar* – Aloisio Pimentel, 13/06/1958).

Uma multidão agitada se formava em frente à sede da TV Tupi, no Rio de Janeiro, no imponente prédio da emissora, que ficava à beira da praia da Urca. As pessoas se apertavam, gritavam, mostravam fotos, objetos, enquanto o motorista tentava posicionar o veículo de forma segura para que Cacilda de Assis não fosse sufocada pela multidão, que estava ansiosa por ver tanto ela como a entidade que recebia, a qual atendia, curava e aliviava as dores do povo. Afinal, tratava-se de uma ocasião inédita na mídia brasileira: era a primeira vez que uma entidade representativa da Umbanda chegava à tamanha exposição pública.

Sucesso de audiência, o polêmico programa do apresentador Flávio Cavalcanti receberia naquela tarde de 29 de agosto de 1971 a Mãe de Santo Cacilda de Assis, uma das médiuns mais cultuadas da história da religião brasileira graças ao Exu que lhe assistia: o Exu Sete Encruzilhadas Rei da Lira. Aos 13 anos de idade, Cacilda recebeu pela primeira vez o Seu Sete Rei da Lira, o qual foi assentado em 13 de junho de 1938, aos 15 anos, quando Cacilda recebeu sua iniciação de seu Pai espiritual, Benedito Galdino do Congo, em Coroa Grande, Itaguaí, região litorânea do Rio de Janeiro. Desde então, em seu terreiro, primeiro numa pequena tenda, em Cascadura, seguido por outra Tenda em Cavalcanti e, por fim, no bairro do Santíssimo, Zona Oeste carioca, recebia milhares de pessoas, que procuravam a casa em busca de solução para seus males do corpo e da alma, os quais eram sanados pela música, o charuto e o marafo curativos de Seu Sete Rei da Lira, tornando-se a entidade mais famosa da Umbanda no país.

Dentro do estúdio da Tupi, o programa havia começado. Transmitido ao vivo, a todo o momento sob um fundo musical de suspense para criar expectativa, Flávio Cavalcanti anunciava a presença de Seu Sete no programa daquele dia. Ele estava prestes a entrar. A plateia e os espectadores ansiavam por sua chegada. Lá fora, o convidado especial chegava ao prédio da emissora. Uma carreata de carros particulares acompanhava-o, formada por fiéis e admiradores no decorrer da viagem do sítio em Santíssimo até a sede da emissora na Urca, o que lhes causara grande surpresa à medida que iam se reunindo.

Ao se aproximarem da sede da TV Tupi, outro grande susto: além dos fiéis, que acompanharam a carreata que seguia Seu Sete, quando chegaram ao destino depararam-se com uma imensa massa de pessoas, que aguardavam a chegada de Seu Sete. Aquela multidão era formada por pessoas das mais diversas procedências e que enfrentavam os mais diversos tipos de problemas. Eram pessoas que, por motivos diversos, não conseguiriam se deslocar até o Centro de Santíssimo e viram naquela ocasião a oportunidade que tanto desejavam para conhecer o famoso Guardião Curador.

A própria Cacilda havia hesitado em ir ao programa. Aquele dia sentiu-se muito ansiosa, pois sabia, mesmo que a seu contragosto, do compromisso de Seu Sete na TV horas mais tarde. Como de costume, havia acontecido o trabalho do sábado que, entre uma mesa e outra, atravessou o nascer do domingo. De fato, a presença de Seu Sete na TV só fora confirmada no momento em que ele se preparou para tal, pois, até então, havia incerteza dentro do Centro. A própria Mãe Cacilda não desejava nem apoiava tal aparição. Mesmo com tudo acertado e combinado com a produção tanto do "Programa Flávio Cavalcanti", na Tupi, quanto do programa "A Hora da Buzina", na TV Globo, também marcado para aquele dia, a sacerdotisa passara aquela semana inteira anterior afirmando que não via com bons olhos a situação. Aos mais próximos, ela afirmava:

– Não quero ir, não me obriguem a fazer algo que não quero.

Percebendo que sua médium não manifestava grande ânimo para dar passividade ao fato, o "homem" resolveu vir por conta própria. Em horário aproximado ao combinado com as produções, Seu Sete apoderou-se de Mãe Cacilda. Ao chegar, reafirmou o motivo daquela manifestação diferente, mas necessária.

Em sua sabedoria de tantas vidas já vividas, Seu Sete Encruzilhadas Rei da Lira sabia que aquela era uma oportunidade de levar a um público maior a Umbanda e sua mensagem. Tudo o que Mãe Cacilda construíra desde a infância, quando iniciou os trabalhos na pequena Tenda, posteriormente se mudando para um lugar maior e com mais estrutura para receber quem os procurava, o Sítio Santo Antônio, o "Maracanã da Fé" como foi apelidado o local por ser o maior templo de culto umbandista construído até hoje, passava em sua mente como num filme: as curas, as vivências, a devoção, as experiências que a religião havia acumulado até ali. Tantas noites de sábado, tantas Horas Grandes, tantas canções entoadas, tantos desfiles de Carnaval, tantos necessitados recebidos e atendidos, não raro, milhares em uma única noite. Era hora de evidenciar tudo aquilo vivido, toda aquela caminhada.

Já manifestado, Seu Sete disse ali, prestes a entrar no palco diante das câmeras para ser visto por milhões de espectadores:

– Eu vou! Eu vou por que sou mensageiro do amor e irei mandar minha mensagem. Depois vemos o que vai dar...

Mãe Cacilda

> "Eparrei, Eparrei, bela Oiá
> É um tesouro a coroa de nossa Babá
> Ela me tirou da escuridão
> Feliz daquele em que ela põe a mão
> Terá caminho, saúde e prosperidade
> Filha de Iansã
> Deus lhe dê muitas felicidades
> Oyà, Oyà, Oyà êêê, lá em Santíssimo tem, vem ver
> Deus lhe faça feliz, linda Babá
> Mãe Cacilda de Assis..."
> (*Linda Babá* – Claudio Paraíba e Luzia de Assis).

Cidinha

O Brasil é um país tecido na religiosidade. É assim desde seu primórdio, com as tribos nativas, os escravos africanos ou os europeus colonizadores: todos embasados em seus próprios credos. A nação brasileira sempre guardou consigo uma fé do tamanho de suas dimensões continentais. Os símbolos dessa religiosidade, portanto, não poderiam se originar que não do próprio povo. São inúmeros os exemplos ao longo da história, de Padre Cícero a Irmã Dulce, de Madre Paulina a Chico Xavier, personagens cujas trajetórias são bem conhecidas da sociedade – ou nem tanto. Uma dessas personalidades emergidas do coração popular é Mãe Cacilda. Símbolo da popularização de uma das religiões mais celebradas e democráticas do Brasil, a Umbanda, ela é um desses ícones nacionais cuja história merece ser contada.

Cacilda de Assis de Souza foi a segunda dos oito filhos dos fazendeiros Nicolau Antonio de Souza e Maria Luiza Assis de Souza, que residiam no município de Valença, localizado a 160 quilômetros da capital fluminense, no Rio de Janeiro. Ela nasceu no dia 14 de março de 1919 na mesma Valença, cidade encravada na mata da região do Vale do Paraíba do Sul, tomada pelos portugueses no final do século XVIII e habitada por sábios e intrépidos índios no passado.

De família católica, Cidinha, como era chamada, frequentava desde criança a missa aos domingos juntamente com seus pais. Sr. Nicolau nutria ferrenha devoção ao santo junino São João e para ele celebrava a festa anual com muita fartura: banca musical, dança da quadrilha, entre outros costumes e tradições. A cidade de Valença, no entanto, sempre teve forte influência da cultura africana, abrigando uma grande comunidade quilombola, que preservava e mantinha as tradições trazidas de Angola, como as origens africanas da Umbanda (originárias de Lunda), o jongo, o calango, o terço de São Gonçalo, a medicina natural, as rezas e benzeduras, a agricultura familiar, entre outras.

A pequena Cidinha vivia uma infância típica de criança do interior, correndo nas ruas com outras crianças, brincando com suas bonecas, até que, aos 5 anos de idade, coisas estranhas começaram a lhe acontecer. De repente, para espanto de todos os seus familiares, a menina começou a pedir que lhe dessem um cachimbo. Sua mãe,

Dona Maria Luiza, achava a atitude da filha natural, pois considerava normal que crianças como ela tentassem imitar os mais velhos. Apesar desse entendimento, ficava chateada e prometia uma boa surra caso a menina continuasse com aquilo.

As constantes ameaças não intimidaram Cidinha, que acabou por fazer com suas próprias mãos um cachimbo de mamona. Com ele, brincava na mata da fazenda de Valença. O cachimbo se tornou um amigo inseparável da menina, mas logo seus desejos infantis passaram a se tornar ainda mais estranhos para uma criança: agora, era cachaça seu objeto de desejo. Agitada, passou a pedir aguardente aos pais, tios e até aos vizinhos. Sua mãe, irritada, deu-lhe uma sentença final exagerada na tentativa de acabar de vez com aquela ideia absurda:

– Se quer beber, que beba álcool, então!

Cidinha não pestanejou. Encontrou na dispensa da casa 1 litro de álcool e, acreditando nas palavras da mãe, ingeriu boa parte do líquido. Surpreendentemente, aquilo, ao invés de causar mal-estar, pareceu ter acalmado a ansiedade da menina.

A atitude da filha assustou Dona Maria Luiza, que começou a prestar mais atenção nos comportamentos da criança. Religiosa, temia que aqueles desejos fossem inspirações demoníacas sobre Cidinha. Coisa do "encardido", do "chifrudo". Algo tinha de ser feito para livrar a filha daquele mal. Em razão disso, uma das tias de Cacilda resolveu fazer uma promessa. Era comum que as promessas fossem "pagas" pelos próprios necessitados, e a da tia era que a menina não cortasse mais os cabelos e passasse a vestir apenas roupas em tons de azul e branco ou rosa e branco como oferenda à Nossa Senhora da Conceição, para que a santa a salvasse da "perturbação maligna". Assim, Cidinha passou a vestir apenas roupas dessas cores.

Tudo corria bem até o dia do aniversário de 7 anos de Cidinha, naquele 14 de março de 1926. Uma festinha foi organizada por seus familiares com direito a bolo, salgadinhos, refrescos, doces e tudo que era de costume na época oferecer às crianças em suas festividades natalícias. Cidinha estava feliz: sorria, brincava, corria e conversava. O tradicional "parabéns" foi cantado pelos pais, tios, primos e vizinhos com muita alegria. Cidinha apagou as velas, cortou o bolo e voltou a brincar.

Inesperadamente, ela caiu ao chão. Seu corpo ficara totalmente enrijecido sem motivo algum aparente. Os familiares, preocupados, prontamente pegaram-na e a colocaram sobre uma cama. Chamaram um médico local, que logo se apresentou e avaliou seu estado. Cidinha tinha o corpo frio e rijo, com aparência de morta, não fosse a constatação de que seu coração ainda pulsava. O médico, entretanto, não fazia a mínima ideia do que havia acontecido com a aniversariante. Seus familiares, menos ainda.

Minutos se passaram, horas, dias, e nada de Cidinha acordar. O quadro permanecia o mesmo para desespero de sua mãe e de seus familiares, que não cansavam de fazer novenas, terços e rezas para que Cidinha voltasse logo de seu sono inexplicável. Um dia, um dos tios maternos da menina, João, caminhando pelas estreitas ruas de Valença, foi abordado por uma moça que lhe disse haver notado em seus olhos muita preocupação e tristeza e gostaria de saber se podia ajudar. Tio João lhe contou o que estava acontecendo com a sobrinha e o quanto a família estava abalada com o acontecimento. A moça escutou em silêncio a queixa e disse:

– Às vezes, ela não volta a si por falta de reza. Minha mãe é rezadeira, e não custaria de ir até a casa da menina e rezar com ela.

Tio João viu na desconhecida um sinal de esperança e correu a seu genro Nicolau para dar a possível boa-nova sobre a situação de Cacilda. Nicolau, desejoso de ter a filha de volta, autorizou a ida da rezadeira desconhecida à sua residência. Arrastando as chinelas, foi então que aquela senhora "negra e gorda" – as únicas características que ficaram gravadas na memória da pequena Cacilda para o resto da vida – acabou indo até a fazenda da família. Um copo de água e alguns cantos desconhecidos foram o suficiente para que a rezadeira desse seu diagnóstico sobre o caso:

– É um encanto do santo...

Em seguida, a rezadeira aproximou-se do ouvido da criança, balbuciou algumas palavras e ao final ordenou:

– Levanta!

A menina abriu os olhos, sentou na cama e, como se nada tivesse acontecido, perguntou:

– E a festa?

Para Cidinha, a impressão era de que nada tinha acontecido, e aquele "descanso", que havia durado dias, pareceu-lhe apenas um mero segundo durante sua festa de aniversário.

Aquele fato mudou definitivamente a vida da ainda criança Cacilda de Assis. A rezadeira sentenciou que ela estava sendo "possuída" por um ser espiritual e recomendou que seus pais a levassem a um centro espírita. A família, muito católica, relutava em seguir os conselhos da velha rezadeira, mesmo notando uma mudança drástica no comportamento da filha, que se alterava com frequência dentro de casa. Outro fato: bastava saber de alguém doente para que Cidinha desse o diagnóstico da doença, bem como sua solução, sem nem mesmo ter visto o enfermo.

Às vezes, ela se voltava para o pai e, entre risadas, o cumprimentava:

– Oi, Nicolau, tudo bem?

Assustado, o pai questionava o que estava se passando, e a filha lhe respondia como se fosse um adulto igual a ele:

– Calma, Nicolau; tudo ficará bem.

Depois de relutar, Sr. Nicolau aceitou, enfim, o conselho da rezadeira e levou Cidinha a um centro espírita. Entre uma risada e outra, manifestou-se nela um espírito até então desconhecido dentro da família Assis, uma entidade que mais tarde marcaria a vida de Cacilda com letras de ouro para sempre. Alguém perguntou seu nome e ele com firmeza respondeu:

– Exu Sete Encruzilhadas.

A iniciação na Umbanda

Os anos se passaram, e cada vez mais ficava evidente a Cacilda de Assis a necessidade de seguir trabalhando sua mediunidade. Após o devido tempo de preparo, chegou, enfim, o momento de ela ser iniciada na Umbanda. Em 13 de junho de 1934, o Pai Espiritual Benedito Galdino do Congo, vulgo Tio Moisés, filho do Orixá Ogum, fez o assentamento do Exu Sete Encruzilhadas de Cacilda de Assis na Mina de Santé, na região litorânea da cidade carioca de Itaguaí. A partir de então, com 15 anos de idade, a jovem passou a trabalhar mediunizada com o Exu em atendimentos públicos. Além do Exu Sete Encruzilhadas, manifestavam-se também em Cacilda a sua "chefe de cabeça", a conhecida Cabocla Jurema, e a Preta Velha Vovó Cambinda, que eram as responsáveis pela doutrinação do Exu.

Cacilda, filha de Iansã Inhatopé e Xangô Aganju, fazia jus à sua ainda curta, mas promissora caminhada. Ela se esforçava ao máximo para cumprir os compromissos como filha de santo de Tio Moisés e estudante, filha de Dona Maria Luiza e Sr. Nicolau. Decidida e destemida, desde cedo mostrava ter um temperamento marcante. Em certa ocasião, quando adulta, uma de suas filhas, ainda criança, chegou em casa reclamando de ter apanhado de um colega em uma daquelas brincadeiras de criança. Em defesa da filha, Cacilda saiu à procura do "surrador" e, ao encontrá-lo, fez com ele o mesmo que fizera com sua filha. Aos prantos, o menino repetiu o ato da menina: foi para casa reclamar para a mãe, que, por sua vez, foi em busca de Cacilda questioná-la sobre o acontecido. Ao encontrar Cacilda, a mãe do menino surrador não só travou seu ímpeto como, espantada, percebeu que podia sobrar também para ela:

– Não mexa com meus filhos! Só devolvi a ele o que fez com ela. Mas se quiser, consigo dar o mesmo a você também!

Essa garra, seriedade e determinação fizeram com que Cacilda desde cedo conquistasse lugar de destaque dentro de sua família espiritual e ganhasse o merecido respeito dos seus irmãos de santo.

Do mais novo ao mais velho, eles se admiravam ao ver a jovem, que tão bem era "tomada" pelos seus guias para trabalhar.

Sua mãe, porém, via tudo com certa cautela. De religiosidade firme e rígida, mesmo depois dos acontecimentos que se passaram com Cidinha nos últimos anos, Dona Maria Luiza mantinha suas convicções católicas, que se tornaram ainda mais inabaláveis com o passar dos anos. Essa postura reservada, porém tolerante, não mudaria com o tempo e, mais tarde, quando Cidinha passou a ser conhecida em todo território brasileiro, Dona Maria Luiza continuaria com a mesma reserva, indo visitar sua filha e netos frequentemente sem, no entanto, se envolver com as coisas da religião da filha.

A caminhada de Cacilda ao lado de Tio Moisés foi marcada por momentos de grandes aprendizagens e conhecimentos. Tudo o que a jovem Cacilda aprendeu naquela fase de vida nunca mais seria esquecido por ela. No entanto, tudo possui um fim, e a encarnação de Tio Moisés também findou. Em certa ocasião, Tio Moisés anunciou aos seus filhos e filhas que chegara o momento de sua despedida da carne. Ele sabia a data e o horário em que ocorreria seu desprendimento, sendo assim, tomou o cuidado de pessoalmente fazer suas obrigações religiosas finais. Mandou que cada um dos seus filhos levasse uma série de materiais para sua última obrigação. Cacilda ficara aguardando a sua vez de receber a lista. Quando chegou o seu momento, Tio Moisés lhe falou:

– Você, Cacilda, vai trazer apenas uma cesta bem grande para levar tudo que lhe deixarei de lembranças. Outra coisa, Cacilda, você não pode assistir à minha morte.

Tio Moisés era um líder espiritual bondoso, mas disciplinador, por isso não permitia que seus filhos descumprissem suas ordens. Mesmo ciente disso, Cacilda o questionou, pois a vontade de estar ao lado do seu Pai naquela hora era maior que tudo. Seus argumentos não foram ouvidos, e Tio Moisés reforçou a ordem: não queria que Cacilda presenciasse a sua passagem. Estava decidido. Num ímpeto de coragem e rebeldia, reforçadas pela dor de estar perdendo seu pai espiritual, amigo e protetor, Cacilda declarou:

– O senhor já me disse o dia e a hora e eu virei na véspera e estarei aqui para assistir à sua passagem.

Chegou, enfim, a véspera do dia por ele marcado. Quando Cacilda se preparava para sair, disposta a contrariar a ordem dada por Tio Moisés, foi tomada pela energia da Preta Velha Vovó Cambinda, que nela incorporou e permaneceu sentada no "toco" das 18 horas às 8 horas da manhã do dia seguinte. Após a desincorporação, Cacilda pediu as horas aos que estavam próximos e, percebendo que estava atrasada, se arrumou às pressas para se dirigir ao terreiro de Tio Moisés. Em vão. Ao chegar lá, seu pai espiritual havia desencarnado, conforme ele mesmo previra. A Velha Cambinda havia impedido aquele que seria o primeiro e único ato de desobediência de Cacilda para com Tio Moisés. Nada suficiente para quebrar a ligação espiritual dele com sua filha escolhida. Pai Benedito do Congo tinha um carinho especial pela sua pequena Cacilda e, em diversas ocasiões, afirmou a ela que seu futuro seria grandioso:

– Você terá uma grande missão dentro do Santo, e essa missão também terá muitos espinhos.

Pai Benedito estava certo. Ele acertou, além de tudo, ao fazer de sua filha espiritual a única herdeira de seus segredos e fundamentos, axés e assentamentos, os quais ela manteria sob seu poder e cuidado para o resto da vida.

A caminhada de Cacilda

> "O sol brilhante iluminou a minha estrada
> Estrada que eu vivo a caminhar
> Depois que eu conheci Sete da Lira
> Vivo a cantar, cantar, cantar
> E sou feliz, vivo cantando
> Cantando como jamais cantei
> Pois apesar de ser pequenino
> Eu sou amigo de um Grande Rei"
> (*O Sol*, Aloisio Pimentel, 10/09/1965).

Os primeiros passos

Seguindo os direcionamentos dados por seus guias espirituais, Cacilda de Assis, ainda muito jovem, abriu sua primeira casa de culto e atendimento espiritual ao público. Era um pequeno barracão alugado na Rua Barão de Bananal, 292, em Cascadura, na capital fluminense. Homenageando a sua mentora espiritual, batizou-a de Tenda Espírita Filhos da Cabocla Jurema.

Desde o início de seu trabalho, Mãe Cacilda tinha a seu lado uma forte e decidida família astral, que a assistiu até o final da vida religiosa: a Preta Velha, Vó Cambinda; a Cabocla Jurema; a criança, Cosminho; o erê, Filimpo; o Sr. Tranca Ruas; o Sr. Tiriri; a Senhora Audara Maria; e, claro, o Rei Sete da Lira. Muitos encarnados a abandonaram no decurso do tempo, mas o plano astral velava constantemente por seu trabalho e pela realização deste.

Naquela época, a bela Cabocla Jurema e a sábia Vovó Cambinda atendiam os consulentes durante os trabalhos semanais, os quais eram realizados na Tenda com o cuidado de se encaminhar os problemas mais sérios para o Exu Sete Encruzilhadas, que fazia a guarda da casa. Enquanto trabalhava, Exu Sete Encruzilhadas entoava cantigas que ele mesmo compunha, mostrando-se um forte amante da música e que, segundo ele, era seu "axé forte". Esse foi o motivo para a cabocla e a preta velha o apelidarem de Exu Sete do Canto. Era o primeiro de muitos apelidos do Exu Sete Encruzilhadas.

A Tenda Espírita Filhos da Cabocla Jurema contava com uma líder jovem, mas consciente de seu papel e missão dentro da religião. Sua mocidade não era motivo nem causa de desequilíbrio ou devaneios no cumprimento de sua função religiosa. Certa da existência de infinitos conhecimentos preservados pelo astral, a jovem sacerdotisa Cacilda de Assis dedicava várias horas do seu dia estudando as coisas do Santo, pois sentia a necessidade de se aprofundar cada vez mais no rico universo da tradição afro-religiosa. Ela sabia que tinha uma longa jornada pela frente e que, para cumpri-la dignamente, precisaria estudar, conhecer o mais profundamente possível a religião. Essa decisão de Cacilda mais tarde se mostraria de fundamental importância no cumprimento de seu papel de maior representante da religião umbandista em sua época.

Seu Sete em Cavalcanti

Na década de 1940, a Tenda Espírita Filhos da Cabocla Jurema era uma casa modesta, mas com um número considerável de trabalhadores e consulentes quando o proprietário do imóvel o pediu de volta. Cacilda começou, assim, a procura por um novo espaço para o funcionamento da Tenda. No entanto, dessa vez, Mãe Cacilda almejava algo próprio, que não fosse alugado. Em uma de suas procuras por um local que lhe servisse, descobriu uma placa que informava a venda de lotes em determinada região. Localizou seu proprietário e com ele foi ver a área disponível. Chegando lá, deparou-se com algo que mais parecia um sítio. Era uma área rural cercada de mato relativamente próxima do antigo endereço. O local parecia adequado, e Mãe Cacilda decidiu que ali mesmo seria a nova sede da Tenda.

Durante as negociações, o proprietário não perdeu a chance de pedir à Mãe Cacilda que o ajudasse na venda dos outros lotes disponíveis, uma vez que ela era muito respeitada e conhecida na região. Ela se prontificou a ajudar e garantiu que ele teria sucesso na venda dos outros lotes. Assim aconteceu, e a Tenda começou a funcionar em uma sede própria, que se localizava na Rua Itapuca, n. 138, em Cavalcanti. A primeira construção na área foi um pequeno barraco provisório de madeira para a continuação dos trabalhos enquanto um galpão maior do que o anterior de Cascadura era concluído. Junto dele, foram também erguidas a Casa de Exu e a Casa das Almas.

Naquele período, as sessões realizadas por Mãe Cacilda eram muito comentadas na cidade do Rio de Janeiro. O nome de Seu Sete Encruza, Seu Sete do Canto corria entre os simpatizantes e frequentadores das casas de culto umbandista como sendo uma entidade de grande força, principalmente em casos de curas. Entre os frequentadores e divulgadores estava o memorável Sr. Áttila Nunes, que, munido de gravador, se dirigia à tenda para registrar áudios que, em seguida, eram transmitidos em seu programa de rádio. Outros sacerdotes também se dirigiam à "Tenda da Jureminha", como também ficara conhecida a casa dirigida por Mãe Cacilda.

Seu Sete Encruza começou, de fato, a realizar seus famosos trabalhos quando a Tenda se mudou para o novo endereço. A cada semana, novas pessoas se juntavam à assistência da casa. Eram pessoas humildes, gente do povo, que ouviam falar do Exu por intermédio de pessoas que tinham sido curadas por ele. Pessoas que se conheciam em espaços hospitalares e que comentavam sobre o espírito, apresentando-o como a solução para os complexos problemas de saúde numa época em que a saúde era tesouro de poucos. As cidades não ofereciam um digno suporte médico hospitalar para doentes, que aos montes vinham do campo e das áreas afastadas da cidade para tratar de suas mazelas. Como se a falta de estrutura não bastasse, a isso se somava o fato de que a medicina da época não dispunha da necessária tecnologia e de medicamentos específicos para tratar de suas patologias. Para os mais abastados, o tratamento médico particular era a saída. Aos menos abastados, a única alternativa era entrar na luta por um atendimento médico, que poderia custar o resultado de uma vida toda de trabalho e, muitas vezes, a própria vida.

Diante dessa realidade, cara e limitada, a cura de uma doença era literalmente um milagre e presente divino. Era preciso contar com a sorte e a caridade das pessoas que "mexiam com as coisas dos espíritos", quase sempre a única saída. As pessoas, discretamente, recorriam aos centros para tentarem solucionar aquilo que a medicina da terra não conseguia nem sequer diagnosticar.

Foi nesse cenário que a figura de Seu Sete Encruzilhadas foi sendo construída. Pouco a pouco, de caso em caso, de cura em cura, Seu Sete Encruza foi se tornando conhecido, e seus atendimentos começaram a reunir um número sempre maior de frequentadores. Sempre cantando, o Exu afirmava com modéstia que "quem cura é a fé de cada um".

A índia Jurema

O crescente número de fiéis buscando as giras obrigou a Tenda Espírita Filhos da Cabocla Jurema a realizar trabalhos de atendimento espiritual em três dias da semana, a fim de ampliar a quantidade de pessoas atendidas: na segunda-feira, a gira da Cabocla Jurema; na quarta-feira, a gira da Senhora Audara Maria; e na sexta-feira, a gira de Seu Sete Encruzilhadas. Cabocla Jurema, a entidade-chefe do mediunismo de Mãe Cacilda de Assis, era amplamente louvada pelos seus trabalhos sempre em favor dos filhos e necessitados. Luzia Assis, filha caçula da sacerdotisa, conta:

"A minha mãe gostava de rezar para salvar pessoas, ela ia para dar vida. Não gostava de rezar para quem estava morrendo. Um dia chegou uma família aqui reclamando que um ente estava muito mal. Há 15 dias não levantava, não comia, não fazia nada e disseram a ela que gostariam que ele descansasse. Ela disse: 'Ah, não! Não me chame para rezar para morrer, eu não sei, só sei para viver. Para morrer não sei, não'. Tanto pediram que a mamãe falou que iria. Ela chegou lá e viu a família toda chorando já aguardando o parente morrer. Mamãe, então, chamou a Cabocla Jurema e ela rezou, rezou, defumou, defumou, e aí falou assim: 'Vai ficar bom, vai ficar bom. Me dá um copo com água'. Deu a ele e disse para que se levantasse. E ele levantou. Perguntou se alguém tinha mamão e uma vizinha providenciou. Ela deu mamão para ele comer e ele se levantou e foi ao banheiro! A mamãe tinha uma força fora do comum com a Cabocla Jurema."

Luzia conta que sua mãe era capaz de resolver casos incuráveis na medicina tradicional.

"Naquela época, tinha aquela doença, o 'fogo selvagem', que os médicos não sabiam como curar. A pessoa tinha comichões por

todo o corpo e perdia as unhas das mãos e dos pés. Uma mulher chegou ao Centro como se pegasse fogo e sem nenhuma unha. A Cabocla Jurema pegou o charuto que estava fumando, colocou aceso dentro do copo com água e deu para ela beber. A coceira parou na hora. Em sete dias, as unhas dela estavam crescidas, e a pele tinha sido restaurada."

Ao que se dizia, a Cabocla Jurema se apresentava como uma entidade jovem, com média de 16 anos de idade, por isso era chamada também de Jureminha. Conta-se que ela não era uma índia de verdade. Havia sido abandonada em uma mata quando ainda era bebê, até que foi encontrada por índios na floresta. Ela foi adotada pela tribo e cresceu ali dentro, com os costumes e as culturas de sua família adotiva. Aos 16 anos, a pequena índia foi alvejada pela flecha de um cultuado caboclo. Um acidente que lhe custou a vida.

Eni, filha biológica de Mãe Cacilda, conta que:

"A Cabocla Jurema era ativa e muito forte no mediunismo de Mãe Cacilda e realizava curas com frequência. Lembro-me de uma vez em que minha vó ficou muito mal. Mamãe recebeu o recado de que a vó estava doente, com um balão de oxigênio em casa. A mamãe se despencou para lá com o padrasto e eu fui atrás. A mamãe recebeu a Cabocla Jurema, trabalhou para ela, trabalhou, trabalhou, até que ela ficou boa. Saiu do oxigênio e ainda foi fazer café para a gente. Vovó morreu bem depois, com 99 anos. A Jurema tinha fila para consultar com ela. Fila de doentes mesmo, que ela curava. Tinha um homem com problemas de estômago que me disse: 'Ah, eu sofri tanto com problemas de estômago! O médico não dava jeito. A Jurema deu jeito'. A Cabocla Jurema fazia os doentes com tuberculose vomitar sangue, curava eles."

"Eu sou o Sete!"

Durante os trabalhos que realizava na Tenda em Cavalcanti, Seu Sete pôde apresentar e desenvolver a sua forma de trabalhar, que seria a mesma até o fim de sua missão. Seus trabalhos aconteciam na sexta-feira, tendo início às 20 horas e que iam até que Seu Sete atendesse pessoalmente um por um dos presentes. Com ele, juntavam-se os Exus que assistiam os filhos espirituais de Mãe Cacilda, e estes, incorporados em seus respectivos médiuns, acompanhavam o chefe até o encerramento do trabalho, que não raro se estendia até a manhã do dia seguinte.

Embora o número de fiéis fosse relativamente grande e continuasse a aumentar a cada trabalho, ali ainda não existia Mesa de Cura, que se tornaria famosa posteriormente. Os consulentes levavam garrafas de aguardente (sempre da marca Creoula, a preferida de Seu Sete Encruza), e ele, entre músicas e baforadas, ia atendendo aos presentes, aspergindo marafo (um dos nomes pelo qual é chamada a cachaça dentro dos cultos afro-brasileiros), lavando locais de enfermidades, revelando detalhes da vida dos presentes e realizando suas curas. Ao contrário de outros famosos médiuns curadores, Seu Sete nunca precisou cortar alguém com materiais cirúrgicos. As curas e os milagres por ele realizados aconteciam com o uso de apenas três ferramentas: músicas, cachaça e charuto.

Sua maneira simples e eficiente de trabalhar chamou a atenção desde sempre dos fiéis, que a ele começaram a recorrer, iniciando ali o costume de se pedir um pouco de seu marafo ou de levar a ele garrafas para que pudessem ser abençoadas. Mãe Cacilda, desde o início de suas atividades religiosas, mantinha-se fiel ao pedido do Guardião de que nada fosse cobrado pelos trabalhos de cura e proteção realizados pelas entidades que a assistiam. Além disso, em se tratando de Seu Sete Encruza, não existiam consultas e trabalhos particulares. Tudo era realizado durante os trabalhos públicos da Tenda, e todos eram atendidos na mesma ocasião, ficando Seu Sete em terra até que o último dos fiéis fosse atendido. Todos esses fatores colaboravam para o crescimento da fama e credibilidade do Exu que, se muito trabalhava, muito mais iria trabalhar pelos fiéis, que dia após dia chegavam em sua presença à procura de ajuda.

Apoiado em uma matéria ainda jovem e em um certo "anonimato" que a Tenda de Cavalcanti lhe oferecia, Seu Sete pôde durante o tempo em que ficara ali mostrar a todos a força de seu trabalho. Ainda não havia as multidões, que mais tarde iriam acompanhá-lo e segui-lo onde estivesse. Seu Sete, como ficaria conhecido para sempre, possuía total controle sobre os trabalhos que realizava, independentemente da quantidade de presentes. Ele brincava, mas era sério. Ria, mas também chorava. Cantava, mas também orava. Bebia, mas em sã consciência permanecia. Seu Sete falava com todos e não gostava que nenhum dos presentes, quem quer que fosse, saísse de sua Tenda sem dele se despedir e conhecia um por um dos presentes para constatar quem dele se despedia ou não, como conta Inara Salomão, que frequentou alguns dos muitos trabalhos realizados naquela época:

"Seu Sete não gostava que saísse sem falar com ele. Em uma noite, nós saímos com pressa porque uma amiga que nos acompanhava estava com pressa e ficava nos apressando. Eram umas 3 horas da manhã e saímos sem falar com Seu Sete, eu, a minha vó e nossa amiga. Agora, imagina três mulheres na Avenida Automóvel Clube a pé! Andamos até o final dela, até que chegou perto de nós um carro de polícia com alguns policiais dentro e um deles nos chamou de dentro dele dizendo que queria que entrássemos, pois, segundo eles, nos levariam até nossa casa. Desconfiadas, não aceitamos e lhe respondemos negativamente. No entanto, o policial continuou insistindo em um tom de voz que nos assustou. Minha vó começou a chamar pelo Seu Sete para que nos livrasse deles. Com muito custo, eles foram embora. Na outra semana, quando voltamos ao Centro, o Seu Sete olhou para a gente, sem *termos contado nada, e nos disse: 'Aqueles meganhas estavam de má intenção, mas, como essa senhora', dizendo isso apontou para a minha vó, 'chamou por mim, eu os salvei, pois, ainda sou o Sete!'"*

Seu Sete era de todos, mas conhecia cada um, e essa atenção, somada a uma força espiritual que se manifestava a cada trabalho, foram os aliados que, dia após dia, fizeram aumentar os frequentadores da Tenda liderada por Mãe Cacilda. Cresciam os fiéis e amigos. Em contrapartida, contudo, aumentava também o número de incrédulos e inimigos.

Numa noite, o trabalho de Seu Sete foi interrompido por uns policiais, que chegaram na Tenda dizendo a todos que tinham ido ali para prender Seu Sete. Alguém havia denunciado que o terreiro batucava a noite toda, tirando a paz da região. Dando uma de suas zombeteiras risadas, Seu Sete pediu a eles que entrassem e se sentassem, que em breve ele os atenderia. Em seguida, o "homem", munido de sua garrafa de marafo embaixo de um dos braços, puxou uma de suas músicas e, sabe-se lá como, fez com que os policiais adormecessem. E ali os "meganhas" dormiram a noite toda sem se importarem com o som dos atabaques ou com as vozes dos presentes. Vez por outra, Seu Sete dava uma pausa em seu atendimento e olhava para eles rindo e dizendo:

– Não vieram me prender? Agora estão dormindo?

Às 5 horas da manhã, depois de ter atendido a todas as pessoas, Seu Sete Encruza foi até eles e os acordou. Os policias despertaram envergonhados e, brincalhão como só ele, Seu Sete lhes perguntou:

– Vocês não iam me prender?!

Os policiais, que só cumpriam ordens, pediram desculpas e até se abraçaram com o novo amigo. Conversaram um pouco e foram embora, obviamente, sem cumprirem o que haviam ido fazer. Seu Sete, batendo no peito, em alto e bom som, mais uma vez afirmou:

– Eu ainda sou Seu Sete Encruzilhadas!

Comida de Exu

Não eram apenas os vizinhos que buscavam atrapalhar o funcionamento da Casa da Cabocla Jurema. Infelizmente, alguns irmãos de religião, que não compreendiam a causa do crescimento da obra de Seu Sete Encruzilhadas, tentavam – e outros por muitos anos mais o iriam tentar – derrubar ou prejudicar a Tenda, nem que para isso fosse preciso fazer uso da magia.

Em certa ocasião, um amigo da casa, que também mantinha um centro umbandista, resolveu trabalhar "magisticamente" contra Mãe Cacilda. Tudo estava sendo preparado para a conclusão do trabalho, inclusive um bode tinha sido comprado e, dentro de sua pata, o nome da sacerdotisa havia sido colocado. Em um trabalho durante a semana, o Guardião pediu que trouxessem até ele o tal bode, que se encontrava no quintal. Conseguiram capturar o tal bode e o trouxeram vivo até Seu Sete, que fez sobre ele alguns procedimentos. Seu Sete Encruzilhadas concluiu que a única maneira de reverter o trabalho em andamento seria sacrificar o inocente animal. Assim foi feito, e o couro do bicho foi colocado em um atabaque a pedido do Exu. Um tempo depois, Seu Sete usou o atabaque para compor um ponto:

Aquele bode que muito me perturbou
Aquele bode morreu sem pedir agô
Às vezes caía dentro das minhas pernadas
Pulava, dava cabeçada, decadência do babalaô
Aquele bode não é mais bode, hoje é meu tambor
Paciência, morreu sem pedir agô
Fala coro de bode, fala meu tambor.

Foi durante esse período da Tenda, naquela região da cidade, que nasceu o conhecido grupo dos Amigos de Seu Sete, formado voluntariamente por pessoas que auxiliavam e acompanhavam o Exu em seus trabalhos. Sempre trajando roupas nas cores preta e vermelha, que eram utilizadas apenas no ambiente da Tenda, os amigos eram presença certa nos trabalhos realizados pela entidade. Mais tarde, os Amigos de Seu Sete acabaram se desconfigurando para dar lugar aos Cambonos de Seu Sete, estes, em maior quantidade, mas com funções parecidas. Na última sexta-feira do mês, o Guardião se reunia com o grupo para oferecer-lhe sua comida ritualística, o "mina-minã". Depois de ele mesmo ter preparado, colocava um pouco em folhas de mamona e o entregava para cada um dos seus amigos, que recebiam cantando:

Comida de Exu é bem mais forte
Comida de Exu me dá mais sorte
Eu quero ser amigo do Seu Sete
Que cumpre tudo aquilo que promete, oriaxé
Sete da Lira
Come e bebe, mas não pede nada.

Santíssimo, a terra do Sete

"Esteja eu onde estiver, este homem não sai de meu coração
Eu lhe quero e também a mim ele quer
Este homem para mim representa paixão
Mas ele é Sete da Lira
Dono dos caminhos e todas as estradas
Ele gira de noite, gira de dia, e caminha comigo na madrugada"
(*Esteja eu onde estiver* – Edgard Luís, 7/11/1959).

Sítio Santo Antônio

Nos primeiros anos da década de 1950, a Tenda em Cavalcanti não parava de crescer. O Exu Curador tinha seu nome correndo de terreiro em terreiro. A Festa de Santo Antônio realizada por Seu Sete, que durante décadas movimentou o meio umbandista do Rio de Janeiro e de fora dele, já era realizada desde a primeira Tenda, em Cascadura. O Guardião fazia questão de frisar que não se tratava simplesmente de uma festa, mas, sim, de "um grande trabalho de curas e libertações". Como o público da Tenda aumentava cada vez mais, chegou um momento em que o espaço físico existente se tornou insuficiente para conter os filhos da casa e os convidados durante uma festa. Para resolver a situação, as festividades de Santo Antônio passaram a ser celebradas em alguma região de mata em deferência aos Orixás.

Numa dessas ocasiões, na década de 1950, o espaço escolhido para a realização dos festejos foi um sítio não muito distante da cidade de Guanabara e que pertencia à família de um consulente da Tenda, o Sr. Pedro. O sítio oferecido ficava em uma região que mais tarde seria chamada de Santíssimo. Iluminado à luz de candeeiros, o local era bonito e espaçoso, mas ainda muito cru: não havia energia elétrica e contava apenas com um poço artesiano como fonte de água.

Todos se organizaram para se dirigir até o sítio no dia, onde foi montada na modesta casa o espaço para a realização do grande trabalho festivo. Transcorridos os trabalhos, em um dado momento, já de madrugada, o consulente dono do sítio, impaciente com o avançado da hora, começou a se preocupar. O Exu respondeu-lhe prontamente, como que premeditando:

– Você me convida e agora quer que eu vá embora! Quem sabe se ano que vem farei outra festa aqui e você é que será meu convidado?

Antes que se encerrasse a celebração, o anfitrião se aproximou de Seu Sete e disse:

– Meu Pai, estou pensando em me livrar desse sítio. Os gastos para sua manutenção estão pesados e está difícil de mantê-lo. Ajuda-nos a vendê-lo, a encontrar um bom comprador.

– Você quer vender este lugar?

– Sim, meu Senhor.

– Então, eu compro!

A resposta do Exu foi tão surpreendente que o proprietário, não acreditando, desdenhou. Sem se abalar, no entanto, e antes mesmo que o proprietário reagisse, Seu Sete anunciou a todos em alto e bom som a compra do terreno. Agora ele percebia que, sim, o Exu falava sério. Todos se entreolharam, afinal, de onde se iria tirar dinheiro para comprar um sítio daquelas proporções?

Terminada a festa, todos retornaram para a cidade pensando naquela impossível compra anunciada pelo Guardião. Os dias se passaram, e o assunto parecia ter morrido, quando, em certo trabalho, Dona Audara Maria chamou Evanir, um dos filhos biológicos de Mãe Cacilda, e lhe disse:

– Fique em pé e abra as mãos.

Ele obedeceu e recebeu das mãos dela um pequeno pedaço de papel contendo alguns números. Dona Audara Maria pediu que os jogasse na Loteria. Evanir guardou despretensiosamente em um dos bolsos da sua roupa o papel recebido, que ficou ali esquecido. No dia seguinte, entretanto, andando pela cidade, lembrou-se do pedido da Guardiã e dos números no bolso de sua roupa. Pegou-os e fez uma aposta exatamente com o que continha no bilhete. Qual não foi sua surpresa quando, alguns dias depois, conferindo o resultado do jogo, ele se deu conta de que todos aqueles números, sem exceção, foram premiados no sorteio.

Uma parte considerável do prêmio foi destinada à Mãe Cacilda, suficiente para que ela adquirisse o tão desejado sítio de Seu Sete. Aos frequentadores e filhos da Tenda, Mãe Cacilda deu apenas um aviso:

– Quem quiser me acompanha!

A situação inspirou uma música de sua autoria, que dizia em um dos versos: "Pois quando se ama não há distância, só há amor".

A Lira e a Mesa de Cura

O sítio adquirido para os trabalhos de Seu Sete era grande e precisava urgentemente de adaptações para que começasse a servir de terreiro. O local anteriormente utilizado como sede da Tenda foi vendido, e o valor recebido serviu para que se dessem os primeiros passos na construção do novo espaço. A primeira ação de Mãe Cacilda no local foi lançar a pedra fundamental do Ilê da Cabocla Jurema, espaço que serviria para os trabalhos e que tinha anexada a Cozinha do Santo. Em seguida, fez-se a Casa de Seu Sete. Depois foram feitas outras construções, que surgiam da cooperação dos fiéis com vistas a melhorar a estrutura de atendimento, conforme as necessidades do culto: santuário para iniciações, casa de descanso para os filhos de Santo, bosque da Cabocla Jurema, Capela de Santo Antônio, Casa das Almas, sanitários etc. A casa que existia no local não foi demolida, sendo ampliada paulatinamente por Mãe Cacilda ao longo dos anos.

Os trabalhos de Seu Sete continuavam a ser realizados, agora sem a preocupação com a falta de espaço. O Ilê da Cabocla Jurema era grande, bem maior que os anteriores. Uma capela para Santo Antônio também foi construída dentro do sítio a pedido de Seu Sete, que batizou o imenso espaço com o nome do famoso santo com quem trabalhava no astral semanalmente juntamente com os guardiões da casa.

De forma espantosa, a quantidade de pessoas foi aumentando. A distância do novo local de culto não intimidava os fiéis que a ele acorriam. Charretes, bicicletas, carros e, em alguns casos, até mesmo longas caminhadas feitas a pé. Não importava a forma, mas, sim, que chegassem à casa do Exu do Canto para receber as benfeitorias e curas.

Mãe Cacilda se tornava uma conhecida formadora de médiuns. A corrente mediúnica de sua Tenda crescia dia após dia. Seu jeito amável e místico atraía médiuns desejosos de crescerem mais no entendimento de sua missão. A ninguém era negada a mão materna nem tampouco o conhecimento do culto, o que era uma anormalidade em uma época onde pessoas interessadas no dinheiro alheio arvoravam-se em se intitularem sacerdotes em troca de ganho monetário.

Seu Sete realizava, inicialmente, os trabalhos em frente à Capela de Santo Antônio. Mãe Cacilda percebia que o espaço para os trabalhos de Seu Sete começava a ficar inadequado, pois a quantidade de frequentadores só fazia crescer. Em razão disso, iniciou a construção de um novo e maior espaço, mais protegido das intempéries e que oferecesse conforto aos presentes. Economias foram feitas, e o novo espaço, enfim, saiu do papel. Tratava-se de um galpão espaçoso onde uma passarela nas cores preta e vermelha ligava o povo a um congá. Ao redor da passarela, que logo passou a ser local de curas e milagres, cabiam exatamente 200 pessoas, as quais eram atendidas durante as giras do Exu.

Seu Sete batizou o novo espaço de Lira, o famoso instrumento musical grego, símbolo da arte musical. Argumentava: *"aqui dentro apenas se canta"*. Já a passarela ele deu o nome de Mesa de Mentalização da Cura, uma vez que *"em cima dela só se cura"*. Atrás da mesa, um modesto, mas muito bonito altar, que recebeu o nome de Congá de Santo Antônio por ter sobre ele apenas a imagem do santo, chamada desde o início do terreiro como Santo Antônio Caminhador.

Com essa nova estrutura, o trabalho de Seu Sete pôde consolidar suas marcas inconfundíveis: "Lira" e "Mesa de Cura". Foi dentro dela que o Exu se consagrou como o Grande Curador de massas. Muitas pessoas, de anônimos a celebridades, ali passaram a se curar.

O "7" protetor

A procura pela Lira de Seu Sete começou a crescer tão rapidamente que não demorou muito a chamar a atenção dos meios de comunicação. As pessoas que participavam dos trabalhos do Exu saíam de lá num misto de êxtase e perplexidade com as curas, revelações e os milagres feitos pela poderosa entidade, o que as fazia retornar nas semanas seguintes acompanhadas de mais algum outro amigo ou familiar, para que também pudessem conhecer a Tenda. Em uma tentativa de levar a energia do Guardião consigo, as pessoas lhe pediam um "axé", alguma lembrança material que os fizesse sentir sua presença. Em algumas ocasiões, ele tirava um botão de sua roupa ou alguma peça de bordado, mas era impossível atender a todos. Como solução, alguns devotos levavam objetos para serem consagrados pelo "homem", na maioria das vezes medalhas de Santo Antônio, estampas de papel do santo, alguma peça de roupa, chaveiros ou lenços.

A situação fez com que a direção da Tenda pensasse em algo que pudesse ser levado pelos fiéis e que carregasse a energia de Seu Sete. Um objeto foi idealizado com a autorização do Guardião, e este, mesmo tão simples, se tornou um clássico da Lira: o famoso adesivo do Sete. Compunha-se de apenas um círculo vermelho com um número 7 ao centro em cor preta. O adesivo era preparado magisticamente pelo Guardião durante as giras e depois requerido massivamente pelos devotos, que os colavam em carros, casas, portas, muros e onde mais fosse possível. A procura por esses adesivos era tão grande que os comerciantes da cidade começaram a copiar. Era possível encontrar o "adesivo pirata" em bancas de revistas, mercados e até mesmo em lojas de armarinhos. A situação não foi bem-vista pelos filhos da Tenda, que foram questionar Seu Sete a respeito:

– Não tenho nada, nenhuma ligação com esses, mas se é a fé que move, o que fazer?

A direção do terreiro resolveu patentear a marca Seu Sete, para que assim pudessem evitar o aproveitamento de seu nome por parte de comerciantes interessados em ampliar seus negócios, valendo-se da fama do Exu. O adesivo se tornou um clássico no início da década de 1970 na Guanabara. Era impossível andar pela cidade e não encontrar, no mínimo, um veículo portando o símbolo. Graças eram obtidas com o uso do adesivo e até situações de risco de acidentes eram desfeitas de forma miraculosa. Algumas até se tornando objeto de matéria em jornais, quando os acidentes que envolviam carros adesivados com o Sete eram estranhamente preservados sem que nada acontecesse às pessoas que neles estavam, como mostra a matéria do *Jornal do Brasil*:

> *Quarentão pouco afeito à aventura, José Ferreira Soares assustou muita gente ao derrapar na esquina da Praça Niterói com a Rua Dona Zulmira com o seu Corcel BF-0164, caindo em seguida no riacho Joana, num canal de quase 4 metros de profundidade. Para quem testemunhou a cena, a sua sorte de só ferir ligeiramente o braço esquerdo apesar de o carro ficar virado dentro da lama após o vão tem alguma coisa a ver com o símbolo do Seu Sete da Lira que ele trazia no Corcel. Para outros, além de experientes em cenas parecidas dada a velocidade que corria (perto de 90 km/h na esquina), ele é um homem calmo e paciente. Enlameado e em olhar para os curiosos que o cercavam ele escalou o paredão do canal do rio Joana, recebendo elogios "por ter muita sorte".*

O decalque se tornou símbolo dos devotos e frequentadores da Lira. Se algum deles encontrasse alguém com o carro adesivado, era comum que se cumprimentassem. Se fosse possível, paravam para conversarem sobre as graças alcançadas pelo "homem". A mídia explicava a onda para os que desconheciam sua razão:

> *O 7 negro sobre fundo vermelho em plásticos afixados nos carros não é símbolo de nenhuma escuderia nova. É o emblema do Seu Sete – uma senhora – Cacilda de Assis – proprietária de um sítio em Santíssimo, espécie de Zé Arigó no Rio (guardadas as devidas proporções). Todos os sábados mais de mil pessoas se reúnem no sítio para muita música (sambão) e muita magia. Seu Sete é*

um personagem carnavalesco, admirador de novelas e amigo do pessoal de televisão.

A fama de Seu Sete Encruzilhadas tomava proporções para além do controle do terreiro e, especialmente, de Mãe Cacilda. Acostumada à sua privacidade, ela via seu nome e de seu Guardião na boca do povo, dos veículos de imprensa às pessoas na rua. A médium, que ia ao sítio apenas nos dias de trabalho, visto que morava noutro lugar, surpreendia-se agora com a constante abordagem de fiéis onde quer que fosse. Queriam lhe pedir para passar recados ao Guardião ou mostravam-se desejosos de sanar alguma curiosidade a respeito do Exu, que se tornava uma celebridade da Umbanda.

Seu Sete da Lira

> "Saravá, Sete da Lira na Umbanda
> Saravá, Exu do canto do akikó, Exu
> Seu ponteiro é firme, não falha
> Sete da Lira não bebe, trabalha
> Saravá, Rei da Encruzilhada
> Exu maior, Exu erô"
> (*Rei da Lira* – Cacilda de Assis).

Sobre encruzilhadas, a Lira

Os trabalhos do Exu ganharam novo fôlego depois de sua mudança de local, de Cavalcanti para Santíssimo. Com mais espaços, havia liberdade e estrutura para receber mais gente. Em Santíssimo, o Exu mostrou que sua força ainda tinha muito a ser explorada, assim como em que se baseava sua missão. Com o passar dos anos, o Exu Sete Encruzilhadas, que assistia Mãe Cacilda, havia ganhado uma dezena de apelidos, que lhe eram dados pelos fiéis e consulentes da Tenda. Nomes como Dr. Antão, Dr. Padilha, Saracura, entre outros, eram exclamados pelos devotos para chamar a sua atenção ou utilizados como suposto elogio. O Exu os via como adjetivos de seus trabalhos, mas não como substantivos de sua pessoa.

Um dia lhe pediram para riscar o seu ponto, e Seu Sete Encruzilhadas desenhou uma lira, colocando dentro dela um número "7". Alguém que estava presente, vendo o símbolo riscado pelo Exu, teve a feliz ideia de um novo apelido para a entidade. O apelido era justamente "Seu Sete da Lira". O Exu, que muito gostava de música, agradou-se da alcunha e passou a adotá-lo. Seu nome, Sete Encruzilhadas, por vontade própria, caiu em desuso, firmando-se assim o novo nome: Sete da Lira.

O termo "Lira", acrescentado ao nome do Exu, formava uma estreita ligação da entidade com a música, guardando em si um sentido profundo. A lira enquanto instrumento musical é a representação máxima da música desde os tempos remotos e se tornou o símbolo universal da musicalidade. Não era de se espantar que o Exu, agora Seu Sete da Lira, adotasse essa figura milenar e histórica para si. Afinal, ele mesmo dizia que era da "idade da pedra, antes de Cristo", o que era entendido pelos fiéis como sinônimo de experiência, de vidas de várias encarnações passadas. O fato de Seu Sete ter tido várias encarnações em vários locais e épocas da história da humanidade seria uma das razões que justificavam seu eclético gosto musical. Ele transitava com liberdade entre gêneros musicais muito diversos: músicas antigas ou modernas, nacionais ou internacionais, clássicas ou populares, religiosas ou mundanas, gosto este que podia ser constatado em suas giras. Um livreto foi produzido pela direção do terreiro para esclarecer os fiéis sobre alguns pontos relativos ao trabalhador de Santíssimo. A escritora Ivete Brum, ao explicar as ligações astrais do Exu, escreveu:

No vocabulário nagô, traduzido do original, "Exu" significa "Guarda". O Orixá Sete Encruzilhadas da Lira é, portanto, polícia de choque do Astral, filho de Oxalá com Nanã Buruquê, irmão caçula de Omulu e Ogum de Locó. Sua idade é do tempo da pedra, antes de Cristo. Foi o primeiro guarda no exército do Mundo, no reino dos Orixás. É considerado o Rei do Delogum (jogo de búzios), Ifá e Aromila. É dono da magia, e através de consultas, o adivinho Sete da Lira prediz com certeza o futuro da vida espiritual.

Seu Sete não especificava o tempo em que teria vivido, mas suas vestimentas davam algumas pistas. Sempre social, portava cartola e capa. Seguia o estilo masculino do século XIX, especificamente o utilizado na Inglaterra e França daquela época, dando preferência às cores preta, vermelha e dourada. Era possível vê-lo utilizando maior diversidade de cores em época de Carnaval, quando assumia sua ligação com a festa popular. Em algumas situações, utilizava também botas de cano longo com calças até o joelho, estilo masculino do século XVII, assemelhando-se a um francês da altura e garbo de Napoleão Bonaparte. Observar as roupas com que o Exu se apresentava ajudava a decifrar os períodos em que teria encarnado na Terra, visto que as vestimentas confeccionadas eram sempre uma tentativa, por parte de Mãe Cacilda, de refazer as roupas com as quais ele se mostrava a ela durante visões e desdobramentos ou, em algumas ocasiões, confeccionadas atendendo ao pedido e modelo descrito por ele a ela.

Em se tratando de sua ancestralidade, Seu Sete da Lira afirmava que era filho de Oxalá com Nanã Buruquê, o que era visto por alguns como uma explicação para o fato de o Exu ser sempre calmo e religioso, fugindo dos padrões. Ele se portava com extrema fidalguia. Jamais foi visto fazendo uso de palavras obscenas, brincava de maneira espirituosa e falava de amor. Gozador virtuoso, vez por outra se intitulava de "cachaceiro", o que era repudiado pelos próprios fiéis, que o reverenciavam: "Ele bebe na boca de sua garrafa os nossos males".

A mesma fé

Mãe Cacilda passou a comandar um programa diário na Rádio Metropolitana de Inhaúma, na Estrada Velha da Pavuna. Ali, valia-se do espaço para esclarecimentos a respeito do culto realizado em seu terreiro em Santíssimo. O programa, sempre com auditório e iniciando pontualmente ao meio-dia, servia para estreitar os laços entre a sacerdotisa e os consulentes de seu terreiro, que, como sempre em grande quantidade, em poucas e raras situações conseguiam ter contato com a médium. No programa, ela mantinha diariamente o mesmo ritual: colocava sobre a mesa um copo com água contendo uma rosa vermelha. A partir dali, iniciava o programa, em que difundia a mensagem de Seu Sete, buscando esclarecer quem era de fato o Exu de Santíssimo, sua missão e seu desejo, bem como suas mensagens positivas de evolução e crescimento. Além disso, divulgava músicas de cantores que careciam de vendas de seus discos para sustentar suas famílias:

> *"O sentimento da fé é tão essencial ao espírito quanto ao pão para o alimento da matéria. Inúmeras vezes Seu Sete nos tem esclarecido sobre isto. Segundo ele, nada se alcança sem que haja dentro de cada um aquela fé tão necessária na condução à vitória. A base fundamental de sua pregação reside, por isto, na trindade Fé, Respeito e Compreensão. Fé porque sem ela somos opacos e inexistentes em nossa vida espiritual. Respeito porque sem ele, em qualquer religião, jamais conseguiremos atingir o principal objetivo, que é aproximarmo-nos de Deus. Compreensão porque todos nós temos que, por obrigação, entender e procurar amenizar a dor do próximo."*

No terreiro, Seu Sete da Lira compartilhava com devotos e trabalhadores da mesma fé e do mesmo sentimento de amor que Mãe Cacilda se referia pelas ondas do rádio, independentemente de quem fosse. Gostava de receber visitas de dirigentes de terreiros, tendas, centros e Ilês. Não se importava se dirigiam um local grande ou pequeno, dava-lhes um carinhoso e atencioso atendimento, fazendo questão de os apresentar aos presentes na Lira. Abraçava, gracejava e, aos poucos, deixava o visitante à vontade. Seu Sete era procurado por muitos sacerdotes e sacerdotisas de várias partes do Brasil, que buscavam nele a força para suas missões e, principalmente, sua amizade. Não negava a palavra de consolo a quem o procurava e, por incontáveis vezes, pedia que seus conselhos e palavras fossem anotados e divulgados entre os amigos. Sempre uma palavra de paz, amor e fé como estas, que datam de 1971:

"Ouve, meu filho. A maior fonte de riqueza está dentro de ti mesmo, e a chave que abre a porta do tesouro é a bondade. Sê bom e caridoso, e a saúde que alcançares será permanente. O sucesso que conseguires nunca desaparecerá, sendo maior do que a mente humana possa conceber. A influência e o poder que tiveres em tuas mãos continuarão a crescer no decurso dos séculos, porque será uma parte daquele princípio imutável que sustém o Universo. É este, pois, meu filho, o segredo da felicidade. Um coração puro e uma mente bem dirigida, uma fé inabalável. Só o amor constrói. Sê, antes de mais nada, bom. Ama teu irmão como a ti mesmo. Bons caminhos!"

Um Exu diferente

O alvoroço que envolvia o nome do Exu espantava os que tinham por cultura ligar o nome dessa entidade a algo maligno. Os responsáveis pela direção da Tenda não demoravam em explicar:

"Quis o Pai, em sua eterna sabedoria, que fosse Exu, o desprezado, a mais discutida entidade da faixa umbandista, o escolhido para destruir perante a opinião pública o conceito de que

> *a Umbanda e, principalmente, a Quimbanda trabalham para o mal. Está em missão na terra o Sete Encruzilhadas, Rei da Lira, de forma insofismável beneficiando a milhares de sofredores, devolvendo alegria, sendo portanto abençoado e venerado. Quem pode dizer que forma tem realmente? Qual o seu verdadeiro corpo astral? Não importa, mas podemos garantir ser o Saracura da Lira um espírito de luz e de imensa bondade."*

Seu Sete era, de fato, um Exu diferente. Mantinha práticas peculiares e possuía características inimitáveis. "Quem é Seu Sete?" era uma pergunta de muitas respostas, a depender da história de cada um e sua relação com ele. Moisés Weltman, diretor da revista *Amiga*, publicação muito popular da década de 1970 que tinha como foco o universo das celebridades, dava uma boa explicação:

> *"É uma mulher, D. Cacilda, que recebe o espírito de um músico, Seu Sete da Lira. O que torna o caso diferente de tantos fatos do espiritismo é que Seu Sete é músico. No ritual, nada acontece como habitualmente nos centros espíritas. Há luz, alegria, música. Muita música. Todos cantam: não pontos afro-brasileiros, mas sucessos musicais do passado ou atuais. Até músicas de Carnaval são cantadas no 'terreiro' do Seu Sete, que fica no subúrbio carioca de Santíssimo. Assim Seu Sete não se filia ao chamado espiritismo afro-brasileiro, de Umbanda ou Quimbanda, e nada tem de semelhante ao que se pratica nos centros kardecistas. É um fenômeno espiritual brasileiro e carioca. Mais de 10 mil pessoas, todas as semanas, acorrem ao terreiro. O notável é a presença de grande número de artistas: Lilico, Chacrinha, Wilson Viana, Oswaldo Nunes e centenas de outros. As notícias de curas milagrosas acontecem em todas as sessões".*

A figura invariavelmente controversa de Exu data de antes da própria Umbanda, haja vista que a origem do termo teria surgido na Índia, na Cisão de Irshu, há 3,2 mil anos a.C. "Irshu" ou "Echu" (que seria simplificado mais tarde para "Exu") vem do idioma Zend e era o nome de um príncipe indiano, filho do Imperador Ugra, que por não poder alcançar o trono de seu pai, como filho mais moço que era, provocou, apoiado por ambições políticas e religiosas, um violento Cisma (cisão). O ato produziu uma hedionda guerra de cunho religioso, massacrando todos os que se opuseram ao príncipe e destruindo santuários, além de provocar perseguições a sacerdotes e magos. O massacre deixou como marca aos poucos que escaparam o nome de Irshu como que sendo uma representação do princípio do mal. Daí um dos motivos para o conceito que se tem de Exu ainda hoje.

Exu e Exus

O arquétipo do Exu faz parte do culto chamado Quimbanda, que representa o lado passivo da Lei Divina quando colocado junto da Umbanda, que representa o lado ativo da mesma Lei. Na organização hierárquica espiritual, a Umbanda representa os aspectos espirituais e imateriais elevados. Por eles se manifestam os arquétipos espirituais da Criança, que representa o amor divino e a origem da vida; do Caboclo, a força e a garra, bem como a fase adulta da vida; e o Pai Velho, que sintetiza a sabedoria, a experiência e a maturidade. Já a Quimbanda representa o aspecto evolutivo material, aquilo que está atrelado à carne e suas necessidades, sintetizando as características materiais necessárias para a sobrevivência humana. Na Quimbanda se manifestam os Exus e os Exus Pombagiras, seres masculinos e femininos, que ao contrário das entidades da Umbanda, se valem simbólica e magisticamente dos prazeres e das características da vida humana para introduzirem nos fiéis os cuidados que se deve ter com as armadilhas do mundo material e social.

Na junção de Umbanda e Quimbanda tem-se a harmonia dos polos, representada simbolicamente pelo hexagrama, a estrela de seis pontas, ostentada pela Pombagira Sra. Audara Maria em suas manifestações no terreiro de Santíssimo. Nesse símbolo é possível ver a junção dos polos, em que a Umbanda se representa pelo triângulo com o vértice para baixo (a manifestação do espiritual para a realidade material) e a Quimbanda pelo triângulo com o vértice para cima (o desejo de subida daquilo que está embaixo, na realidade material). O ativo e o passivo só podem existir na presença um do outro, e isso faz com que a união do espiritual e do material se torne essencial para o perfeito caminho evolutivo. O ser não deve ser aquele que abre mão da vida nem tampouco se eleva por demasiado, fugindo da oportunidade e função da encarnação presente, mas, sim, aquele que vive o material e o espiritual harmoniosamente, dando-lhe a evolução do espírito ao lado do bem-estar material e social. Afinal, um depende do outro.

Na Umbanda, a hierarquia espiritual se dá por meio da organização das Sete Linhas de Umbanda, sendo que cada uma possui função e modo de trabalho específicos, que são:

- Linha de Oxalá.
- Linha de Ogum.
- Linha de Oxóssi.
- Linha de Xangô.
- Linha de Yorimá.
- Linha de Yori.
- Linha de Iemanjá.

Na Quimbanda, a organização também se dá por meio de Sete Linhas ou Representantes das Linhas, em que Exus Indiferenciados, que estão acima da realidade e de influências, encimam cada uma delas em correspondência com as Sete Linhas da Umbanda:

- Exu Sete Encruzilhadas: a mando de Oxalá.
- Exu Tranca Ruas: a mando de Ogum.
- Exu Marabô: a mando de Oxóssi.
- Exu Gira Mundo: a mando de Xangô.

- Exu Pinga-Fogo: a mando de Yorimá.
- Exu Tiriri: a mando de Yori.
- Exu Pombagira: a mando de Iemanjá.

Abaixo de cada um dos sete Exus Indiferenciados, outros milhares de Exus se organizam com o fim de executar as ordens e os comandos dos maiorais. Os Exus, por sua vez, se organizam em três grupos hierárquicos:

- Exus coroados.
- Exus cruzados.
- Exus espadados.

A hierarquia dos Exus sinaliza a área de trabalho em que estão posicionados. A via evolutiva da Quimbanda faz com que esses espíritos, que lidam com as energias mais grosseiras e pesadas que afetam a humanidade e o espiritual correspondente, se elevem por meio do trabalho e possam, com base na evolução, alcançarem subidas constantes para polos mais iluminados e sutis. Sendo Exu o senhor da matéria, seria ele o sustentador e mantenedor da saúde física e material. Isso se manifesta pelo título que lhe é concedido pela tradição nagô de "Elegbara", o senhor do corpo, da matéria e da energia física. Assim, Exu possui a força da cura e da criação do corpo físico, que lhe pertence. Isso fica evidente no ponto cantado nos terreiros, em que se afirma que Exu é o curador por excelência:

Tava curiando na Encruza
Quando a Banda me chamou
Exu no terreiro é Rei
Na Encruza ele é doutor
Exu vence demanda
Exu é curador.

Seu Sete da Lira foi quem popularizou a figura de Exu no Brasil, colocando-o em um lugar de respeito diante da sociedade e do próprio culto umbandista. A forma como muitas entidades dessa linha se manifestavam em sua época fez com que Exu sofresse com o estigma de algo negativo, maldoso, carrancudo e baixo. Seu Sete, contrariamente, quebrou os padrões e as ideias vigentes, mostrando fatidicamente por meio de seu trabalho que é Exu o responsável principal pelo equilíbrio, à medida que compete a ele a guarda dos limites e a interação das realidades. Isso se faz representar pelas encruzilhadas, que sintetizam o cruzamento das linhas de força que se manifestam, finalmente, por intermédio dos elementos ar, fogo, água e terra centralizados pelo éter. Sendo o Senhor dos cruzamentos energéticos, é Exu também o responsável pela magia, visto que esta é a movimentação das energias e das forças para determinado fim e objetivo, sendo ela, por si só, o sinônimo das encruzilhadas.

Seu Sete ensinava a seus fiéis a verdade daquilo que ele anunciava da maneira como melhor sabia, ou seja, cantando:

Nos pés de Zambi havia um pássaro preto (bis)
Foi nas asas dele que ele veio avoando (bis)
Ele é o Rei
É o Rei
É o Rei com fé
Ele é o Rei e Orixá.

O Maracanã da Fé

> "Exu Sete Encruzilhadas, ele trabalha na Gira
> Na encruza sem parar
> É de dia, é de noite, Exu, é na madrugada
> Vencendo demanda de quem vem lhe procurar
> Salve, seu ponteiro, Exu, sua capa e seu garfo
> Sua missão é bem grande
> Seu Sete Encruza amojubá"
> (*Exu da Madrugada* – Milton A. Silva, 14/05/1958).

Uma nova dimensão à Umbanda

No final dos anos 1960 e início dos anos 1970, estava muito claro à Mãe Cacilda e aos amigos do terreiro que se estava fazendo história. Nunca a Umbanda, mesmo tão democrática e brasileira, havia ganhado tamanha dimensão e visibilidade pública. Naquele passo, a procura pela casa, sabiam, continuaria a aumentar inevitavelmente.

E havendo maior contingente de pessoas acessando o terreiro em Santíssimo, zona pouco estruturada para receber tamanho fluxo, havia também a necessidade de melhorar aspectos do entorno, como asfaltamento, sinalização, calçamento, esgoto pluvial, escoamento, entre outros.

Os jornais locais começaram a divulgar notas semanais pedindo aos governantes melhorias na estrada, que, se antes era ruim, com o movimento constante, somado ao clima sempre úmido da região, piorava a passos largos:

> *O professor Romero Morgado, um dos componentes do "Grupo amigos do Seu Sete da Lira", admite que o DETRAN precisa dar uma ajudazinha ao tráfego nas Ruas Mangueiras e Caquizeiros, próximas ao Sítio Santo Antônio onde está localizado o Centro do Seu Sete; disse ele ao Gerico: "A afluência de pessoas, cerca de 20.000 todos os sábados, vem causando o congestionamento natural do tráfego nas Ruas Mangueiras e Caquizeiros. Em outubro do ano passado junto com os moradores locais entregamos um abaixo-assinado às autoridades estaduais solicitando o calçamento das ruas, bem como dotá-las de galerias de águas pluviais e esgotos além de orientação para os veículos que para Lá se locomovem". Os veículos são de três categorias: kombis e táxis para a estação ferroviária de Santíssimo; kombis, táxis e particulares para o centro da cidade e adjacentes, e os que retornam após deixarem os passageiros em Santíssimo. Depois da meia-noite é uma confusão de carros e fiéis com riscos de acidentes. É preciso que o DETRAN, que já tomou algumas providências, colocando placas de estacionamento proibido na Rua dos Caquizeiros, coloque como solução os táxis e kombis em posições estratégicas e em filas – ida e volta – na via principal; a Estrada da Posse somente permitindo o acesso às Ruas Mangueiras e Caquizeiros das kombis e táxis que já trazem o pessoal certo e que permaneçam nas áreas de estacionamento.*

O Sítio Santo Antônio se tornou um verdadeiro Santuário Umbandista, que não deixava a desejar a nenhum Santuário Católico: possuía um conjunto de obras dignas de um verdadeiro local de peregrinações: Casa de Exu, bosque da Cabocla Jurema, cachoeira, Casa das Almas, Ilê da Cabocla Jurema, Cozinha do Santo, Capela de Santo Antônio, loja de *souvenirs*, lanchonetes e banheiros, além da Lira de Seu Sete.

Tudo no sítio era grande, mas o número de pessoas queria ser ainda maior. A Lira construída por Mãe Cacilda não suportava mais a quantidade de devotos que acorriam ao centro, e isso implicava em trabalhos mais longos, visto que eram necessárias várias mesas para conseguir atender a todos. Os próprios fiéis e filhos da casa começaram a idealizar uma Lira maior e com melhor estrutura. Mãe Cacilda mantinha-se cautelosa, pois estava acostumada a obras e sabia que uma Lira proporcional ao número de fiéis seria algo fora do padrão de tudo que fora construído ali até então. Ela despistava os "sonhadores", dizendo que isso acarretaria em problema.

Não se dando por vencidos, alguns devotos e filhos da casa começaram a fazer campanhas, mesmo sem o consentimento da médium, para angariar fundos que possibilitassem a construção do novo Santuário. Rifas, doações e outras ações eram encabeçadas com essa finalidade. Percebendo a mobilização, Cacilda convenceu-se da necessidade das obras de modo a oferecer um espaço melhor para os amigos da Lira. O projeto foi enviado para várias empresas de construção da cidade para fazerem orçamentos. No dia 15 de abril de 1971, a direção do terreiro assinou o contrato em que requeria os préstimos de serviços da empresa Macson Clayton Construções LTDA. e da Enal Construtora para a construção da nova Lira, um projeto jamais visto em qualquer tenda, templo, centro ou casa umbandista até hoje.

Para possibilitar a construção, a verba obtida das cantinas existentes dentro do terreiro e a venda de objetos ritualísticos foram fundamentais. Entretanto, esforços além do comum foram necessários.

Não foram poucas as vezes que, durante as obras, a médium e sua família tivessem que completar com dinheiro de seu bolso o pagamento dos funcionários da construção, que eram pagos semanalmente. Não havia abundância de verba, mas dedicação não faltava. Enquanto a nova Lira era construída, os trabalhos não pararam. A construção, que estava sendo feita exatamente ao lado da Lira antiga, era apontada diversas vezes por Seu Sete durante os trabalhos, que não cansava de pedir que ela fosse inaugurada na festa de Santo Antônio daquele ano, 1971.

Um sonho retratado

O maior terreiro do Brasil, como era chamado antes de ser inaugurado, foi objeto de matérias em jornais e revistas, bem como alvo de críticas dos inimigos da Lira. Mãe Cacilda, sabiamente, não as respondia. Ela apenas perguntava a si própria: *"Antes, o problema era a falta de um espaço melhor, agora o problema era a existência dele. Quem entendia?"* O burburinho era tanto que fez com que, em maio daquele ano, a revista *O Cruzeiro* enviasse uma equipe de reportagem composta por Wanderley Lopes, Vieira de Queiroz e Indalécio Wanderley até o Sítio Santo Antônio com o intuito de retratar o ambiente de construção do novo templo religioso da cidade. O dia marcado para a produção da matéria não poderia ser outra: um sábado, dia de trabalhos no terreiro. Enquanto Wanderley Lopes conversava com fiéis presentes e anotava suas impressões a respeito do que acontecia, Vieira de Queiroz e Indalécio Wanderley não poupavam flashes de suas câmeras em uma tentativa de registrar duas óticas: a visão de Seu Sete para o povo e a do povo para Seu Sete.

O resultado da visita foi publicado na revista de número 20, posta nas bancas no dia 19 de maio de 1971. Seu Sete, figura constante em publicações jornalísticas, era reverenciado na capa da publicação com letras maiúsculas e vermelhas "SALVE, SEU 7". A matéria, de

10 páginas, foi colocada nas primeiras páginas da edição acompanhada de fotos coloridas muito bem produzidas e um pôster do Exu com uma foto tirada também na ocasião. O título da matéria colocava Seu Sete como o representante de novos tempos dentro da Umbanda:

Salve, Seu 7 – a nova dimensão da Umbanda
Com os olhos esbugalhados, vestido numa calça cáqui, camisa frappé de meia branca, velho raquítico levantava as mãos trêmulas para o alto, como quem queria pedir alguma coisa. Por mais que se esforçasse, dos seus Lábios nada saía. O povo, incontido, fazia um movimento angustiante, e, no meio do burburinho, perdido como uma formiga, o velho foi se enfiando até romper parte da multidão e postar-se em frente ao pequeno tablado onde Seu 7 Encruzilhadas, o Rei da Lira, baforando o seu charuto, saudava os milhares de fiéis, no terreiro de Santíssimo, GB, distribuindo marafo a toda hora.
Ele não parava. Gesticulava e recebia palmas. Do seu lado direito, os cambonos, sem desviar a atenção, serviam-lhe cachaça e charutos. Luzia, moça da casa, orientava os presentes. Tico-Tico tocava cavaquinho. Guerra Peixe batia com os pés, acompanhando o ritmo alegre do Rei da Lira. O deputado Rossini Lopes o abraçava. O compositor e corretor José Gomes era o anfitrião. Vieira de Queiroz, agarrado à sua máquina, não parava um só instante. Não foi proibido de trabalhar. Seu Sete deu colher de chá.
Era sábado de céu limpo. A Estrada das Mangueiras, principal via de acesso ao terreiro, estava congestionada. Os botequins superlotados. Os parques de estacionamento também. Vinha gente de São Paulo, Minas, Espírito Santo, Estado do Rio e Guanabara. Era mais um Dia de Cura. Seu Sete ia trabalhar pelo bem. Na frente de seu terreiro, Rua dos Caquizeiros, 474, aleijados, tuberculosos, leprosos, cancerosos, mulheres separadas do marido e vice-versa, moças procurando um casamento, paqueras improvisadas,

gente às voltas com a justiça e mais pessoas com todos os tipos de problemas buscavam uma benção do Rei da Lira. Tinha que ser naquela noite. Antes de o dia amanhecer.

Paciência de Rei

Há poucos metros do terreiro, enquanto todos esperavam a hora da cura, uma senhora tímida, morena clara, 48 anos, conversava animadamente com amigos e familiares. Dona Cacilda de Assis, aos 13 anos de idade, no Rio de Janeiro, recebeu pela primeira vez o Rei da Lira. Em 13 de junho de 1938, aos 15 anos, fez o seu otá em abodê ogerê – assentamento de Seu 7 da Lira – na mão de seu Pai de Santo, Benedito Galdino do Congo, em Coroa Grande, acima de Itaguaí, antes de Itacuruçá. Era dali por diante a filha do Seu 7. Começou a trabalhar com o seu consentimento.

Mãe de 3 filhos, embora criando 5 adotivos, Dona Cacilda de Assis já tem cinco netos e é conhecida pelas milhares de pessoas que frequentam o seu terreiro como Mãe Cacilda. Ela nunca está mal humorada, sempre trabalhou para o bem de todos. Dando coragem, orientando, arranjando emprego, dinheiro, comida, e muitas vezes quebrando galhos junto à polícia.

– Eu sigo a linha do meu Pai. Seu 7 só pede amor e paz. Ajudo todo mundo. Não posso ser do contra. Minha casa está de portas abertas para quem precisar da gente. Tanto de mim como de meu marido.

Acendeu um cigarro e foi explicando, enquanto o telefone tocava e alguém lhe pedia para pagar um enterro. Joaquim, velho de mais de 70 anos, bebia demais e agora estava morto. O sepultamento foi arranjado. Mãe Cacilda pagaria tudo.

Não é mole

Yalorixá há 23 anos, Dona Cacilda, casada com o corretor de seguros José Gomes, mora na Avenida Atlântica, em Copacabana, mas passa a maior parte do seu tempo no terreiro, em Santíssimo. É lá que atende aos necessitados, inclusive marcando mesas para os sábados de Seu 7. A vida do casal tem sido de total desassossego. São vários empregados a cuidar do sítio, além dos outros operários que trabalham numa nova Lira – local onde serão realizadas as sessões – que comportará cerca de 3.000 pessoas.

Quando não recebe Seu 7, ela está trabalhando com uma entidade muito poderosa, Senhora Audara Maria, esposa de Seu 7, dona da rosa vermelha. Também trabalha com a Cabocla Jurema e Vovó Cambinda. Suassuna, Iansã (Yatopé, Xangô Aganju, Dogum delocó, seu povo, seu santé – Nagô e Angola).

Ela pertence à Mina de Santé, tem mão de delogum (mão de jogo), joga somente para seus filhos de santo quando vão prestar obori (obrigações). Na semana, quase não tem dias de folga. Sempre está com entidades diferentes. Para os domingos, ela responde:

– Às vezes Seu 7 só vai embora depois das 10:00 horas de domingo. Passa a noite de sábado todinha cantando e tomando marafo. Fazendo o bem e brincando com todo mundo. Encontra a madrugada e não descansa. Deixa cair. Só vai depois das 10:00. Como se nota, aí eu já tenho metade do domingo perdido.

Mãe Cacilda não aceita consultas particulares. Seu 7 não gosta. Nada com dinheiro na frente. Tudo é grátis. É caridade. O Rei da Lira não aceita presentes de ninguém. Tudo tem que ser na base da bondade.

Boca do bode
Muita gente tem se dedicado ao estudo da Umbanda e do Candomblé. Uns preferem se abraçar às teorias superficiais de determinados escritores, enquanto outros vão mais além, buscam o grosso de tudo através de minuciosas apreciações e demorado período de prática. Para Seu 7 ninguém ainda conseguiu explicar o fenômeno. Sabe-se, portanto, que ele gosta de música, do marafo, e de fazer o bem. Ele cura. Cura na base da música.

– Você botou meu nome na boca do bode/eu sou filho do Seu 7, comigo você não pode/você botou, você mesmo vai tirar/é uma ordem do Seu 7, você tem que respeitar...

Foi o fraco de todo mundo. Na interpretação de Aderbal Moreira e José Gomes, o bloco carnavalesco Bafo da Onça levou a composição do Seu 7 Encruzilhadas até o asfalto da Presidente Vargas. Todo mundo cantou. Como todo mundo canta no terreiro ao lado do Dr. Saracura, como ele é tratado.

Para Dona Cacilda, as distorções feitas em torno do seu trabalho não o atingem. Ele sabe perdoar. Está se popularizando porque suas curas chegaram aos ouvidos do pessoal do teatro, do cinema e da televisão. Para garantir a honestidade dos trabalhos, todos os sábados, autoridades civis, militares e até eclesiásticas podem ser encontradas no terreiro da Rua dos Caquizeiros. Seu 7 abraça todo mundo. Não faz discriminações. Só faz a cura.

Longa caminhada

Enfrentar o labirinto de ruelas que se contorcem pelos fins de Santíssimo, até encontrar o terreiro do Rei da Lira, tem sido o trabalho de milhares de pessoas. Os sábados ficam alegres, as mocinhas, de mãos dadas, caminham bem arrumadas em direção ao terreiro. Os rapazes ficam na deles, eles respeitam. Seu 7 gosta da ordem. Ele só aparece às 21:00 horas. Não há mais espaço. As mesas estão ocupadas. Quando não vão pedir cura, metade dos presentes comparecem para agradecer a graça alcançada.

– Eu estava cega, não enxergava há mais de 13 anos. Vim aqui duas vezes. Seu 7 me curou. A ele eu dou até a minha vida. Viva Seu 7, meu pai.

Dona Carmem, residente em Bangu, puxava um lenço amarelado de sua bolsa de couro cru para enxugar as lágrimas de satisfação. O exemplo atrai a atenção dos mais necessitados. A demanda passou a aumentar de sábado para sábado, e ele foi curando desde as pessoas pobres até filhos e parentes de conhecidas personalidades da Guanabara, tanto no cenário político como social.

A grande hora

Meia-noite. "Hora da corrente do amor", hora da meditação, da humildade, da compreensão. Hora em que Seu 7 saúda todos os presentes. Pede para que todos se unam em gesto fraterno. Amem-se. Unam-se, pelo menos naquela hora de respeito.

Um dos maiores espetáculos de massa é a assistência perplexa do terreiro de Seu 7 Encruzilhadas. Todos ficam atentos. Obedecem. Choram. Cantam. Têm fé e terminam curados das suas mazelas, que há muitos anos os acompanham pela vida.

O bom Exu

Seu 7 é Exu porque a palavra Exu é a palavra do nagô (guarda). Antes de trabalhar no seu terreiro em Santíssimo, o Rei da Lira recebia seus fiéis em um prédio da Rua Itapuca, 138, que até hoje continua desocupado. Lá não havia mais espaço suficiente para acolher seus adeptos. Seu nome foi se agigantando de modo impressionante, chegando a ser alvo de muita polêmica. Uns não acreditam, mas temem. Outros acreditam e o procuram. As opiniões dos estudiosos são divergentes. Há gente irredutível em afirmar que o fenômeno existe. Outros foram ver de perto e já não dizem mais nada.

Os que procuraram o terreiro para passatempo, hoje estão integrados. São embaixadores, desembargadores, políticos, jornalistas, cantores do rádio e da televisão, motoristas, operários e pessoas das mais diversas profissões. Lá se postam até de madrugada. Cantam quando conseguem as suas curas:

– Eu vivia muito triste neste mundo/doente sem ter alegria/ eu hoje vivo alegre e a cura se repete/agradeço ao meu amigo 7/ Seu 7 da Lira/está feita a corrente/vamos todos cantar/pra salvar um doente/Seu 7 não bebe/Seu 7 trabalha, a cura está feita/Seu 7 não falha.

Muletas são jogadas para o ar. Cegos, absortos, encontram-se pela primeira vez com a luz milagrosa do dia. Dos leitos os doentes erguem-se em prantos e entregam suas vidas ao Rei da Lira, Seu 7 Encruzilhadas, se tornam fiéis. Às vezes agressivos, não admitem abuso.

As curas

Diferente das do Zé Arigó são todas as curas que Seu 7 realiza no seu terreiro em Santíssimo. Nada que se relacione à vantagem financeira. Ele prefere a noite, mas se for necessário ele fica até de manhã. Ou dois ou mais dias. Depende do número de doentes a atender.

Em Santíssimo, no seu tablado, agarrado ao microfone, conclamando todo mundo para cantar em conjunto, está o Rei da Lira. Um boêmio. Um folião. Um gozador. Um Rei. Um Pai. Um Deus. Seu 7 Encruzilhadas.

O velho raquítico baixou as mãos trêmulas. Tropegamente saiu da multidão. Havia feito o seu pedido. O Rei da Lira curou-o. Abraçou a esposa e rumou para casa, em Realengo. Não estava mais tuberculoso. É mais um que o terreiro da Rua dos Caquizeiros ganhou para toda a vida.

Troféu à Umbanda

Era chegado junho, mês da Festa de Santo Antônio. E como a um Rei não se nega um pedido, a Lira seria inaugurada durante as tradicionais festividades ao santo. A construção, contudo, não estava ainda completamente concluída. Seria preciso ainda alguns meses para que estivesse terminada. Porém, sem sombra de dúvidas, já podia ser considerado o maior templo de culto umbandista construído, posto que ocupa até hoje. Uma estrutura grandiosa, com mais de 2.000 metros quadrados de cimento armado, que era vista por muitos como um troféu à Umbanda. A religião, por muito tempo discriminada e, por isso, relegada a espaços de culto nas periferias, como fundos de quintais sem nenhuma estrutura, agora podia se gabar de contar com um local que fazia jus à sua importância e popularidade. Por decorrência de suas proporções fora do comum, a Lira de Seu Sete foi rapidamente intitulada de "Maracanã da Fé" pelo humorista Lilico e, em seguida, pela mídia, que adotou o apelido.

A nova Lira era o recinto onde ficavam os fiéis ao redor da mesa de cura, tendo várias passarelas com armação de ferro e a parte de cima de madeira. Eram três corredores de armação posicionados sob a forma de um tridente, sendo que o corredor central, o maior, media 112 metros de extensão. Era por onde Seu Sete andava atendendo a seus fiéis. A mesa era, certamente, a maior do mundo em uma casa umbandista, a qual abrigava mais de 2.000 pessoas sentadas ao redor dela. Essa grande passarela terminava em uma escada por onde, subindo-se, chegava ao Congá da Lira, ou Congá de Santo Antônio, onde ficavam os filhos e as filhas do terreiro, a Orquestra da Lira, a Casa de som etc.

Ao todo, apenas embaixo da sua cobertura, a Lira comportava uma média de 20.000 pessoas. Seu Sete tinha duas formas de chegar até ali: ou vinha por uma escada lateral, que saía do bar-lanchonete, na parte traseira do templo, ou surgia por uma escada interna, a qual ficava dentro do apartamento construído embaixo do altar do novo espaço para Mãe Cacilda. Esse apartamento era composto de banheiro, quarto de descanso, sala de estar, capela de Santo Antônio, almoxarifado, cozinha e um *closet* com as vestimentas do Guardião. Ficava anexo à secretaria do terreiro, que também se situava atrás da Lira. Além disso, ainda havia 30 sanitários (15 masculinos e 15 femininos) e uma profusão de detalhes funcionais, que custaria, à época, uma média de 900.000 cruzeiros (algo hoje em torno de 327.270 reais).

As portas se abrem

Para a tão aguardada festa, marcada pela inauguração oficial do templo e pela festividade de Santo Antônio, um convite foi confeccionado para ser enviado aos amigos da Lira:

Sete Encruzilhadas da Lira
Convite
Temos a grata satisfação de convidar a V. Sa e Exmª Família para

os atos comemorativos da FESTA DE SANTO ANTÔNIO e de INAUGURAÇÃO DA NOVA LIRA, a serem realizados no próximo sábado, dia 12, com início às 21 horas.
Junho de 1971
Cacilda de Assis
Tomamos a liberdade de pedir limitação no número de acompanhantes, no máximo de 3, por uma questão de espaço.

O novo espaço, embora bastante maior que o anterior, ainda era pequeno para suportar a quantidade de pessoas que acorriam ao reino do Rei.

No dia da inauguração, as divindades resolveram mandar uma grande chuva como que para lavar o novo santuário da fé da cidade do Rio de Janeiro, entretanto, nem a torrencial chuva nem a lama decorrente do alto volume de água desfizeram a grande festa do Rei da Lira, que recebeu milhares de carros vindos de quase todas as regiões do estado da Guanabara e de várias partes do país. Na Estrada das Mangueiras (que mais tarde passaria a ser chamada de Estrada do Lameirão, exatamente por conta da lama que se criava nos dias das sessões do Exu quando chovia), os faróis altos mostravam os fios da chuva enquanto os pneus afundavam e derrapavam no piso encharcado. Cerca de três quilômetros antes do terreiro, notava-se o engarrafamento que, naquela situação, formava uma procissão de rodas e roncos de motor.

Foi uma verdadeira loucura chegar até o templo: kombis carregadas de famílias, velhos, crianças, bebês de colo, jovens comuns e até os cabeludos da época. Grupos de soldados da PM faziam o apoio do trânsito, e guardas e paisanos de boné vermelho davam orientações aos motoristas. Era possível ver alguns carros caídos na vala e gente empurrando as carroçarias atoladas. Os estacionamentos, que não faltavam pelas redondezas desde que o terreiro começou a funcionar em Santíssimo, ficaram lotados. Lama grudando nos sapatos e pessoas se resfriando com tamanha umidade. Contudo, ninguém se queixava. Tudo estava magnífico e por nada os fiéis perderiam aquele dia histórico. Sobre aquele dia, a revista *O Cruzeiro* relatou:

> *[...] o Maracanã da Fé, vestido de vermelho e preto, as cores do Homem. O vocábulo Maracanã não entra de cambulhada, porque o terreiro do Rei da Lira é a maior explosão de espiritismo popular do Brasil e do mundo. Só vendo para crer. Só vendo para sentir. Aquelas mãos crispadas de fé. A criancinha enferma ou já curada nas mãos da mãe. As lágrimas de gratidão. Aqueles rostos iluminados de esperança.*

Dentro do sítio, uma assistência de 16.000 devotos, número que inquestionavelmente seria maior na possibilidade de um melhor tempo climático. Na rua, uma média de 5.000 carros particulares estacionavam nos lugares mais inóspitos possíveis. Seu Sete chegou ao novo espaço às 21 horas em ponto anunciado pelo som de um clarim. Logo que adentrou, a Orquestra da Lira iniciou o som de sambas, tangos, marchas e valsas, num sortimento completo de gêneros musicais brasileiros e do exterior. Tudo, das bandeirinhas que tremulavam aos detalhes da decoração, era vermelho e negro, as cores dos Exus. O altar, luxuosamente arrumado com flores e velas, ostentava uma bela imagem de Santo Antônio em tamanho real, ao mesmo tempo em que exibia a coleção de imagens do santo pertencentes ao seu fiel devoto Sete da Lira. Enquanto Seu Sete cantava e curava, mais de 300 filhos da casa circulavam por entre a multidão mantendo a ordem. Nada podia sair do lema do dono da casa: "fé, respeito e compreensão".

Padre Martins, convidado para celebrar com Seu Sete uma solenidade ecumênica, foi apresentado do alto de sua Lira enquanto preparava seus paramentos litúrgicos. Enquanto isso, Seu Sete pedia mais uma vez doações para o orfanato mantido por Padre Martins. A instituição de crianças abandonadas enfrentava dificuldades com as despesas pela falta de donativos, correndo sério risco de fechar as portas. Sem outra saída, o padre se dirigiu a Santíssimo e conversou com o Exu para pedir-lhe ajuda na solução daquela situação. Seu Sete, comovido, pediu doações no mesmo dia para os fiéis da Lira, o que garantiu que o orfanato não fosse fechado. Desde então, Seu Sete tornou-se amigo de Padre Martins, e a Lira, a principal patrocinadora do orfanato.

Seu Sete fez uma preleção sobre o ecumenismo, o respeito entre os irmãos filhos do mesmo Pai. Ver um padre católico ao lado do "homem", representação máxima da Umbanda, era curioso e ao mesmo tempo harmonioso. Suas imagens juntas estabeleciam um diálogo perfeito. A batina confundindo-se com a capa negra da Lira, ambas percorrendo a multidão. Padre Martins com sua água benta borrifava o povo; Seu Sete, de marafo em punho, fazia o mesmo gesto. Uma intimidade completa ligada pela ponte ecumênica do Cristo. Seu Sete exclamou:

– Vamos cantar a "Ave-Maria" de Gounod. Todo mundo! Não quero ninguém com a boca trancada!

O desejo de Seu Sete foi atendido. O cantor Salvador Lorian encheu os espaços com a "Ave-Maria", e o povo entoou junto enquanto Seu Sete, com gestos largos como os de um maestro, também cantava. Uma cena inesquecível, ao mesmo tempo magnífica e curiosa.

A missa foi iniciada em louvor a Santo Antônio e em ação de graças pela construção da nova casa de caridade. Enquanto o padre celebrava no Congá de Santo Antônio, Seu Sete andava por entre a multidão realizando suas curas.

Após o santo oficio católico, a banda atacou o "Hino do Flamengo", um dos clubes mais populares do Rio de Janeiro e do Brasil. A marcha, de autoria do compositor Lamartine Babo, levou os flamenguistas, em especial, em grande quantidade no terreiro, a cantarem como se estivessem no Estádio do Maracanã. De certa forma estavam no Maracanã, de fato, mas o da fé. Seu Sete levantou a camisa de um deles, colocou a mão no escudo e fechou os olhos em concentração. Depois, espirrou marafo nele e disse:

– Vá para casa e pode comer tudo. Esta úlcera foi embora!

Minutos antes da meia-noite, a voz profunda de David Montenegro, ex-sargento da Aeronáutica e de indiscutível talento vocal, anunciou a proximidade da Hora Grande. A hora das curas. Seu Sete curava com alegria. Parecia trazer um sol aos corações dos necessitados na sua missão de caridade. Queria todo mundo cantando, sorrindo, irradiando saúde espiritual, queria todo mundo virando criança.

Nessa paz de música aplicada à cura, era chegada, então, a meia-noite. A Hora Grande do povo das Encruzas era o pico da montanha na liturgia do terreiro. O instante mais esotérico, a compulsão da fé e da concentração do amor. Formou-se a corrente. Havia uma multidão, àquela altura, de 25 mil pessoas cantando: "Chegou a hora grande/da corrente do amor..."

Como ocorria em todos os sábados, naquele instante formou-se uma imensa cúpula magnética. Às vezes, um grito era ouvido na multidão. Alguém caía em transe, algum obsessor havia sido puxado pela força da corrente para deixar em paz o irmão perseguido. Seu Sete dirigia-se até o fiel e concluía o caso: a pessoa voltava a si e experimentava a sensação de leveza de um fardo ruim que saía de suas costas. Aquele era o primeiro dia oficial de trabalhos no novo terreiro, e muitas curas e desobsessões seriam vistas ainda dentro do Maracanã da Fé.

As noites de sábado

> "Que alegria é esta?
> Por que tanta gente cantando?
> Seu 7 Encruzas da Lira
> Que já está trabalhando
> Com sua capa, seu ponteiro e seu patacoré
> Ele protege, dá saúde a quem tem fé
> É 7, é 7, é 7
> É 7 Encruzilhadas
> Quem tem Seu 7 tem tudo
> Quem não o tem não tem nada"
> (*Que alegria é essa?* – Cacilda de Assis).

Movimento desde cedo

A popularidade de Seu Sete não parava de crescer. Gentes de todas as partes do Rio de Janeiro, do Brasil e até de outros países marcavam presença em suas giras de sábado. O bairro de Santíssimo, por sua vez, crescia junto, embora ainda deixasse a desejar em vários aspectos estruturais. Nas madrugadas de sexta para sábado, era possível encontrar pessoas de locais e origens das mais diversas, que aguardavam a abertura dos portões para que pudessem adentrar ao sítio e garantirem um lugar na Mesa de Cura, que ocorreria à noite. Cacilda de Assis acompanhava passo a passo a vigília em frente à sua residência nas madrugadas que antecediam o dia de trabalho. De tempo em tempo, alguém da família entrava na casa e dizia:

– Lá fora tem 200.

Mais tarde, voltava alguém com a nova estimativa:

– Agora já tem 400 lá fora!

Com o avançar das horas, alguém entrava e, espantado, afirmava:

– Já são 900 pessoas!

Os devotos aguardavam ansiosos e animados o início dos procedimentos semanais. Apesar de os portões do sítio serem abertos nas manhãs de sábado, os romeiros não deixavam de ser assistidos. Muitos nem sequer tinham condições de adquirirem um prato de comida para se alimentarem tamanha a gravidade da situação de vulnerabilidade social em que se encontravam. Outros traziam suas marmitas para que pudessem se alimentar durante o período em que estivessem na Lira. Preocupada com a situação e visando oferecer uma estrutura melhor aos devotos, a família Assis passou a oferecer semanalmente um sopão para os romeiros de Seu Sete, que cumpriam vigília em frente ao sitio. Litros e litros de chá e alimentos eram oferecidos a todos os devotos, que poderiam com isso ao menos amenizar seus sacrifícios.

De carro, ônibus, carroça, bicicleta ou pelas próprias pernas, os fiéis não mediam esforços para chegarem ao templo e participarem das sessões de sábado. Durante o dia, centenas de automóveis e ônibus trafegavam pela Estrada da Posse, em Campo Grande, até chegar próximo ao número 2.000, onde ficava localizado o posto de gasolina que, com o aval do "homem", atendendo ao pedido do proprietário, se chamava Sete da Lira. O posto se tornou uma referência da região e ponto de encontro dos fiéis que se dirigiam ao terreiro. A partir dali o caminho precisava ser trilhado de carro, a pé ou nas muitas kombis que se posicionavam nas imediações do posto Sete da Lira para fazer o transporte dos devotos a um preço módico até o terreiro de Seu Sete.

A estrutura precária do entorno e o imenso movimento em direção ao templo fez com que algumas pessoas tirassem proveito daquilo. Dada a quantidade de veículos que ocupavam as imediações do local, muitos proprietários de terras ao redor começaram a oferecer estacionamentos aos devotos por alguns cruzeiros. E lucravam com o negócio. Um vizinho da família Assis, certa vez, comentou:

— Graças a Seu Sete, consegui comprar minha primeira geladeira com o dinheiro que juntei guardando carros aqui na frente do terreiro. Salve, Seu Sete!

A principal e única via de acesso ao centro era a Estrada do Lameirão, não à toa assim intitulada. A lama e o acúmulo de água eram uma constante para os fiéis que se dirigiam ao templo, principalmente nos dias de chuva, quando a estrada fazia jus ao título que recebera. A própria direção do terreiro da Lira, com frequência, custeava obras de estruturação nas vias que levavam ao sítio na tentativa de oferecer uma melhor viagem aos devotos. Mas uma coisa era certa: levava-se tempo para chegar até lá, independentemente do tipo de transporte ou da condição do tempo. Para se ter uma ideia, de automóvel, saindo de Copacabana, a viagem durava uma média de 1 hora e meia a 2 horas, podendo ser até mais perante as condições da estrada e do tempo. A distância entre a Avenida Brasil e o terreiro era de 40 quilômetros, sempre muito demorados de serem percorridos aos sábados.

Até chegar ao destino, algumas paragens eram feitas para "forrar o estômago" em barracas ou pontos comerciais ao longo do caminho. Finalmente, após tantas dificuldades, os fiéis iam chegando ao grande portão de ferro frontal do templo, onde se destacavam estampadas duas grandes liras, também de ferro, encimado por um enorme luminoso de acrílico vermelho com o número "7" pintado. Era ali a Tenda Espírita Filhos da Cabocla Jurema.

O trabalho começa

No local, devotos acumulavam-se portando bancos, cobertores e outros materiais que pudessem precisar na curta estadia no sítio enquanto esperavam atendimento. Durante o dia, após ter garantido seu lugar na Mesa de Cura, que aconteceria mais tarde, os devotos se esparramavam pelo sítio, dormindo embaixo de árvores, formando rodas de conversa e de cantoria ou simplesmente acomodavam-se para aguardar a Hora Grande. Ouviam-se risadas e trocas de histórias de uns com os outros sobre as graças alcançadas e vitórias concedidas. Havia os que voltavam para suas residências para retornar ao sítio mais tarde, mas poucos se aventuravam a isso, pois era sabido que, à medida que se aproximasse do início dos trabalhos, mais difícil ainda ficava tornar ao bendito local. Ninguém queria perder seu momento com o Guardião.

Mãe Cacilda geralmente passava os sábados no terreiro. Banhava-se com ervas de força, recebia pessoas que haviam requerido um momento com ela, lia relatórios de trabalhos anteriores e passava o dia em estado de recolhimento e concentração, cuidando também de sua alimentação, cujo cardápio, aos sábados, não permitia a ingestão de carne suína.

Às 8 horas abriam-se os portões do sítio para que os devotos pudessem entrar, se organizar e reservar um lugar ao redor da Mesa de Cura. Inicialmente, os lugares eram marcados de forma bastante rudimentar. Os devotos se ajustavam próximo à Mesa, marcando seu lugar com uma pedra recolhida do sítio. Com o passar do tempo, o sistema organizou-se, e um sistema de fichas foi adotado. Estas permitiam não apenas o acesso a um lugar como, igualmente, que houvesse, no mínimo, 2.000 assistentes por rodada na Mesa de Cura.

Com o passar do tempo e à medida que se aproximava o horário de abertura dos trabalhos, os devotos iam se posicionando dentro da Lira. Os 770 bancos de madeira que compunham o imobiliário do terreiro eram poucos para a quantidade de pessoas, pois rapidamente seus espaços eram preenchidos. Antes das 19 horas não havia mais espaço próximo à Mesa. Os devotos se amontoavam para garantir uma boa visão dos trabalhos. Eram vistas pessoas de todas as profissões e classes sociais. Ricos, pobres, estudados, políticos, líderes religiosos, pais e mães de santo de outras tendas, doentes e curados, crianças e adultos. Todos juntos e com um único intuito e objetivo: louvar Seu Sete da Lira.

Às 20 horas, os últimos preparativos eram concluídos. Na Lira, o "homem" era invocado, e seus cânticos, entoados. Os devotos, ansiosos, se apertavam para ver o Rei da Lira, que a qualquer momento apareceria no Congá de Santo Antônio. De dentro de sua residência, Mãe Cacilda podia ouvir o som que vinha de fora, as vozes dos devotos e os atabaques ressoando. Com fé, ela pedia forças para cumprir mais uma vez a sua missão. Com a ajuda de Luzia, sua filha e fiel escudeira, e da Ekedi presente, Mãe Cacilda se vestia para mais um sábado de trabalho mediúnico. Um grande móvel guardava as paramentas de Seu Sete na própria residência de forma que ela não precisasse se deslocar para se vestir noutro lugar. A roupa a ser usada dependeria do trabalho do dia. Geralmente, utilizava sua roupa tradicional com fraque, cartola, botas e uma capa rubro-negra, além de joias. Em época de Carnaval, usava paramentas que denotassem a Festa do Momo, que poderiam ser em cores em homenagem às escolas de samba da cidade. Se fosse a festa de Santo Antônio, usava vestimentas de luxo em preto e vermelho. Ainda, se houvesse visitas civis e militares marcadas para aquele dia, usaria paramentas azuis, a cor dos comandos militares.

Os vários cambonos, trajando o uniforme composto de calça preta e camisa vermelha, ficavam na porta da residência aguardando a saída do "homem". Pelo sítio, haviam fiscais (filhos e filhas da casa escolhidos para o cargo pelo próprio Seu Sete ou pela sua médium) em vários pontos. Cada um dos locais por onde passaria o Guardião era fiscalizado por uma pessoa, que garantia a organização do local. As incorporações costumavam acontecer na sala da residência da sacerdotisa ou em uma sala reservada para esse fim. Em ambos os ambientes predominava um altar dedicado a Santo Antônio onde, sem exceção, a médium se voltava para invocar a incorporação do Guardião. A primeira risada de Seu Sete era ouvida de dentro da casa pelos cambonos, e um deles se afastava da residência até um ponto em que pudesse ser visto por Jorge Ôgan, que, na lira, aguardava um sinal. Uma lanterna, vermelha, claro, era piscada várias vezes em direção a Ôgan, que, recebendo o sinal enviado, dava início às atividades do dia saudando o Exu:

– Pelos quatro cantos do mundo, entre o Céu e Terra: viva Seu Sete da Lira, Exu Rei!

Em seguida, iniciava o ponto de chegada de Seu Sete da Lira, música esta que foi a primeira composição musical feita pelo Exu tendo Mãe Cacilda como médium:

Viva, viva, viva Sete Encruza
Viva Sete Encruzas na Umbanda
Viva Sete Encruzas na Umbanda
Viva Sete Encruzas na Umbanda
Viva, viva, viva Sete Encruzas
Viva Sete Encruzas na Umbanda.

A partir daquele momento, não era mais a reservada Cacilda quem comandava o terreiro, e sim Seu Sete Encruzilhadas Rei da Lira. Em Terra, como se diz na linguagem popular dos terreiros, o Exu se preparava para ir ao encontro de seus filhos, que clamavam por ajuda e auxílio. Após alguns minutos, Seu Sete saía de dentro da residência e era recebido pelos cambonos, que o aguardavam na varanda. O primeiro uso do marafo era feito ali mesmo, quando, saudando a terra, um pouco da bebida era derramado por ele no chão. Uma corrente de força se formava ao redor de Seu Sete para que ele pudesse se dirigir até a Lira, passando entre a multidão, que tomava conta de todo o espaço ao redor. Seu Sete se dirigia a pé ao templo. Era um momento de extrema emoção para os devotos, que aguardavam ansiosamente a chegada do "homem" depois de tantas horas de espera e, muitas vezes, de dificuldade para chegar até ali. Vários aproveitavam aquele instante para entregar-lhe um presente, para tocar em sua capa, dizer-lhe alguma palavra de misericórdia ou, simplesmente, receber dele um sorriso.

Havia ocasiões, principalmente as festivas, em que o espaço ficava completamente tomado e aparentemente intransponível. No entanto, a majestade do Rei da Lira fazia com que por onde passasse os caminhos se abrissem para ele. Chegando ao bar, nova saudação era feita. O marafo era novamente derrubado no chão, e Seu Sete se conduzia agora a uma escada lateral para acessar o Congá de Santo Antônio, o altar central da Lira. A responsável pela entrada de Seu Sete na Lira era a conhecida e amável Célia, a "Fiscal Sorriso". Célia era devota da Lira, presença confirmada em todos os sábados nos trabalhos. Ela foi escolhida fiscal pelos próprios devotos, que lhe pediam informações do terreiro dada a sua frequência nos trabalhos do local e a atenção que dedicava a todos. É ela quem conta:

– Seu Sete subia a escada e eu já o ficava aguardando no começo do corredor, que ficava atrás do altar de Santo Antônio. Ele passava e eu gritava "viva o Rei, viva Seu 7 da Lira!", e ele me respondia com uma gostosa risada.

Seu Sete aparecia no Congá da Lira saindo pelo lado destinado aos filhos da Casa, passava pela orquestra e subia uma pequena escada de três degraus, que o colocava à vista de todos os devotos presentes. O momento tão aguardado, a presença ilustre, se fazia ali. Mesmo quem não enxergava podia sentir a energia, que emanava daquela multidão. As crianças doentes sentiam suas mães apertarem-lhes em seus braços com fé e devoção:

— Seu Sete chegou e vai te curar...

O primeiro a ser saudado por Seu Sete era o Congá de Santo Antônio. Ele batia cabeça sobre o Congá e depois ia em direção dos atabaques, que tinham um lugar de destaque, do lado esquerdo e junto da orquestra. O Guardião saudava os instrumentos sagrados dos Orixás e os músicos. Já no altar da Lira, do alto de sua majestade, Seu Sete, em verdadeiro frenesi, jogava cachaça em saúde, levando muita gente a um êxtase arrebatador. Extrovertido, Seu Sete dançava, mas plenamente consciente de sua tarefa. A figura mais famosa da Umbanda na década estava em terra. Até que um cambono lhe trazia um microfone:

— Salve, Santo Antônio! Salve, a Lira! Salve, minha velha Audara Maria! Salve, Dona da Casa, Cabocla Jurema! Salve, o canto do galo! Salve, o canto do Aquicó! Viva minha coroa do Carnaval! Viva minha coroa de cachaceiro! Viva minha coroa de Rei da Lira! Viva minha Coroa de Rei do Jogo! Queira Deus, queira Santo Antônio, possamos fazer uma noite de Axé.

O povo continuava em delírio, vibrando. Era quase impossível andar tamanha a quantidade de pessoas. Milhares e milhares delas, que poderiam chegar a mais de 20.000 em uma única noite, aglomeravam-se ansiosas e esperançosas para verem o personagem principal da noite. Dali em diante os vários pontos da Lira eram entoados, assim como também outras músicas, que nada tinham a ver com cantigas religiosas, mas que cumpriam uma tarefa de acordo com a necessidade do momento. As pessoas se juntavam, cantavam e faziam suas preces com a esperança de terem seus desejos realizados.

A Hora Grande

Os trabalhos da noite corriam. Enquanto cantava, gingava e conversava com o povo, Seu Sete começava a preparar os presentes para a Hora Grande. À medida que se aproximava a meia-noite, mais pessoas chegavam e mais cheio o templo ficava. Alguns devotos saíam de suas atividades profissionais e corriam ao Santíssimo somente àquela hora, para poderem participar do famoso encontro religioso. Havia outros praticantes da religião que largavam seus terreiros para também participarem do grande momento.

Por mais cheio que estivesse a casa, Seu Sete mantinha total controle sobre o trabalho e sobre as pessoas. Uma palavra sua era o suficiente para que toda a multidão ficasse em total silêncio. Seu Sete se comunicava com todos, sem distinção: ali não havia patentes, cargos, classe social, e sim somente irmandade. Irmãos de um mesmo Pai que buscavam a solução de seus problemas. Sobre a Hora Grande, explicava Mãe Cacilda:

> *"À meia-noite, na Hora Grande, no terreiro de Seu Sete, o Rei da Lira, é feita a corrente da fé, da irmanação e do amor. Há uma expectativa sintetizando a vontade de se estender a mão a outro alguém. Não importa que o gesto possa refletir só um momento. O que importa é que o gesto leve à chama de nossa sinceridade e que se faça da paz e do amor o veículo da confraternização universal para que todos os dias sejam assim para todos nós, que acreditamos no poder e na força da Lira Sagrada."*

Quando os ponteiros do relógio se aproximavam da Hora Grande, Seu Sete anunciava o momento com um ponto cantado apropriado à ocasião:

> *Meia-noite, vai dar meia-noite*
> *Meia-noite, vai dar meia-noite*
> *O galo canta, no alto da serra*
> *Anunciando Seu Sete da Lira*
> *Está aqui na terra, meia-noite.*

Enquanto cantava, os fiéis se posicionavam irmanados para o momento especial. Os componentes da orquestra, ekedes e cambonos se aproximavam uns dos outros, formando um grupo. Seu Sete ajoelhava-se sobre a Mesa de Cura munido de um copo de água e uma vela acesa. A caixa de som emitia as badaladas do sino anunciando a chegada do momento mais esperado da noite. A Hora Grande, a Corrente Sagrada da Lira, era iniciada. Seu Sete pedia silêncio, o que era prontamente atendido. O "homem" pedia a todos que dessem as mãos. A partir daquele instante, andar pelo terreiro era impossível, pois o templo estava cercado por completo pelos braços entrelaçados dos devotos, que formavam a maior cerca humana nunca vista antes em um culto religioso. Com os olhos fechados, as pessoas faziam preces, pedidos e rogações. Era possível ver lágrimas rolarem de muitos rostos. Com um timbre de voz mais sério, Seu Sete pedia atenção para dar início à preleção:

– Meia-noite! É o pino da meia-noite e você pode se curar agora. Consulta o teu coração, a tua mente, e veja se você está realmente curado. Nessa hora, ninguém pode falar por ti, meia-noite...

As badaladas do sino eram ouvidas. Sinal de que deveria ser feito silêncio total. Viam-se 5, 6, 7, 10 ou até mesmo 20 mil pessoas caladas realizando o talvez mais belo espetáculo da fé jamais visto até então num terreiro. Ninguém se arriscava a falar no momento da Hora Grande. Tamanha força só poderia ser interrompida pelo próprio Senhor da Lira, que, sempre munido do microfone, começava, a certa altura, a cantar a canção da Hora Grande, escrita por Mãe Cacilda e inspirada pelo seu protetor, que levava muitas pessoas às lágrimas. Todos cantavam:

Chegou a hora grande
Da corrente do amor
Entrelaçamos os braços
Irmanados com fervor
Seu Sete está curando

Nossos males de oroçun
Agora nesta hora é um por todos, e todos por um.

Seu Sete Rei da Lira é meu protetor
Seu Sete Saracura cura minha dor.

Seu Sete Rei da Lira
Não exige nada não, só pede aos seus devotos
Fé, respeito e compreensão
Depois do nosso Pai, só Seu Sete é a salvação.

Seu Sete Rei da Lira é meu protetor
Seu Sete Saracura cura minha dor.

A canção falava diretamente aos corações dos fiéis e necessitados. O momento era emocionante, o ápice dos trabalhos da Lira. Todas aquelas pessoas de mãos dadas em um rito religioso era algo nunca antes visto no Brasil. Luzia de Assis nos diz:

"À meia-noite, ninguém andava dentro da Lira, era impossível andar. Onde você estivesse você parava e dava a mão a alguém que estivesse do seu lado. Geralmente quem estava ao lado era alguém desconhecido, nunca visto na vida, mas se dava a mão, se apertava, pedia com fé. Era automático. O silêncio era absoluto. Era possível se ouvir o som de uma mosca quando ele [Seu Sete da Lira] pedia para se fazer silêncio."

Os presentes se fortaleciam e eram curados com a energia de Seu Sete e com a que ali era colocada por todos os fiéis. Outras religiões, mais tarde, adotariam o mesmo procedimento de reunir os adeptos e convocá-los a se darem as mãos durante os ritos religiosos, ação esta que até então não era vista dentro dos cultos predominantes da época. Todos os meios de comunicação que presenciaram os trabalhos de Seu Sete consideravam a Hora Grande como sendo a "maior manifestação de fé do Brasil" até aquela época. Era impossível não se comover com a tamanha força daquele momento. Sobre a corrente espiritual realizada nos trabalhos de sábado por Seu Sete, Mãe Cacilda esclarecia em seu programa na rádio:

> *"O que vem a ser a Corrente Sagrada da Lira? Poderíamos simplesmente dizer que é a reunião de milhares de fiéis em torno da entidade Sete Rei da Lira, irmanados num só pensamento de amor e fé. Entretanto, vamos um pouquinho mais além para dizer que cada um de nós, ao recebermos o axé de Seu Sete, deixamos de ser um simples elo desta corrente para nos transformarmos numa poderosa fonte de vibrações positivas; e todos nós, juntos, orientados por esta entidade sublime, utilizando a máxima 'um por todos, todos por um', realizamos, todos os sábados, em Santíssimo, verdadeiros milagres. A grande força da Corrente da Lira Sagrada reside justamente naquilo que Seu Sete sempre nos diz: devemos crer, acima de tudo, com fé, respeito e compreensão. Desta forma, curamos nossos males, afastamos de nós os inimigos e temos sempre pela frente os caminhos abertos e ornados com as flores da paz e do amor."*

Após o momento solene, Seu Sete voltava a falar com os atendidos para confirmar as curas realizadas e dar andamento aos trabalhos da noite. Passado o êxtase, as pessoas, mais calmas, cantavam as músicas da Lira acompanhadas da Orquestra, que não cessava de tocar em um só momento. Ainda rodeando Seu Sete, pessoas estendiam as mãos o máximo que podiam para tentar conseguir um pouco do marafo do Exu. Algumas chegavam a levantar varas com um copo amarrado na ponta e as direcionavam para Seu Sete pedindo-lhe um pouco de sua bebida. Não raramente se via alguém lambendo os dedos molhados de cachaça borrifada para o alto.

Concluída a Hora Grande, alguns devotos iam embora colocando antes seus pedidos escritos em uma das duas urnas disponíveis no espaço do templo para esse fim, uma para pedidos voltados à saúde e outra para aqueles dirigidos à melhora na vida. A grande quantidade de pessoas, entretanto, permanecia no templo, visto que a noite de fé não havia terminado. Completada a Hora Grande, o atendimento aos fiéis agora continuava na concorrida Mesa de Cura.

A Mesa de Cura

Desde o início da noite, as sessões da Mesa de Cura ocorriam intercaladas por intervalos para que houvesse a rotação de assistentes ao seu redor. Garrafa de marafo na mão e charuto entre os lábios, Seu Sete, acompanhado por alguns de seus cambonos, dirigia-se à única escada que ligava o congá à assistência. Descia os degraus e percorria os 112 metros do extenso espaço onde havia a mesa central. A essa distância se somavam ainda mais metros pertinentes a outras mesas laterais posicionadas em zigue-zague, que possibilitavam ao Guardião andar por entre os devotos. Cuspia seu marafo e realizava novas curas.

Nem tudo era possível resolver em apenas uma sessão, entretanto. Uma Mesa de Cura poderia durar horas, e só se encerrava depois que Seu Sete vencesse todo o espaço. Ele observava os presentes com cuidado e curava aqueles que podiam ser curados naquele dia. A alguns, apenas dizia as palavras que precisavam ouvir e os molhava com a pinga. No entanto, a exaustão pela energia gasta para chegar ao local, bem como pelas horas aguardando o início dos trabalhos, desagradavam alguns devotos. Em certo sábado, um fiel anônimo falou a um jornalista presente:

"Assim é difícil! Tem muita gente. Não dá nem para ir tomar um café. Mas vale a pena o sacrifício, pois aqui curei o meu filho.

Médico não cura ninguém, e se curasse esse povo aí não teria dinheiro para pagar a consulta. Seu Sete é a esperança de todos aqui."

O jornalista Amado Ribeiro comentou em sua coluna a respeito:

> *Mais de 10 mil pessoas comparecem semanalmente ao terreiro instalado no bairro de Santíssimo, na Guanabara. Ali não se canta pontos de macumba. Umbanda e Quimbanda são palavras muito pouco pronunciadas quando Dona Cacilda recebe Seu Sete, um espírito brincalhão que gosta de danças, muitas luzes e canta sucessos carnavalescos de ontem e de hoje. Muitos sambas que figuram nas paradas de rádios nasceram na Tenda do Rei da Lira. [...] A frequência do terreiro não se limita apenas à presença de pessoas que sofrem de males físicos e mentais. A maioria dos frequentadores chega em carros último tipo. São policiais, advogados, industriais, artistas que ali vão em busca da proteção para seus negócios, uma espécie de "habeas-corpus" preventivo contra o mau-olhado, o azar e a inveja.*

Encerrada a Mesa, Seu Sete retornava ao altar da Lira para cantar e falar com os fiéis. Igualmente, dava espaço para que algum artista cantasse ou para que outra pessoa também se pronunciasse. Enquanto isso, os fiscais da casa organizavam a retirada das pessoas atendidas na Mesa de Cura para que um próximo grupo pudesse ser atendido na Mesa seguinte.

Por maior que fosse o espaço da Lira, ainda era muito pequena para o número sempre crescente dos devotos. Os que conseguiam um lugar próximo à Mesa não arredavam pé dali até que os trabalhos fossem encerrados. Os mais jovens subiam em bancos e muretas para verem o "homem" entre a multidão. Os mais velhos gritavam e gesticulavam tentando chamar a atenção de Seu Sete, que era coberto pelo público. No entanto, a distância entre Seu Sete e os devotos não era problema nem empecilho para que houvesse cura. Havia momentos em que Seu Sete, mesmo de longe, apontava para alguém e lhe dizia:

– Ei, você aí, tome cuidado com essas dores. O tumor ainda é pequeno, mas se não cuidar pode aumentar!

A quantidade de doentes que acorriam aos sábados para a Mesa era uma preocupação da administração do Centro, pois, bem sabiam, nem todos que buscavam o sítio padeciam de casos graves. Dessa forma, cuidados eram tomados para garantir que todos os enfermos participassem da Mesa de Cura e nenhum deixasse de ser atendido por decorrência, por exemplo, da dificuldade de mobilidade. A administração estabeleceu regras, as quais eram distribuídas em bilhetes escritos aos frequentadores:

Respeite as ordens de quem está na porta. Se age com severidade é para o seu próprio bem.

Ajude a um seu irmão em Cristo a ser curado com boa mentalização. Pense nos que estão sofrendo. Ajude não pedindo para entrar na Lira.

A Lira não é para consultas. É para formar a corrente e ajudar aos necessitados aflitos.

Centenas de sofredores estão sentados em volta da mesa esperando o milagre do amor para se curarem. Dê uma parcela colaborando com paciência para que a mesa seja liberada o mais breve possível. Não traga ninguém na Lira para se curar. Para tal existe uma Mesa de Cura, destinada aos doentes.

O curandeiro

Seu Sete não usava a Mesa para trabalhar apenas para quem estava presente no terreiro. Havia ocasiões em que ele se dirigia a alguém e pedia que este desse um recado para outra pessoa que sequer havia pisado no centro. Poderia ser um conselho, a atenção a um cuidado ou até mesmo a confirmação de uma cura pedida por esse "desconhecido" na intimidade àquele que se fazia presente no sítio. O músico Jackson do Pandeiro foi um dos que, sem conhecer a Lira, teve a ajuda de Seu Sete por meio de amigos, conforme depoimento concedido pelo próprio Jackson:

> *"Eu estava no Rio de Janeiro e fui avisado por Claudio Paraíba, que chegou perto de mim e disse: 'olha, eu tenho um recado para você.' Eu digo: 'que recado?' 'Uma pessoa mandou dar lhe um recado; posso dizer o nome da pessoa? O Seu Sete mandou dar lhe um recado.' Eu digo: 'quem é Seu Sete? Eu nunca ouvi falar em Seu Sete, quem é?' Aí ele me contou que era uma entidade e aquele negócio todo. 'E qual é o recado?'. 'Ele disse que está para acontecer um troço com você no carro.' Eu disse 'Tá bom, um dia eu apareço lá.' Na época, eu estava vindo para São Paulo uma vez por semana fazer um forró aqui no Brás. Eu vim para São Paulo, voltei para o Rio, vim de novo, voltei. Dois meses depois, chegou o Cláudio: 'Olha, rapaz, eu tive lá no 'hôme', ele perguntou se dei o recado a você e eu disse que dei o recado. Ele perguntou o que eu tinha respondido e ele disse que depois aparecia. Então ele se virou para um cara da Tupi, Gilberto Alves, o Cláudio Paraíba, e Jonas Garret: 'Vocês gostam do Jackson do Pandeiro?' Eles disseram: 'gostamos'. 'Então está aqui, tome um gole de cachaça cada um de vocês, para salvar a vida de Jackson do Pandeiro.' Isso, o Cláudio Paraíba me dizendo, mas eu, ao invés de pegar o carro e ir correndo para lá, não. Não liguei também, não. Aí venho pra São Paulo pela terceira vez. Quando eu volto, um mês depois, eu enfio o carro no poste sem querer, mas quebrei os dois braços, abri a testa e fraturei o nariz. Arrebentou o lado e um amigo meu, que estava junto comigo, morreu. O violão que estava do lado abriu em duas cuias. Só escapou um cachorrinho, que a gente estava trazendo pra criar."*

Depois do ocorrido, Jackson se tornou um fervoroso devoto da Lira, e sua presença era quase sempre uma certeza nos sábados de trabalho. Tanto quanto ele, outro famoso frequentemente visto na Lira era Lilico. Comediante conhecido nos anos 1960 e 1970, Lilico fazia questão de citar em suas apresentações o nome de seu protetor, Seu Sete da Lira, chegando a gravar sambas da autoria do Exu. Suas músicas eram cantadas nas giras de Seu Sete, que se alegrava com a presença e a espontaneidade de Lilico durante os trabalhos no terreiro. Tamanha proximidade tinha motivo. Lilico afirmava com frequência que Seu Sete havia salvo sua vida:

> *"Há muito tempo que vou às sessões do Seu Sete da Lira lá em Santíssimo. É um espírito muito respeitado, não só por mim como por vários artistas, que sempre que têm algum problema recorrem aos seus poderes. Certa vez, ele me disse para vender o carro. Espantado, obedeci, e dois dias depois soube que houve um desastre [com o veículo] e que não tinha sobrado nada. Seu Sete salvou minha vida."*

Não era difícil, entretanto, encontrar ao redor da Mesa pessoas que iam à casa não por conta de seus próprios problemas, mas pelos de alguém conhecido. Alberto Mascarenhas foi um desses. Por conta própria, ele havia se dirigido ao centro para pedir ajuda a um amigo, que se encontrava hospitalizado. Ele conta sua experiência:

> *"A dor é um grande mecanismo para nos aproximar do plano espiritual, e no início da década de 80, um grande amigo, mais que um irmão, também espírita, teve grave problema de saúde e estava à morte em uma UTI de um hospital aqui no Rio. Foi por este motivo que fui pela primeira vez ao terreiro de Santíssimo. Quando Seu Sete passou por mim, andando em cima da mesa, enquanto todos os outros estavam de pé ao lado da mesa, ele sacudiu a garrafa de marafo em minha direção, talvez a uns dois metros de distância. Do outro lado da mesa estavam alguns parentes, que fizeram a maior cara de espanto e apontaram para o meu peito.*

Na minha camisa estava desenhado com o que caiu de marafo em mim, cobrindo toda a frente de minha camisa, ou seja, a área do meu peito e abdome, o famoso '7' de Seu Sete. Não era um rabisco, mas, sim, perfeitamente desenhado o '7' que o simboliza, com todas as voltas e adornos que existem na representação deste número. Muitos viram o que agora relato, e por Deus, não existe qualquer exagero no que aqui escrevo. Bom, esta mesa ocorria sempre à meia-noite, durante as sessões. O meu amigo teve hemoptises (vômito de sangue) até a meia-noite na UTI onde estava. Logo após a meia-noite, essas hemoptises cessaram para nunca mais voltarem. Ele se restabeleceu, teve alta e vivo está até hoje."

Durante as sessões era comum ver os braços levantados dos fiéis. Nas mãos, havia fotos, cartas, flores ou símbolos da Lira para serem abençoados por Seu Sete. Alguns levantavam copos e lenços para coletarem um pouco do marafo do "homem" para que pudessem levar a um necessitado que não pudesse comparecer. Outros levavam velas, charutos e estampas de Santo Antônio para presentear aquele que atendia a todos que precisavam. Seu Sete andava por sobre a mesa seguido dos seus ajudantes, que levavam consigo mais garrafas de cachaça e charutos. Seu Sete, sabedor das necessidades daqueles que o procuravam, ia atendendo de acordo com o nível de gravidade de estado de cada um.

O Exu pedia aos atendidos que se afastassem da mesa para darem espaço para que outros também fossem contemplados. Enquanto isso, mais pessoas iam chegando e se juntando aos devotos na Lira. Crianças eram colocadas sobre a mesa para serem vistas pelo Dr. Saracura. Paralisia, câncer, doenças mentais, atrofiamentos, cegueira, surdez. Era impressionante a variedade de enfermidades apresentadas a Seu Sete. Tamanha quantidade de patologias não era exclusividade das crianças, haja vista que os adultos também padeciam de uma grande diversidade delas. Por maior que fosse a quantidade de problemas apresentados na Mesa, a resposta de Seu Sete era a mesma:

— Para Seu Sete não há mal sem cura. Salve, Saracura!

O momento era, sem erro, apoteótico. Doentes se levantavam das macas, cegos juravam estarem vendo a luz, aleijados atiravam suas muletas para o ar. Tornavam-se crentes fiéis, que não admitiam a menor dúvida em torno do poder milagroso do Exu, que sorria e gracejava. Seu Sete se comovia com os fiéis: chorava de emoção ou de dó com o sofrimento dos necessitados. Às vezes, Seu Sete se sensibilizava com o quadro crítico que presenciava. Nessas horas, os devotos logo começavam a cantar uma marchinha carnavalesca ou outra música, e Seu Sete voltava a ser o que era: brincalhão e sorridente. Um Exu que, enquanto brinca, trabalha, e enquanto trabalha, cura.

Episódios como estes relatados fazem lembrar os versos de uma das músicas de Jackson do Pandeiro, "O curandeiro". Se não foi escrita para o Exu de Santíssimo, faz, ao menos, muito sentido em se tratando desse cantor, devoto de Seu Sete e crente em seus poderes:

Faz bananeira dar cacho a meia-noite
Faz mudo falar, um surdo escutar
Esse homem não é de brincadeira.

Famosos na Lira

Nem só de doenças eram feitas as mesas de Seu Sete. Os pedidos eram os mais diversos, desde a mãe que não tinha comida para dar a seus filhos até o pai de santo que não tinha fundos para cobrir as despesas de seu terreiro. Todos, sem exceções, eram direta ou indiretamente atendidos. Para as crianças havia sempre um afago; aos músicos, sempre um elogio; aos presentes, sempre um obrigado. Era impressionante a força de atração de Seu Sete. Todos se sentiam acolhidos, atendidos, curados, mesmo sem terem estado próximos a ele durante os trabalhos. A quantidade de pessoas era tão grande que falar com ele era uma grande vitória para quem o conseguisse. Um devoto frequentava os trabalhos da Lira há muito tempo sem que nunca houvesse conseguido falar com Seu Sete. Certo dia, enquanto o trabalho se desenrolava, pensou: *"Venho há tanto tempo na Lira e Seu Sete nunca me olhou nem falou comigo".*

Logo que terminou o raciocínio, foi surpreendido pelo "homem", que apontando para ele entre a multidão, disse:

– Você aí: hoje faz um ano que vem aqui na Lira, mas eu nunca falei contigo, hoje vou falar...

Entre uma mesa e outra, Seu Sete apresentava algumas celebridades presentes no trabalho da noite. Celebridades como Abelardo Barbosa, Freddie Mercury, Tim Maia, Banda Kiss, Gretchen, Beth Carvalho, Pelé, Flávio Cavalcanti, Salvador Lorian, Vera Ribeiro, os jogadores de futebol Moacir e Gilson Nunes, Dona Laura Braga, Márcio Greyck, Assis Chateubriand e os já mencionados Jackson do Pandeiro e Lilico, filhos da casa, são algumas entre as centenas de autoridades e figuras famosas que frequentavam o terreiro de Santíssimo.

Com frequência era possível encontrar sacerdotes de várias correntes religiosas dentro da Lira durante as giras do Exu. Em se tratando de religiões de matiz africana, pode-se mencionar, por exemplo, a presença do conhecido Tata Joãozinho da Goméia, que comandava uma casa de culto no estado do Rio de Janeiro. Quando de sua presença na Lira, o conhecido Tata não se apresentou publicamente, o que fez com que sua presença não fosse notada pela grande maioria. O sacerdote Benjamin Figueiredo, fundador da Tenda Mirim, também era visto na Lira, sempre de forma discreta, o qual mantinha um vínculo fraternal com Mãe Cacilda de Assis, que, inclusive, recebia dentro da Corrente da Lira pessoas indicadas por ele para serem cuidadas por ela. Igualmente, o sacerdote afro-brasileiro de São Paulo Jamil Rachid esteve, em março de 1976, em uma gira na Lira de Santíssimo e sobre a qual escreveu no *Jornal Aruanda* daquele mesmo mês:

No terreiro de Dona Cacilda, que é muito grande, tendo até administrador, não há sócios, nem recebe ajuda financeira; ela vive de seu trabalho como compositora. A Ialorixá tem sempre o cuidado e preocupação de se vestir com esmero; sua roupa é toda bordada, em veludo preto, predominando sempre o bom gosto, luxo e carinho na confecção. Botas negras, calças de tecido preto, blusa branca e uma capa riquíssima. Tudo isso para dar passagem ao Seu Sete... No pino da "Hora Grande". Seu Sete faz uma extraordinária preleção e chama cada um para que façam um exame de consciência. É habitual ele dizer: "Olhem para dentro de vocês mesmos". O momento é grande vibração, e, de fato todos se autoanalisam e muitos, que jamais pensaram em se autoanalisar, acabam descobrindo defeitos que só lhes dão prejuízos. Seu Sete cura. Também abre caminhos, dá proteção e não engana. Tudo depende da fé que cada um carrega consigo. Diz Seu Sete: "O que for karma, cada um que carregue com resignação".

O trabalho continua

Enquanto Seu Sete realizava seus atendimentos sobre a Mesa de Cura, outros Exus incorporados em filhos da casa atendiam consulentes dentro de um limite quadrado localizado ao fundo do terreiro para esse fim. As pessoas que desejavam se consultar se dirigiam ao local e eram logo atendidas por algum dos outros guardiões. Seu Sete com frequência saudava os "Manos" com pontos deles ou com uma composição que indicava que ele ali não estava sozinho:

Essa casa é de Sete da Lira
Essa casa é de Audara Maria
Essa casa é de Tranca Ruas
Essa casa é de Exu da Lua
Mas essa casa também é de Marabô
Seu Tiriri aqui também é morador

Quem combate demanda
Vamos todos cantar
Saravá, Seu Toquinho. Saravá, Seu Veludo
Exu amojubá, laroyê Exu.

Dependendo da ocasião, Seu Sete dava espaço para outra entidade que assistia sua médium também se manifestar. Tais oportunidades eram raríssimas, e quando aconteciam, geralmente, era para que o Sr. Exu Tiriri ou o erê Filimpo pudessem marcar, em um curto período de tempo, presença nos trabalhos da Lira. O Sr. Exu Tiriri expunha uma personalidade muito diferente da costumeiramente observada em Seu Sete da Lira: era mais reservado, usava uma capa preta com uma cruz bordada e, ao contrário de Seu Sete, que bebia de sua cachaça no gargalo, preferia tomá-la em um coité reservado para esse fim. Já o erê Filimpo, de gestos largos e mais agitado, tinha a alegria típica das entidades infantis que se manifestam nos templos umbandistas. Logo que chegava reclamava do sabor de cachaça em sua boca, dizendo que ela estava pegando fogo, motivo suficiente para movimentar-se bastante como uma criança. Ambas aparições duravam pouco tempo e logo Seu Sete voltava a assumir a direção dos trabalhos.

Incontáveis garrafas de marafo eram utilizadas durante os trabalhos. Muitos devotos depositavam várias delas sobre a mesa para que Seu Sete da Lira as pudesse utilizar. Já outros deixavam garrafas na secretaria do templo. Cambonos também as traziam para entregar ao Guardião. A grande quantidade fazia com que sempre houvesse um estoque de cachaça no terreiro que, aos poucos, eram levadas até Seu Sete. Havia a consciência e o entendimento consensual de que a bebida, ali no templo, não era um favorecimento ou apologia ao álcool, mas, sim, uma séria ferramenta de cura. Em muitos casos, a única solução quando utilizada pelo "homem". Se para alguns uma baforada de marafo era suficiente, a outros era preciso passar um pouco do líquido no local da enfermidade. Noutras vezes, era, no entanto, a Lira, a música, a maior responsável pela cura. Seu Sete, com frequência, vendo a situação de um doente, dizia-lhe:

– Cante uma música de sua preferência, uma música que fale com você, qualquer uma...

Atendendo ao pedido, a pessoa começava a cantar uma música, e a banda e os cantores passavam a acompanhar. Não demorava para que a multidão toda começasse também a entoar aquele canto, formando naquele momento uma força energética sem igual. E a pessoa, assim, era curada. Foi com o uso da música que muitas enfermidades ligadas à audição ou mesmo doenças mentais e câncer foram curados em Santíssimo, bem como foi com o uso da música que infindáveis problemas foram solucionados. A música e o marafo, imprescindíveis a Seu Sete, eram ali poderosos materiais de trabalho. O Guardião deixava evidente a ligação que a música tinha no processo de curas:

– Quem canta, seus males espanta, então vamos cantar para os males curar. Não percam a fé em mim por eu viver sempre cantando. Se faço rima rezando, também rezo rimando.

Assim, seguindo as ordens dadas pelo "homem", era possível se ouvir de tudo durante os trabalhos de Seu Sete: boleros, sambas, pontos de Umbanda, músicas populares, baladas românticas e, em especial, a marchinha de Carnaval, a preferida do Exu e que foi utilizada em muitas curas:

Recordar é viver
Eu hoje sonhei com você
Eu sonhei, meu grande amor
Que você foi embora
E nunca mais voltou.

A gira de Seu Sete varava a noite de sábado para domingo. A grande maioria das pessoas que participavam da Hora Grande não ousavam sair dali após a meia-noite e deixar de participar dos trabalhos feito pelo "homem". Na verdade, os trabalhos começavam efetivamente após a meia-noite, quando a Orquestra da Lira estava mais completa com os músicos que saíam dos bicos nos bares e shows e se dirigiam a Santíssimo para participarem do culto. Os músicos tocavam e cantavam. Os devotos acompanhavam, batiam palmas, riam. Em dado momento, Seu Sete, animado, descia da mesa, pois queria estar mais perto do povo. Ele era aplaudido, abraçado, beijado, fotografado. As pessoas, emocionadas, choravam, faziam pedidos, apertavam-se entre si, pois não queriam perder aquela oportunidade.

Aquele era o momento utilizado por Seu Sete para atender aos que eram impossibilitados de estarem mais perto da Mesa de Cura por conta da quantidade de pessoas presentes. Então, o Guardião aproveitava para falar, cantar, baforar e, sem que se estivesse esperando, eram vistas muletas sendo levantadas, cadeiras de rodas sendo erguidas, cegos que gritavam ao ver a luz, surdos dizendo estarem curados. Era o sinal da força da Lira. Os milagres aconteciam.

Seu Sete subia novamente na Mesa, agradecia os presentes e divulgava as causas assistidas pelo templo. Também pedia emprego para alguma mãe de família que estivesse desempregada ali procurando ajuda. A Orquestra da Lira retomava as cantigas, e Seu Sete iniciava outra Mesa de Cura. Os devotos iam conhecendo uns aos outros, estreitando laços de amizade ao compartilharem das curas e milagres obtidos. Havia os que se organizavam para que, na semana seguinte, pudessem ir ao templo juntos, e assim foram nascendo as caravanas de devotos que vinham de várias partes do Rio de Janeiro e da região.

Em algumas situações, o Exu captava informações e pedidos mentalmente de pessoas que estavam a milhares de quilômetros de distância do terreiro, mas que pediam sua intercessão poderosa e divina. Foi o caso de José, que em certa ocasião se encontrava preso de forma injusta por um crime que não havia cometido na Guanabara. Ouvindo na delegacia que o delegado sairia para ir ao terreiro de Santíssimo, o mesmo pôs-se a pedir em preces para que Seu Sete o ajudasse a obter a liberdade. O delegado, chegando ao terreiro, foi chamado pelo Exu, que lhe esclareceu toda a situação e pediu-lhe que libertasse o injusto acusado e procurasse o real culpado, o que aconteceu logo que este saiu da Lira.

Madrugada adentro, os trabalhos prosseguiam. Era possível ver crianças dormindo em lençóis e cobertores postos no chão enquanto outras, mais despertas, brincavam pelo espaço livre no sítio. A mesa continuava acontecendo, e aquele que tivesse alcançado sua graça devia ajudar o outro para que também pudesse arranjar o que buscava. Os cambonos de Seu Sete, mesmo cansados, continuavam a todo vapor. Se algum deles cedesse ao cansaço físico, podia esperar na certa um ponto cantado de Seu Sete:

Cambono bom
Cambono não mente
Cambono de Exu é boa gente (bis)
Ele passa a noite abrindo marafo para Exu beber
E no raiar do dia, ainda faz um quatro pra Seu Sete ver (bis).

Os devotos que não conseguiam lugar dentro da estrutura do templo, expondo-se ao tempo, eram chamados de "Turma do Sereno". Estes assistiam a Seu Sete de longe, ouvindo a sua voz por meio das caixas de som, e tomavam conta de todo o espaço ao redor da estrutura da Lira. Com a estrutura que restou do antigo espaço, uma extensão foi reservada para que o Guardião pudesse se aproximar dos devotos do sereno. Com o tempo, esses devotos se organizaram e chegaram a se uniformizar com camisetas providenciadas pelos próprios com o intuito de chamarem a atenção do Exu para o grupo. A certa altura da madrugada, Seu Sete se dirigia ao grupo numa espécie de passarela e fazia ele mesmo o seu próprio "sereno": respingos de cachaça sobre os devotos. Os fiéis corriam a seu encontro, e ele soltava pingos da bebida sobre as cabeças enquanto cantavam a antiga marchinha carnavalesca "Vem chegando a madrugada":

Vem chegando a madrugada, ô
O sereno vem caindo
Cai, cai, sereno devagar
Meu amor está dormindo
Cai, cai, sereno devagar
Meu amor está dormindo
Deixa dormir em paz
Que uma noite não é nada
Não acorde meu amor
Sereno da madrugada!

O veredito da Mesa

Próximo ao fim dos trabalhos, que se estendiam madrugada adentro, Seu Sete anunciava o "veredito da Mesa". Naquele momento, ele anunciava a avaliação dos trabalhos feitos durante a noite de sábado para domingo. Pedia aos presentes que fizessem ali as suas preces e que firmassem o pensamento nos problemas sem solução. Era o instante em que se mentalizava as causas não solucionadas, a cura ainda não alcançada. Dependendo do que caísse no delogum, jogo de búzios que Seu Sete jogava, poderia ser a última oportunidade naquele dia de trabalhos para se alcançar uma graça:

– Todos mentalizando suas doenças, seus males do corpo, da cabeça e do caminho. "Caminho" quer dizer aquela tristeza que você tem, aquele desejo de vencer aquela demanda. Chama-se "caminho". Mentalize agora, a hora é esta, queira Deus, queira Santo Antônio. Assim deseja Sete Encruzilhadas da Lira, que você seja libertado agora com saúde, com força e com coragem e um bom caminho para vosmecê caminhar. Com alegria e paz, este é o meu desejo, que o meu ponteiro e meu delogum confirmem agora.

Munido de um de seus belos punhais de prata, Seu Sete batia cabeça no Congá e, concentrado, o jogava sobre o altar de forma que ele ficasse em pé. Logo em seguida, jogava seu delogum, formado por quatro búzios, sobre o altar para obter ali a análise geral dos trabalhos daquele dia. A continuação ou não dos trabalhos do dia dependia unicamente da resposta dada pelo jogo de búzios naquele momento a Seu Sete. Houve situações em que os trabalhos da Lira só foram se encerrar muitas horas depois, como a vez em que um trabalho foi concluído somente após as 17 horas da segunda-feira seguinte, desenrolando-se de forma ininterrupta desde o sábado, quando iniciou. Entretanto, havia vezes em que os trabalhos eram finalizados logo após o veredito da mesa. Tudo dependia do que ditariam os búzios.

Se a ordem era continuar, a Orquestra da Lira não perdia tempo: retomavam a música e os trabalhos reiniciavam. Sempre havia alguém que não tinha passado pela Mesa, de forma que sempre haveria a quem atender. Mas se a ordem do delogum fosse encerrar, ali mesmo Seu Sete fazia os últimos agradecimentos, saudava os pontos de força do templo, passava mais uma vez sobre a Mesa e se retirava. De qualquer maneira, as pessoas permaneciam. Aguardavam a resposta do veredito. Aguardavam por verem-se curadas pelo Guardião.

Quando o encerramento do trabalho era anunciado, a Orquestra da Lira começava a entoar músicas de despedida, não somente pontos, mas também músicas populares que remetiam ao adeus e à partida. Sorridente, Seu Sete dava os últimos conselhos, despedindo-se de seus filhos e devotos, que o veriam somente na semana seguinte. O ponto cantava anunciando a ida do Rei da Lira:

Seu Sete vai
Seu Sete vai
Seu Sete vai, para sua banda ele vai
Adeus terreiro de Umbanda, não pode mais demorar
A sua banda lhe chama, ele vai, mas torna voltar.

O momento era solene: Seu Sete se dirigia ao centro da Lira, saudava mais uma vez Santo Antônio e os músicos. Ao som da melodia que preenchia o espaço, colocava seu último charuto dentro de um copo com água para que este fosse despachado na rua e, em seguida, se desligava da matéria de sua médium. A capa, a cartola e a touca que geralmente era utilizada sobre a cabeça pelo Guardião eram retiradas de Dona Cacilda logo que se constava a partida do "homem" de seu corpo. Um ojá branco era entregue para que se cobrisse a cabeça. Com a Orquestra da Lira um ponto era entoado:

Auê Babá
Sua coroa sempre brilhou
Vou rezar meu padre nosso
Vou fazer minha oração
Vou pedir a Pai Oxalá
Que lhe dê muita proteção.

Com esse ponto, o sacerdócio de Mãe Cacilda era saudado. As pessoas cantavam agradecendo sua doação e aceitação em sua missão como médium. Dirigiam a Deus uma prece pedindo para ela bençãos e proteção. Enquanto isso, vagarosamente, cansada das horas de dedicação, ela se dirigia à escada que na noite anterior havia sido subida pelo "homem", mas sobre as mesmas pernas. Nesse curto e marcante trajeto, os filhos e cambonos presentes no altar da Lira iam beijando suas mãos, pedindo sua benção maternal. Dona Cacilda descia os degraus da escada e entrava em algum carro, que a aguardava para levá-la até sua residência.

Após o encerramento dos trabalhos do dia, muitos dos devotos de Seu Sete se retiravam do sítio de volta a suas casas. Nos dias em que a sessão terminava cedo, porém, muitos permaneciam nas dependências do terreiro aguardando pelo clarear do dia. Os mais cansados dormiam nos bancos da Lira; outros, mais animados, colocavam a conversa em dia com os outros devotos. Mãe Cacilda, ao chegar em sua residência, tomava novamente um banho de ervas, trocava de vestes e questionava seus auxiliares sobre os trabalhos da noite anterior. Por fim, alimentava-se com alguma sopa ou caldo e, finalmente, descansava.

Lira fora da Lira

Os trabalhos de sábado à noite eram o momento máximo da vida religiosa dentro do Centro dirigido por Mãe Cacilda. A respeito disso, o cambono Adão Lamenza falou:

"O difícil é explicar com palavras a beleza da gira de Seu Sete. A firmeza dos trabalhos, a chegada do Guardião, O Pino da Hora Grande e a tão famosa Mesa de Cura, na verdade, representavam apenas a primeira parte da sessão. Após todos esses rituais, Seu Sete, com 'todo o gás', dava início ao que se poderia chamar de 'segunda parte' da gira com vários momentos de descontração num misto de emoção, alegria, Carnaval, sorrisos e festa. A Lira virava uma grande seresta, que contagiava a todos sem exceção. Mesmo depois do ponto que liberavam os fiéis para irem embora, eram poucos os que arredavam o pé tamanho era o carisma da entidade. Para Seu Sete nada era brincadeira e mesmo nesses momentos de descontração presenciei várias curas já ao amanhecer. O Exu se dividia entre várias tarefas. Volta e meia pegava o atabaque das mãos do ogã pra tocar ou dedilhava seu violão. Comandava uma espécie de baile onde os fiéis dançavam ao mesmo tempo em que descarregavam suas matérias, e foram várias as vezes que Seu Sete descia para o bar do terreiro, onde por várias ocasiões foi local onde a gira se encerrou. Era um exímio dançarino de tango e capoeira e sempre rodeado pelo Coral Setista, que eram moças e senhoras com um uniforme preto e vermelho, microfone e com todo repertório de Seu Sete na ponta da língua, inclusive as composições de Cacilda de Assis, que eram muito apreciadas pelo Guardião. Tenho nítido na minha memória as incontáveis vezes em que, ao amanhecer, pessoas, por conta própria, se dirigiam até a padaria que ficava

na esquina da Estrada do Lameirão para comprar sanduíches para que fossem distribuídos entre os fiéis escudeiros de Seu Sete. Quantas vezes o 'camboneei' até meio-dia de domingo e com uma satisfação imensa de estar servindo a tão importante Ser de Luz enviado por Deus. Posso relatar ocasiões em que fui para casa dormir, acordei já no domingo, voltei ao terreiro, e claro, Seu Sete continuava trabalhando firme e forte. O Exu, ao ir embora, deixava Mãe Cacilda muito tranquila e serena e sem nenhum hálito de álcool na boca."

Embora os trabalhos da Lira ocorressem aos sábados no terreiro, em várias ocasiões outros trabalhos, sempre públicos, eram realizados em outros lugares a pedidos de amigos da Lira que desejavam levar Seu Sete ao acesso de tantos outros milhares de pessoas que não conseguiriam chegar até o longínquo Santíssimo. Um exemplo disso foi a gira realizada pelo Exu em 27 de outubro de 1971 na sede do Supremo Órgão das Religiões Espiritualistas (SORE), por ocasião do aniversário de fundação do órgão. O público superlotou as dependências do local, juntamente com dezenas de pais e mães de Santo, que faziam parte da organização. O Exu bebeu, curou e cantou, realizando, durante a gira extraordinária, três curas importantes: um cego voltou a enxergar, um surdo passou a ouvir, e uma criança muda falou. Tudo sob a vista de fotógrafos, que não poupavam flashes. A muito custo, o carro que levaria Seu Sete da Lira de volta a Santíssimo conseguiu se desvencilhar da multidão e retirar-se do lugar enquanto centenas de pessoas cantavam em alto e bom som na rua: *"Seu 7 vai, Seu 7 vai, Seu 7 vai pra sua banda ele vai..."*.

É pra quem tem fé!

"É pra quem tem fé, é pra quem tem fé
É pra quem tem fé, é pra quem tem fé
Quem tem Seu Sete, não anda sozinho
É o Exu da caridade, que ilumina meu caminho
Seu Sete traz bondade
Seu Sete pode nos dar felicidade"
(*É pra quem tem fé* – Cacilda de Assis, José Alberto Expósito).

Para todos os males

As curas realizadas pelo Exu de Santíssimo eram, sem sombra de dúvidas, um dos principais motivos, se não o principal, para suas giras sempre lotadas. No entanto, não era novidade na região da Guanabara a realização de curas por intermédio da mediunidade.

Na década de 1960, uma telegrafista chamada Isaltina Cavalcanti atraía multidões ao Centro Espírita Santo Antônio de Pádua, localizado na Rua das Oficinas, em Engenho de Dentro. O local atraía pessoas que pretendiam passar por procedimentos de operações invisíveis, que Isaltina realizava quando estava mediunizada pelo médico alemão Dr. Artz Scovsk. A médium realizava seus atendimentos no pé do altar do centro, vestida de branco e usando uma linguagem ininteligível. Curava uma dezena de doenças cuja lista é extensa: câncer, paralisia, tromboses, epilepsias, surdez, cegueira, entre outros. Em momentos de preces, os milhares de fiéis erguiam garrafas de água direcionadas a Isaltina, um costume que seria visto em Santíssimo, no entanto, com cachaça no lugar de água.

Em março de 1966, Isaltina foi obrigada a sair da Guanabara por ter sido ameaçada de prisão por cometer ações de curandeirismo. A acusação foi desenvolvida pelos movimentos umbandistas da época, que viam nela uma ameaça ao esvaziamento de giras nas tendas da capital. Algo semelhante seria visto cinco anos depois após a exposição de certa entidade na televisão.

Diferentemente de Isaltina, os trabalhos de Mãe Cacilda tiveram desde o começo a anuência de figuras públicas, que zelavam por ela, além do fato de que suas curas destoavam das realizadas pela médium anterior, muito especialmente pela forma como eram feitas.

A primeira cura realizada pelo Exu aconteceu longe de Santíssimo e dos olhares de seus devotos. Em 4 de novembro de 1939, Mãe Cacilda deu à luz sua filha caçula, que nasceu sem abrir os olhos, os quais tinham os globos oculares totalmente esbranquiçados. Por conta dessa deficiência, Mãe Cacilda, pessoa de fé, pôs o nome da filha de Luzia, exatamente por ser este o nome da santa padroeira da visão. Luzia era uma menina saudável e carinhosa, mas carregava consigo sempre os olhares preocupados da mãe, que previa para ela um destino delicado. Numa gira realizada numa mata pelo terreiro do qual Mãe Cacilda era filha do sacerdote-chefe, tudo mudou. Este disse a ela:

– Sua filha não morrerá cega. Ela será curada, e quem irá curá-la será seu Exu.

Naquela mesma noite, durante sua manifestação mediúnica, Seu Sete pediu uma porção de folhas para os cambonos presentes. Rezou sobre elas e as enrolou na pequena Luzia, deixando pétalas de rosas brancas sobre seus olhos e afirmando que, no dia seguinte, ela acordaria curada. Como num verdadeiro milagre, na manhã seguinte, Luzia acordou feliz e de uma forma natural a qual jamais havia experimentado, deixando todos felizes: seus olhos se abriram. Não estavam brancos e reagiam aos movimentos à sua frente. Luzia enxergava. A partir dali, foram incontáveis os milagres, as curas e os prodígios realizados pelo Exu até os últimos dias de vida de sua médium e até além deles.

Nas famosas Mesas de Curas, Seu Sete, enquanto analisava os casos trazidos, também revelava a quantidade de rodadas necessárias para se conseguir aquilo que se desejava. Alguns casos se resolviam com uma ou duas mesas. Já outros, talvez pela complexidade, precisavam de mais vezes. Alguns fiéis não gostavam, pois manifestavam pressa em verem seus problemas solucionados. Nos registros do terreiro, pode-se ler: "As pessoas dizem assim: 'Seu Sete, já estou na sétima mesa e ainda não fiquei curado!', e Seu Sete cantou assim: 'é pra quem tem fé...', e deu uma gargalhada..."

As giras, sempre marcadas por alegria e descontração, eram também reuniões de seriedade e respeito. O Exu não tolerava que se passasse dos limites dentro do terreiro, e mesmo com sua comum alegria, convidava aqueles que achavam suas Mesas demoradas a se retirarem delas, pois, nessas situações, dizia ele que pouco ou nada poderia fazer. As Mesas eram sempre registradas de forma narrada em cadernos, para que as situações fossem vistas pela direção do terreiro posteriormente, como também para que Mãe Cacilda pudesse ficar a par dos acontecimentos que se davam no local enquanto estava mediunizada. Nesses escritos, era possível observar uma série de curas ocorridas durante as giras:

Uma senhora foi curada na hora que Seu Sete vai ver a turma do Sereno cantando "Vem chegando a madrugada"; era uma cancerosa. Seu Sete disse a uma senhora para dizer a Seu Tranca Ruas que quem curou ela foi Seu Sete da Lira. Seu Sete curou um homem de muletas cantando "Ele é Rei". O cambono Zito, o moço caminhou com Seu Sete, ficou curado deixando as muletas [...].

E Seu Sete trabalhou para o doutor Ivan, dançando com ele. Seu Sete disse que o doutor não saía da casa dele. Ele era um homem infeliz, perguntou como se sente o doutor, e então ele falou que, quando chegou aqui pela mão do amigo Gilberto, veio confiando nesse doutor que é Seu Sete, e pensou que talvez voltasse aqui para dizer que estava curado. Então Seu Sete disse que o doutor está curado. Agora o doutor diz que não pode mais falar, pois está emocionado. Era cegueira mais já está enxergando bem e Seu Sete cantou "Vou deixar cair". Seu Sete botou os óculos do doutor na cartola e o doutor falou: "boa noite, meus irmãos"; e então Seu Sete falou: "foi meu marafo, não foi milagre, mas foi Carnaval". Pois na cura do doutor ele cantou "Jardineira" e mandou cantar. Depois ele cantou "Mamãe eu quero Mamar" e Seu Sete colocou a cartola no doutor e o cruzou com o punhal. O Seu Sete perguntou: "o senhor ainda precisa de óculos?" O doutor respondeu: "sim, eu preciso, pois tenho uma miopia há muitos anos". Seu Sete diz: "tinha, mas não tem mais". A senhora do doutor chorou. Seu Sete perguntou por que chorava, e ela diz que é de emoção e alegria, pois tem certeza que seu marido está curado [...].

Seu Sete falou para um senhor: "cadê as muletas? Ficou curado?", e ele respondeu: "ofertei para uma Casa de Saúde". Seu Sete perguntou: "você está curado mesmo?" Ele disse: "sim, Seu Sete". Uma moça falou que bateu no portão à meia-noite e trinta e pediu ao Seu Sete para abrir o portão, e então o portão se abriu, ela entrou e a irmã dela ficou curada do câncer, Axé Seu Sete! [...].

E Seu Sete falou que cada música que ele canta salva uma pessoa e cantou "Ondina, atenção, atenção". Umas trinta e oito pessoas estão cancerosas nessa mesa, e cantou "Confete" e disse "estão todos libertados do mal" [...].

As pessoas pegam na capa de Seu Sete e passam no lugar da sua doença, e Seu Sete disse: "vamos terminar meus trabalhos curando estes paralíticos?" E o povo da Lira respondeu: "Sim!" Podemos cantar "Assim se passaram 10 anos", e Seu Sete respondeu que sim. O cambono Zito chorou ao cantar, e Seu Sete trabalhou para outro menino caminhando sobre a mesa. Seu Sete vinha caminhando sobre a mesa e, então, umas senhoras colocaram umas crianças na mesa e Seu Sete trabalhou para elas cantando "É Carnaval". Seu Sete desceu da mesa às 8:25 da manhã e agradeceu a todos da Lira e liberou a Mesa. Uma senhora chorou muito na porta da Lira, e Seu Sete falou: "terminou a macumba". E cantou "Quinze de Novembro" e pulou a grade e foi no meio do povo. Uma senhora Seu Sete curou e disse: "Seis dias esta senhora vai andar. Foi curada com a música 'Quinze de Novembro'" [...].

Dentre as curas que aconteciam em todas as giras do Exu, algumas impressionavam ainda mais pela forma como eram realizadas: "Eram 7:15 da manhã e mais uma menina foi atendida com o mal nas vistas, e a menina viu o marafo que Seu Sete mostrou e depois disse 'mostra a tua mãe', e ela mostrou. Axé, Seu Sete" [...].

Os agradecidos

As muitas curas, como as que ocorriam em Santíssimo, não agradavam a todo mundo. Haviam aqueles que desejavam o insucesso de Seu Sete da Lira. Porém, por mais que os inimigos tentassem manchar a imagem dos trabalhos acontecidos no Sítio, ainda maior era a massa de pessoas que presenciavam os prodígios do "homem".

Desmentir milhares de curas, milagres, graças e prodígios alcançados ali semanalmente era, com certeza, tarefa das mais difíceis. O terreiro era firme no que dizia respeito às curas semanais:

> *No Sítio do Rei da Lira, a caridade é pura, o amor sincero e desinteressado, por isto mesmo é que milhares alcançaram benefícios. Poderiam iludir a alguns, mas jamais conseguiriam iludir a tantos. Tudo que se pratica no Sítio do Saracura da Lira é feito na frente de todos, e Seu Sete sempre toma a multidão por testemunha. As curas, os desmanchos de magia negra são exclusivamente obtidos na força da fantástica corrente formada e no poder da Lira. Seu Sete nada pede. Nada cobra. Não faz despachos, não é interesseiro. Ele é amigo, conselheiro, médico espiritual. Bebe na garrafa de marafo os males dos filhos da Terra.*

As curas eram registradas na Secretaria do terreiro, que possuía listas imensas de curas e graças alcançadas. Os devotos, para ajudar na coleta de dados e informações sobre os feitos de Seu Sete, preenchiam "fichas de agradecimento", onde escreviam seus dados, histórias, graça alcançada e anexavam algum documento médico que comprovasse o feito. Os fiéis se ligavam de forma clara aos trabalhos do Exu após receber suas curas. Alguns se tornavam filhos do terreiro, outros, frequentadores constantes, tornando-se amigos de Seu Sete e da Lira, mas não filhos de santo. A alguns se revelava na missão de Seu Sete a sua própria missão. Esse foi o caso de um dos filhos de santo de Mãe Cacilda, que descobriu no terreiro sua vocação sacerdotal. Avelino Ferreira Filho, acometido pelo Mal de Raynaud, teve em Seu Sete sua última esperança de salvação, como conta José Carlos, que acompanhou de perto sua história:

> *"Ele tinha um problema de circulação. Chamava-se Mal de Raynaud, e seu sangue não voltava, o que fez com que estivesse a perder o pé. Ele fez várias Mesas e era muito confiante. Seu Sete*

fazia os curativos no pé dele e ele ia às estrelas, pois era muita dor. Até o vento o incomodava. Ele era funcionário público e por conta desse problema ficou licenciado e teve que ir ao médico para exame. O médico disse que iria interná-lo, pois, caso contrário, teria problema maior. Ele disse ao médico que não iria. O doutor perguntou quem o estava cuidando, ao que ele respondeu: 'O doutor Saracura.'"

Avelino, depois de curado, tornou-se filho do terreiro e veio a abrir um outro terreiro no Rio de Janeiro que teve, em sua inauguração, a presença festiva de Seu Sete acompanhado de uma caravana. Como Avelino também houve o caso de Maria Silva, que, tomada da doença conhecida como Fogo Selvagem, chegou na casa carregada e embalada em folhas de banana por seus amigos e familiares, que a levaram deitada no interior de uma Kombi. Ao chegar ao terreiro, foi carregada ao alto por seus companheiros, passando no meio da multidão. Colocaram-na sobre a Mesa de Cura e Seu Sete a curou banhada por seu marafo.

A revista O Cruzeiro, em sua edição de 30 de junho de 1971, fez uma matéria tratando especialmente das curas efetuadas pelo Exu em seus fiéis:

> *As curas. São centenas. Um trem de casos. Passamos a colher depoimentos. Os mais sérios e probatórios. Conosco o Coronel Ney Pereira. Para contar o caso de seu filho Márcio Roberto Pereira, que, na época do fato, tinha 13 anos.*
> *– Apareceu um gânglio no pescoço do garoto. Ele foi operado na Casa de Saúde Santa Lucia pelas mãos do Dr. Rui Archer, chefe de cirurgia do Hospital Jesus. Exames patológicos positivaram o câncer: lisofarcroma. Seis meses depois da operação, voltou o mal. Nova operação no Hospital Jesus, novo exame patológico no Instituto Nacional do Câncer. Um ano e oito meses se passaram, quando o mesmo problema se manifesta. Ocorre a terceira operação, com*

exames, desta vez, feitos por três patologistas do Instituto Nacional do câncer e do Instituto de Biologia do Exército. Todos esses exames confirmaram o câncer. Outra operação, e, um ano mais tarde, novamente o mal. Meu filho passa a receber aplicações de cobalto. Eu e minha esposa estávamos desesperados. Quem é pai e mãe pode avaliar o que significa esse tipo de sofrimento. As aplicações radioativas eram feitas no Hospital central do Exército pelo Dr. Newtom Gabriel. Seriam 40 aplicações ao todo. Quando tinham sido aplicadas, um amigo apareceu em minha casa e me indicou Seu Sete. Em desespero de causa, procurei o terreiro. Eu procuraria qualquer solução. Seu Sete, durante 20 minutos, fez irradiação espiritual sobre o garoto. Foi contando tudo sobre o meu drama sem que eu lhe dissesse nada. Depois de seu trabalho me disse:

– Seu menino está curado. Pode ir em paz para sua casa.

Pois bem – reafirma o Coronel – no dia seguinte meu filho me disse:

– Papai, desapareceu o caroço do meu pescoço. A bolinha desapareceu.

Levei o garoto imediatamente para o Hospital Central do Exército. O caroço havia mesmo sumido. E os exames patológicos que foram novamente feitos constataram que não havia mais câncer, Márcio, meu filho, estava definitivamente curado. De um dia para o outro. Eu passei a viver de novo. Graças a Deus!

Graças a Seu Sete! Que é também servo de Deus.

A matéria continuava contando pequenos casos de curas:

Osvaldo Silva, cantor, há oito anos fora dos microfones. Estava muito ruim. Tombado numa cama. Era úlcera com estreitamento do esôfago. Seu Sete colocou a mão no seu corpo e a doença sumiu. Renascido, ele se prepara para gravar para a RCA Victor.

Salvador Lória. Correu muita medicina e nada. Os doutores Airton José e Vicente Machado conhecem o caso. Bateu no INPS, por intermédio do médico Carlos Filho. Nada. Tudo escuro. Seu mal era uma doença feia no pé. Seu Sete chegou e curou.

Gilberto Ramos, marítimo, de 51 anos. Sofreu dois infartos em 27 dias. O médico Flávio de Carvalho, dos Marítimos, deu-lhe três meses de vida, por que seu caso era realmente difícil. Sua pressão arterial oscilava entre 30 e 26. Chegou a gastar 800 cruzeiros em medicamentos por mês. Seu Sete tirou de letra. Gilberto está gordo e forte. Isto se passou há 3 anos.

Luís Oiticica de Almeida Lins, comerciante, foi operado duas vezes no Hospital Moncorvo Filho. Caso de ouvido. Os resultados falharam. Seu Sete curou-o.

Neusa Cruz Martinez, funcionária federal. Sofria do sistema nervoso. Esteve internada como louca em sanatório. Um tumor no cérebro. Outra cura bonita de Seu Sete.

Menino Jorge Luís, de cinco anos, tumor maligno na clavícula. Seus dedinhos imobilizados. Também foi curado.

Aldacir Louro, compositor, vivia comendo só legumes. Hoje devora qualquer feijoada. Como? Seu Sete.

Eunice Lemos Gonçalves, funcionária pública. Sofria da coluna. O dr. Oscar Rudge conhece o fato. Caminhava para o entrevamento. Seu Sete transformou-a numa criatura sadia.

Compositor Avanese, seu coração estourado. Vai para três anos. Ficou bom numa única mesa de Seu Sete.

Aída Láuria, enfermeira do Estado (GB), trabalhando no Hospital Sousa Aguiar. Foi aposentada em virtude de doença: estenose mitral, insuficiência das coronárias. Sua pressão arterial flutuava entre 23-24. Obteve a cura, no Seu Sete, na sétima mesa. Conforme consta o seu eletrocardiograma de hoje.

Vocês leram os casos. Espiritismo? Hipnose? Fé? Forças ocultas da mente ou do espírito? Mas de uma ninguém sai: Seu Sete cura. Não fosse isso, e seu terreiro não seria aquela multidão. Um grande laboratório de fé em Deus. Não fosse isso e aquele povo crente não teria aquele rosto impregnado de fulgor religioso. A Lira de Seu Sete chega para todo o mundo. Sem discriminação. Lá estava, na festa contada nesta 74 reportagem, o correspondente de televisão americana Lance Belville. Seu filhinho Wilson está cego. E ele pedia em inglês uma caridade ao famoso Exu de coroa: – Please, Mister Seven, please.

Milagre! Milagre!

Em outubro de 1971, a revista *Manchete* deu início a uma série de matérias jornalísticas que recebeu o nome de "Fenômenos da crença popular". A série de reportagens, que seriam publicadas nas edições seguintes da revista, tratava de pessoas que nas diversas partes do país realizavam prodígios tendo como base para isso a crença do povo. Seu Sete foi o escolhido para abrir a série de textos. Sylvia Regina Frapolli foi enviada ao terreiro para que pudesse conhecer e registrar *in loco* os feitos do famoso Exu. A matéria intitulada "O Reino misterioso de Seu 7 da Lira" carregava as dores dos crentes de Seu Sete, suas dificuldades para estarem no longínquo terreiro e a postura do Doutor aclamado diante do sofrimento alheio:

> *Boa noite! chegou o milagreiro. Capa, calça e chapéu pretos, não esquecendo do marafo e do charuto na mão. A multidão se agita. É noite e são quase 10 mil pessoas que esperam ali, desde as 5 horas da manhã para ver o Rei da Lira, Seu Sete Encruzilhadas. Ele saúda seus filhos de fé e depois puxa o ponto de abertura. Parece mais um baile de Carnaval. Tem até orquestra, com instrumentos de corda e de sopro, e cantores famosos. Seu 7 sacode, ginga, canta e dança no seu cavalo. Mas agora o que canta não é a matéria, e sim o espírito. Cacilda de Assis no momento não existe, só seu corpo que está entregue à força da Lira.*
> *– Eu não sou milagreiro, sou um humilde trabalhador. Quem cura na Lira é a fé do povo e, em particular, de quem deseja ser curado. Sou apenas um instrumento vibratório da cura.*

É pra quem tem fé!

O povo aplaude e dança junto com Seu Sete, que vai passando por crianças mongoloides, velhos deformados, gente com doenças de todas as espécies. Chega perto uma menina, segura de um lado, segura de outro, manda a menina andar. A criança fica meio bamba, sem segurança. Mais outra ordem, e a criança dá alguns passos. A multidão explode: Milagre! Milagre! A verdade é que, para muitos, Seu 7 cura mesmo. Pessoas que o acompanham, como o radialista Ari Vizeu, possuem documentos arquivados que julgam comprovadores. Seus ditos milagres são muitos.

A primeira garrafa de cachaça acabou. Ela abre a segunda, dá um gole, e cospe a maneira de chuveirinho. Depois levanta a garrafa e começa a jogar a bebida sobre o público, como se faz com água benta nas igrejas. A confusão aumenta. Todos querem receber um pouco do líquido. Lá fora a multidão se aglomera, se pisa, se empurra. Não se conforma em apenas ouvir a voz da mulher, um tanto alterada pelos alto-falantes. Querem ver também o Exu, o milagreiro.

Luzia de Assis via os muitos feitos do Exu de camarote. Ela era o braço direto da mãe na direção do terreiro e dificilmente era vista longe do Exu durante os trabalhos. Quando tenta se lembrar de alguma cura específica, não consegue. Eram tantas e frequentes que acabou se tornando algo comum para os mais próximos. Ela conta:

"Me lembro que tinha um moço que trabalhava com marcenaria. Enquanto ele estava trabalhando ele colocou dois pregos na boca e sem querer acabou engolindo os pregos. Chamaram a mamãe para ir ver e até mostraram a radiografia para ela. Os pregos estavam no intestino dele, cruzados. A mamãe foi lá, o Seu Sete baixou e trabalhou, trabalhou pra ele e disse que, quando ele estivesse com vontade de ir ao banheiro, que fizesse no penico. Ele botou os dois pregos para fora. Em outra situação chegou uma garotinha aqui puro um barril. A mãe dela me disse que ela estava com

os rins paralisados. Levei ela para Seu Sete, e ele trabalhou para ela e depois eles foram embora. Na semana seguinte, como muita gente me chamava e eu nem sabia quem era, ela me chamou e me cumprimentou. Ela disse: 'não vai perguntar pela minha filha, não?' E daí eu perguntei, e ela me mostrou a filha dela. Fininha, fininha. Os rins tinham voltado a funcionar. Em várias situações, as curas vinham acompanhadas de efeitos físicos, como quando um rapaz que tinha um problema no nariz veio em busca do Seu Sete. Ele pegou a cachaça dele e deu para o moço dizendo que tomasse um gole e cheirasse a cachaça que estava dentro da garrafa. Ele cheirou e deu um espirro e botou um osso para fora pelo nariz."

Algumas situações, no entanto, exigiam muito mais que marafo e música, pois necessitavam de algumas ações por parte do doente, prática a que se dava o nome de "preceito". Os preceitos eram proibições indicadas a alguns raros doentes para que pudessem, dessa forma, auxiliarem no trabalho do Exu em seu processo de cura. Leônidas Graça viu isso acontecer com seu filho, Nelson Graça, quando este teve um de seus olhos tomados por um tumor que, rapidamente, fez com que perdesse a visão e, paulatinamente, o próprio olho. A filha de Leônidas e irmã de Nelson conta:

"O meu irmão foi diagnosticado com um tipo de tumor no olho no qual ele ficaria cego de um e, possivelmente, depois ficaria cego do outro olho também. Então, a minha mãe, desesperada com aquela situação, foi procurar ajuda. A minha tia já era espírita na época, e ela pediu para a minha tia se ela podia chamar uma entidade. Veio, então, a Doutora Cruzeiro, que era a Pombagira da minha tia, e falou pra ela: 'Procura o centro do Sete da Lira. Se ele não der jeito, você vai pelos caminhos que o médico falou mesmo...'

O 'caminho do médico' seria tirar o olho, em seguida fechá-lo e, assim, ficar cego de vez. Sabendo disso, a minha mãe, junto de meu irmão, foi procurar o Centro do Seu Sete lá em Santíssimo e começou a fazer as mesas junto de meu irmão. Ela fala que, quando eles foram, o Seu 7 ia para lá, ia para cá, e não falava com ela. Impaciente, ela puxou a sua capa e disse: 'Poxa, o Senhor não está olhando o meu filho! Ele está aqui!

Nisso, ele voltou e disse pra ela:

– Calma, minha filha, por que você está tão desesperada?

– O Senhor não está vendo o olho do meu filho? Ele vai perder o olho!

– Não, ele não vai perder o olho. Continua fazendo a sua mesa. Eu estou vendo todos que estão aqui, você pode ficar calma, que vai ter solução o caso dele. Só não toca na minha capa porque nela está toda a negatividade que tiro de vocês com o meu trabalho.

Depois ele lavou o olho do meu irmão com o marafo que estava na mão dele e seguiu enquanto ela prosseguiu com a mesa. O olho do meu irmão foi regenerando. Um ano após ela começar as Mesas, ele passou a enxergar os vultos, sendo que ele já não via mais nada do olho adoentado. Depois de um tempo que ele já enxergava com o olho doente, a minha mãe acabou entrando na casa, depois que uma entidade se manifestou nela durante os trabalhos, mas continuou fazendo as Mesas com meu irmão. Seu Sete acabou deixando um preceito para ele que era ficar 7 anos sem ir à praia. Quando faltava um pequeno período de tempo para se encerrar o preceito, para ele voltar 100% a visão, o pai dele levou ele à praia escondido e nisso a cura dele parou onde estava. Nessa altura da situação, o globo ocular dele já estava reconstituído de uma forma que o médico que cuidava dele ficou sem entender como havia acontecido. Com a retina também aconteceu a mesma coisa, porque na verdade o olho do meu irmão já estava um buraco, já não tinha mais nada. Hoje ele até dirige carro, pra lá e pra cá. Ele usa óculos, mas consegue enxergar daquele olho e é por isso que afirmamos que ele [Seu Sete da Lira] curou o meu irmão. O milagre que aconteceu nem o médico conseguia explicar. A minha mãe foi lá no terreiro e falou para ele:

– Poxa, Seu Sete, faltou um pouco para meu filho ficar 100% curado...

E ele falou:
— Filha, ele foi até a praia e ele não podia ir, mas o que eu podia ter feito para ele foi feito.
Aí, ela chegou em casa e foi perguntar para ele, que confessou que o pai havia levado ele à praia. Hoje ele está com 54 anos, enxerga da vista que era só um buraco. Não 100%, mas enxerga. Seu Sete foi uma entidade crucial na vida de meu irmão e somos imensamente gratos a ele."

Mulheres que não conseguiam engravidar também eram atendidas pelo Rei da Lira. Em diversas ocasiões, um gole de seu marafo era o que faltava no organismo delas para que se tornassem mães um mês depois.

O diploma espiritual

As curas realizadas no terreiro de Santíssimo dividiam opiniões. De um lado, os que acreditavam; do outro, os que não. Os que não acreditavam na veracidade das curas davam justificativas variadas para o que viam acontecer. Padre Marcos Alija Ramos, diretor da Faculdade de Parapsicologia de São Paulo, em 1971, acreditava e divulgava que nas curas haviam casos de hipnoses. Segundo ele, também ocorriam montagens, farsas. Nessa hipótese, Mãe Cacilda seria simplesmente uma atriz. Supostamente haveria também uma espécie de meia-montagem. Só a primeira cura seria montada, planejada antes, preparando o auditório com o fenômeno da sugestão. Haveria ainda a cura momentânea. A pessoa chegaria em sua casa e o mal retornava. Assim, iria precisar de muitas sessões de hipnose para se curar definitivamente. As possibilidades dadas pelo padre não surtiam eco nas afirmações de outro parapsicólogo, este, internacionalmente conhecido: o indiano Hemendra Nath Banerjee, famoso nos centros de Parapsicologia do mundo.

Dr. Banerjee estava de passagem pelo Brasil pela segunda vez, em setembro de 1971, e só ouvia falar de Seu Sete da Lira. Decidiu investigar. Foi questionado na época sobre a veracidade dos feitos em Santíssimo, ao que respondeu:

> *"Antes de investigar o assunto, tenho que ser reticente. Mas certamente há pessoas dotadas de faculdades transcendentais, capazes de obter curas extraordinárias. Será Seu Sete uma delas? Não posso afirmar, mas devo notar que, recentemente, a Associação Médica Britânica nomeou uma comissão para investigar cientificamente casos de curas paranormais. A conclusão do estudo foi a de que muitos casos de cura paranormal são fatos irrefutáveis."*

Em sua passagem pelo Brasil, o indiano também conheceu Chico Xavier e tentou se encontrar com Zé Arigó, não obtendo sucesso, porém já havia ouvido falar dele por intermédio de colegas americanos.

Seu Sete era taxativo quando questionado sobre as curas. Não tomava para si os méritos dos feitos nem tampouco se gabava diante de outras entidades umbandistas do título de curador que frequentemente recebia. Também não abria mão do apoio da medicina humana, uma vez que indicava aos fiéis que fossem ao médico antes e após a cura, para que a medicina humana pudesse dar seu veredito. A isso fazia referências constantes:

— A corrente do amor, a corrente da Lira, do canto, do trabalho do Seu Sete da Lira. Cantando para curar alguém, alguém usufruindo da beleza que somente a Lira pode dar. Parou a medicina? Parou? Começa o Seu Sete da Lira. A Lira só trabalha quando para a medicina. Eu adoro a medicina, aceito a medicina, acho a medicina a coisa mais bela deste mundo, a medicina. Trabalho de cura, de ajudar alguém, de aliviar o sofrimento da humanidade. Assim sendo, a minha força da Lira também é para dar alívio ao sofredor, a esta humanidade que sofre.

Generoso, Seu Sete recebia médicos e médicas em suas giras e também os curava sem desmerecer, é claro, os seus diplomas da terra diante de seu "diploma do espiritual":

– Oh, para Seu Sete não há mal sem cura! Salve, Saracura! Seu Sete da Lira, quando não sara, cura. Seu Sete da Lira, que não é santo. Eu não sou santo, não sou Jesus Cristo e não faço milagres. Todo meu trabalho de cura que faço aqui nesta casa de caridade, eu também sou um pagador de missão, e como sou sincero e honesto e cumpridor de meu dever, eu faço bem a minha tarefa de homem trabalhador. Somente isso, trabalhador.

Um trabalhador que cumpria bem com seu dever. Muito bem, aliás.

Audara

"Quando chega na Banda, Audara Maria
Meu coração palpita de alegria
Chega com graça e beleza, beleza que não tem comparação
Salve, a dona do oricó, Audara Maria, é a nossa salvação
Quando lhe faço um pedido, sou prontamente atendido
Oh, dona Audara querida, a senhora é a luz da minha vida"
(*Quando chega* – Mário da Cunha, 4/10/1964).

A cigana

Ao lado de Seu Sete da Lira, a Pombagira Audara Maria formava a ganga de força da Casa da Cabocla Jurema. Não se sabe dizer ao certo quando ocorreu a primeira manifestação da Guardiã na matéria de Mãe Cacilda, mas uma coisa é certa: suas manifestações datam do mesmo período das manifestações de Seu Sete. Ele saudava Dona Audara, como era respeitosamente chamada, como sendo sua esposa. Incorporado em sua médium, Seu Sete afirmou diversas vezes que os dois haviam se casado em uma encruzilhada na força dos Guardiões.

Audara possuía uma manifestação que se diferenciava um pouco da de seu "marido". Ao contrário de Seu Sete, sua personalidade não muito dada a risos e brincadeiras. Era direta em suas mensagens e taxativa nas respostas, sem rodeios. Luzia de Assis conta: *"A Dona Audara não era como o Seu Sete, não. Ele era todo polido, e ela já era 'na lata': 'o que que é? O que que foi? Comigo não!...'. Ela era mais enérgica, mas gostava muito de ajudar"*. Mais rigorosa e austera que Seu Sete da Lira, Dona Audara Maria era quem cobrava as faltas comportamentais dos filhos de santo da casa e ficava responsável por comandar a gira de Exu do grande terreiro de Santíssimo.

Desde o início dos trabalhos religiosos de Mãe Cacilda, a Pombagira Audara Maria, quando se manifestava no terreiro, atendia aos presentes segurando nas mãos cinco rosas vermelhas. Não as dava para ninguém, mas permitia que os fiéis as tomassem nas mãos para que as cheirassem enquanto faziam pedidos e depois as devolvessem a ela. Em um determinado dia, na década de 1960, quando o Centro ainda se situava em Cavalcanti, uma senhora de aproximadamente 50 anos de idade bateu à porta do terreiro desesperada. Seu filho havia viajado para determinada região do Brasil de avião, mas, depois de várias horas, ainda não havia chegado ao local de destino. As autoridades o davam por perdido. Dona Audara, que se encontrava manifestada em sua médium, acalentou a pobre mulher e afirmou:

– Não se preocupe: na quarta-feira próxima ele chegará em sua casa. Ele está na mata perdido com alguns amigos.

Com o coração dolorido, mas com uma certeza que somente as mães conseguem alcançar em situações difíceis como aquela, a resignada mulher se dirigiu para sua casa e cessou de buscar o filho sumido. Decidiu aguardá-lo, confiando nas palavras da Pombagira. Na quarta-feira, a pobre mãe não cabia em si de agonia à espera do filho, e tal qual foi dito por Dona Audara, o rapaz voltou para sua residência. Levado por representantes das Forças Armadas, estava visivelmente cansado e abatido, mas vivo. Esteve realmente perdido na mata como foi prenunciado no terreiro pela entidade. Ele, surpreso com o semblante, embora claramente feliz, mas também tranquilo dela, algo nada típico para uma mãe que não tinha certeza se o filho estava vivo ou morto, questionou-a:

— Poxa, mãe, eu poderia estar morto há essa hora e a senhora não está nem um pouco preocupada! Soube que faz dias que não vai à minha procura nos órgãos da aviação.

— Sim, meu filho, não fui mesmo. Fui a um terreiro na semana passada e lá uma Pombagira me disse que podia ficar despreocupada em casa o aguardando, pois você chegaria hoje. Inclusive, já deixei preparado um lanche para você se alimentar quando chegasse.

Enquanto se alimentava, ele contava a mãe o que havia ocorrido. O avião havia tido problemas técnicos que não permitiram que continuassem o voo. O piloto obrigou-se a fazer um pouso de emergência em uma área incomunicável. Ambos andaram durante dias a pé dentro da mata fechada até que conseguiram alcançar uma área habitada e, assim, pedirem socorro. Impressionado com o que a mãe acabara de lhe contar, o jovem pediu a ela que o levasse até a senhora de vermelho que havia anunciado seu retorno.

No dia da gira de Dona Audara, estavam na assistência do terreiro a mãe e o filho, que carregava em suas mãos um buquê de rosas vermelhas, os quais deu à Guardiã:

— Para mim?

— Sim, para a senhora, em gratidão pela força que destes à minha mãe e a mim.

Audara entregou as flores a uma cambona e pediu que as guardasse. O jovem, com olhar de encantamento, perguntou a Guardiã:

— Não vai me dar nenhuma?

Ao que Audara respondeu:

— Minha rosa eu não posso dar. Ela tem muitos segredos, e se eu as der para alguém, ela irá correr mundo e de todas as partes dele haverá pessoas as querendo. Quando ela correr o mundo, poderá começar a ser jogada nas encruzilhadas, e se isso acontecer você será o culpado.

O jovem, admirado com a explicação, porém não convencido, insistiu:

— Me dá uma rosa que não irá faltar mais rosas para a senhora nunca mais.

Audara assim deu, pela primeira vez, sua rosa para alguém. O jovem, cumprindo sua palavra, passou a mandar para o terreiro todas as semanas um buquê de rosas vermelhas direcionadas, em cartão, ao nome de "Senhora Audara Maria". Mesmo que estivesse fora da cidade ou até mesmo do país, as rosas eram entregues segundo combinado entre ambos. Audara passou, a partir daquele momento, a desenvolver seu trabalho também com as rosas. Pessoas impossibilitadas de chegarem até o terreiro recebiam uma rosa da Pombagira, que eram entregues a algum familiar do enfermo ausente. São incontáveis os fatos e as histórias de curas e libertações com o uso da rosa de Dona Audara.

Certo dia, o jovem rapaz conheceu uma moça com quem se casou, indo embora da Guanabara para construir família mais perto dos familiares dela, que não moravam na mesma localidade. Foi em busca de Dona Audara para se despedir, e ela desfez o trato de anos. No entanto, todas as semanas eram levadas rosas a ela por mais pessoas, para que fizesse seus erós e depois as entregasse aos doentes. Independentemente da quantidade que ganhasse, Audara sempre tirava as cinco delas, que carregava inseparavelmente em suas mãos no decorrer do trabalho.

Embora fosse mais enérgica e exigente com os filhos da casa, a Senhora Audara tinha lugar garantido no coração de todos os membros do terreiro. Suas giras não rivalizavam em proporções às giras de seu esposo da Lira, mas isso não a incomodava, pois tinha consciência do seu perfil austero, que em muito se diferenciava do dele, por isso fazia questão de repetir:

– Essas coisas comigo, não! Quem gosta de festa tem que procurar o Seu Sete.

Embora pouco se saiba a respeito das origens da Senhora Audara Maria, é certa a sua origem judia que fazia questão de sinalizar na utilização da estrela de David em seu peito, bem como sua ligação com a cultura cigana. Contava Seu Sete que a teria conhecido numa caravana cigana que passava por uma estrada. Ele estava de um lado da estrada e ela do outro. Foi ali que avistou aquela bela mulher por quem se apaixonou. O mesmo arrebatamento ocorreu com ela. Um sentimento tão forte que resultou na união matrimonial de ambos:

– E eis que um fenômeno maravilhoso observei das mãos daquela rosa em forma de mulher. Brotava nela a essência vivificadora da rosa, que aliviava meu corpo estropiado...

Após a Corte, ou Caravana do Exu, caminharam por muito tempo de mãos dadas e se separaram numa encruzilhada. E assim tornaram-se um casal. Separados na encruza, mas unidos na espiritualidade e na caridade para sempre. Seu Sete disse, em certa feita, que "Audara Maria é a primeira cigana do mundo que não tem parentes, não tem ninguém, só tem Seu Sete Encruzilhadas".

Rosas vermelhas

Igualmente a Seu Sete, em suas manifestações, a Pombagira se mostrava vestida com muito garbo. Suas paramentas não perdiam em nada para os vestidos de gala vistos nas festas da alta sociedade da época. Sempre de cabelos soltos, em algumas situações enfeitava-os com algumas rosas na parte lateral da cabeça. Ostentava em uma corrente uma grande estrela de 6 pontas em ouro, um hexagrama, tendo no centro uma representação de Santa Bárbara cravejada de brilhantes e rubis, que era conhecida dentro da Lira como sendo a estrela de

Audara Maria. Estrela esta carregada por muitos filhos da Lira, que providenciavam uma cópia e levavam até ela para que a cruzasse. O pingente representava a Estrela do Oriente, uma menção ao Oriente Médio de onde teria vindo, e era invocada com frequência pela Pombagira, sendo encontrada até mesmo em seus louvores musicais:

> *Salve, estrela de Audara Maria*
> *Que lá do Oriente brilha sem parar*
> *Essa estrela ela traz em seu peito*
> *E toda Umbanda ela vai clarear.*
> *Clareia estrela formosa*
> *De Audara Maria que é makuté*
> *E com sua estrela do Oriente*
> *Ilumina meus caminhos*
> *Audara odé.*

Quando os trabalhos da Lira haviam alcançado enormes proporções e a procura pública sobre Mãe Cacilda não permitia sua aparição com frequência, a presença da Senhora Audara passou a ocorrer nas giras da Cabocla Jurema durante a semana. Em algumas dessas ocasiões, Audara, em dado momento, silenciava-se de forma a ouvir algo e logo dizia:

– Seu Sete quer passagem.

Os cambonos se apressavam em tirar-lhes as armações da saia ou vestido de maneira a deixá-la apenas com as vestimentas sumamente necessárias. Audara Maria se afastava de sua médium para que se apresentasse Seu Sete. Era visível a transformação, uma vez que a seriedade dela era substituída pela alegria peculiar de Seu Sete. Chegava contente, mas sem se movimentar muito, pois dizia estar com vestimentas femininas. Pedia para que amarrassem a saia ao meio de modo que ficasse parecido com uma calça, mas permanecia sentado. Desconfiado, perguntava:

— Será que estão pensando que sou mulher por estar usando essas roupas?

E os fiéis lhe respondiam:

— Está não, Seu Sete. O senhor está usando bombacha de gaúcho.

Ele consentia com uma gargalhada, mostrando-se mais à vontade. Embora o Exu se manifestasse na gira de Dona Audara, esta nunca se manifestou em uma gira do Exu. De fato, com ela era diferente.

Sobre as giras de Dona Audara Maria, Alberto Mascarenhas conta:

"Ela [Audara Maria] vinha em sessões especiais para Mãe Cacilda. Eram sessões muito alegres, como é o espírito desta Guardiã. As curas ocorriam da mesma forma. Ela adora rosas vermelhas. Daí tantos pontos associando rosas vermelhas a ela. Uma coisa é certa: em toda ou quase todas as sessões que eu tive oportunidade de testemunhar, Seu Sete sempre se referenciava a ela como a dona de seu amor. Coisa antiga segundo eu sei, que remonta aos tempos de Idade Média."

Suas rosas eram tão conhecidas dentro da Lira quanto o marafo de Seu Sete. Eram tão procuradas e, mais do que isso, promoviam tantas curas que a administração do Centro achou por bem explicitar aos visitantes em um cartão qual era a forma de usar as rosas da Pombagira:

Cheirar a ROSA VERMELHA 5 vezes ao dia durante 5 dias, repetindo a oração:
"Eu [dizer nome] peço à Senhora Audara Maria que com seu poder, com o poder de sua rosa vermelha, cure o mal do meu corpo, da minha cabeça e do meu caminho. Eu creio no poder da rosa vermelha e creio no poder da Senhora Audara Maria e é por

que creio que estou curado do mal do meu corpo, da minha cabeça e do meu caminho. Axé".

Seu Sete, embora festeiro e sempre brincalhão, punha limites dentro da Lira quando o nome de Audara era mencionado. Não gostava que este fosse invocado sem respeito ou sem necessidade e, em alguns momentos, demonstrava até mesmo ciúmes de marido para com ela. Em uma gira realizada por Seu Sete na sede do Supremo Órgão das Religiões Espíritas, na Guanabara, no ano de 1970, estavam presentes milhares de fiéis, que traziam em suas mãos algumas fotos do Guardião para que fossem abençoadas por ele para que depois fossem entronizadas em suas residências. Entre os fiéis que levantavam as fotos, bem como guias e outros para que o Guardião abençoasse, um levantava ao alto uma estampa da Senhora Audara. Ao perceber que o fotógrafo Joaquim Monteiro tirava fotos dos fiéis com os objetos nas mãos, o Guardião anunciou no microfone:

– Não quero minha mulher em fotografias. Esta não vai sair.

A observação foi feita em tom de brincadeira, e Joaquim prosseguiu no seu trabalho de cobrir fotograficamente a presença do Exu na sede do órgão. Entretanto, quando revelou as fotos tiradas naquele dia, qual não foi a surpresa do fotógrafo ao constatar que o pôster de Audara Maria, que era carregado pelo fiel no meio da multidão, havia saído totalmente em branco, sem que o restante da foto fosse prejudicado. Monteiro ficou assustado com o ocorrido e se preocupou em levar o negativo aos seus contratantes para que pudessem constatar que no próprio negativo a imagem se mostrava em branco, sem truques. Diversas pessoas entendidas da arte fotográfica examinaram tanto a cópia como o negativo e foram unânimes em dizer que o pôster havia sido fotografado em branco. No entanto, os presentes puderam constatar no dia que se tratava de fato de uma imagem da Pombagira, e não de um pôster em branco. Um mistério. Afinal, quem pode explicar a grandeza do poder do Rei da Lira, o companheiro de Audara Maria, a Dona da Rosa Vermelha?

As coroas do Rei

> "Que coloca flores onde há espinhos
> Não deixa seus filhos ficarem sozinhos
> Coroa de Carnaval, ele tem
> A Coroa do Jogo, ele tem, A Coroa da Lira, ele tem
> E da palha de cana, também..."
> (*As quatro coroas* – Avarése e José Gomes).

4 vezes 7

A primeira imagem que vem à mente quando se refere a um rei é a de uma coroa, símbolo máximo de um reinado, bem como a representação de um povo que possui todo o seu poder concentrado nas mãos de uma pessoa. Seu Sete da Lira possuía em seu ponto riscado a figura de uma coroa dourada, vista tanto nos seus materiais gráficos como em suas paramentas. No início dos trabalhos, a coroa utilizada se assemelhava ao modelo conhecido como Coroa Real, constituída de uma base redonda da qual saem cinco hastes douradas e que, no alto, se juntam, sustentando um globo. Esse modelo de coroa fora utilizado pelos principais reinados da história, sendo de uso restrito ao monarca máximo (Rei ou Rainha) e continha um significado próprio, que era a união do povo (representado pelas hastes) com o Estado (representado pelo globo).

Com o tempo, a figura da coroa de Seu Sete da Lira foi alterada para outro modelo cujo formato é mais aberto (Coroa Real Aberta), a qual também possui as cinco hastes, mas sem o globo nas pontas. As coroas de Seu Sete se tornaram inspirações para a composição de pontos e poemas, como também foi uma de suas marcas mais conhecidas ao lado da figura da lira e do número "7".

Entretanto, mais do que isso, a coroa guarda a ideia da representação simbólica das quatro principais ferramentas de trabalho de Seu Sete: a Coroa da Lira, a Coroa do Carnaval, a Coroa do Jogo e a Coroa da Palha de Cana, as quais simbolizavam, respectivamente, a força de seu trabalho pelo uso da música; a alegria característica de suas giras, que se assemelhavam a uma festa de Carnaval; seu atributo de ver os caminhos das pessoas por intermédio do jogo de búzios; e, por último, o vasto uso do marafo (cachaça) durante seus trabalhos. Essas coroas eram a base de seu trabalho e o ponto de aproximação com seus devotos e fiéis, visto que estes se sentiam à vontade perto do ser que se intitulava o Rei daquilo que o povo mais gostava: cantar, festar, rezar e beber. Sendo assim, entender as quatro coroas do Rei é entender a sua manifestação, bem como vê-la era realmente como uma forma de suprir a carência do povo por meio de seus próprios gostos e anseios.

A Coroa da Lira

A Coroa da Lira representa o uso da música nos trabalhos de Seu Sete. É impossível dissociar qualquer uma das quatro coroas do trabalho do Exu, mas, sem sombra de dúvidas, a da música era a coroa que mais o caracterizava e representava.

A música era presença marcante desde o início das manifestações de Seu Sete por intermédio de Mãe Cacilda. Com ela, o Exu chegava, retirava-se, curava, anunciava a causa de uma doença, glorificava, criticava e mandava recados. Sua manifestação era baseada sempre na música. Antes que a Ciência descobrisse os benefícios que a música pode trazer ao bem-estar físico dos seres humanos, o Exu já a utilizava como uma das principais ferramentas de trabalho em seus cultos. Para cada caso, havia uma música específica, que era escolhida por ele ou, quando se aproximava do fiel, pedia:

– Cante uma música de sucesso, uma música de seu gosto, qualquer uma...

E lá ia o fiel cantar uma marchinha de Carnaval, uma música popular, uma música internacional, uma música romântica, um bolero, um samba, um forró. Não havia um gênero específico: poderia ser qualquer música, desde que o Guardião a conhecesse, pois, se não, podia rejeitá-la e pedir outra. O sucesso da canção era essencial para que esta obtivesse sua aprovação, pois isso ajudava com que não apenas Seu Sete, mas todos na Mesa de Cura, principalmente, pudessem acompanhar cantando. Em algumas situações na Mesa de Cura, o Exu ia em cada pessoa ali presente pedindo que cantasse uma música – preferencialmente de Carnaval. Se a música cantada pelo fiel não fosse uma de sucesso de público, pedia-lhe que parasse de cantá-la, jogava um pouco de seu marafo no chão e continuava a caminhada pela mesa. Isso raramente ocorria, pois, de modo geral, a pessoa começava a cantar, Seu Sete a acompanhava no microfone, e logo em seguida todos os presentes cantavam juntos. A impressão que se tinha era a de que a música servia como uma forma de canalizar a energia dos presentes e direcioná-la à pessoa que estava sendo atendida naquele momento. É possível afirmar que em quase todos os casos as curas foram alcançadas dessa forma, como provam os números sempre crescentes de fiéis que recorriam ao Dr. Saracura em todos os sábados em seu templo.

A própria Mãe Cacilda era compositora e vivia constantemente próxima de pessoas que tinham a música como profissão. Muitas de suas músicas foram gravadas por grandes cantores da época, como o grupo Os Demônios da Garoa e a cantora Edith Veiga, que, entre várias músicas de Seu Sete gravadas, gravou em seu compacto de 1974 o tema "Caldeirão sem Fundo". Outros artistas como Gilberto Alves, Odete Amaral, Milton Silva, Dalva de Andrade, As Gatas, Alvaiade, Noite Ilustrada, Ivete Garcia, Orlando Silva, Helio Portinhal, Emilinha Borba, Tito Mendes, Dalva de Oliveira, Osvaldo Silva e Waldick Soriano gravaram músicas vindas do contato e inspiração de Seu Sete e sua médium, na grande maioria sambas, marchinhas e boleros. O talento para a música de Mãe Cacilda vinha desde a infância, visto que, desde os 14 anos de idade, compunha canções. A crítica musical de sua época a denominou como "a expoente máxima da música popular":

> *Cacilda já é um patrimônio musical. Sem demagogia, mas por puro reconhecimento, já merece um busto em qualquer praça pública, pelas colaborações sinceras e honestas em prol da música brasileira. Suas obras, que assim julgamos serem ditas, de Noel a Roberto Carlos, faz-nos lembrar uma frase do poeta da vila: – cantar as músicas de Cacilda é ter o sucesso por antecipação. Uma faceta de sua generosidade: muitas vezes compõe e presenteia a um compositor que atravessa uma má fase. Noel Rosa, o grande sambista da Vila, também foi um dos aquinhoados. Para ela não existe tipo e cor, sua musicalidade é indiferente perante tudo e todos (Estado do Rio, 5/7/1969).*

Uma grande quantidade de músicos e cantores iam até Mãe Cacilda buscar o Rei da Música em pessoa. Infelizmente, por falta de um registro oficial da época, é quase impossível apresentar uma lista com os nomes de cantores, músicos, compositores e pessoas do meio musical que participaram dos trabalhos da Lira, pois, além de serem muitos, ainda havia os que preferiam permanecer no anonimato durante as giras. Era sempre tão óbvio que haveria a presença de alguns artistas nos trabalhos da Lira que os fiéis se dirigiam ao Centro já tentando descobrir quais estariam presentes naquele dia.

Se muitos artistas chegaram a Seu Sete por conta própria, outro grande número chegou até ele por outras, como aconteceu com o cantor Wilson Simonal. O artista foi pela primeira vez à Lira em 7 de novembro de 1970. Certo fiel da Lira foi pedir axé a Seu Sete em um dos trabalhos de sábado e o Exu lhe disse:

– Você está tão caído, tão mal, que para melhorar só se ganhar na loteria...

Seu Sete passou os números com os quais o fiel deveria apostar. E assim foi feito: o fiel foi premiado com os números passados a ele pelo Exu e, como forma de agradecer a graça, levou o cantor Wilson Simonal até o Rei da Lira. A pedido do Dr. Saracura, o cantor cantou na Lira um de seus maiores sucessos: "País tropical", bem como outras de suas músicas. Aquela foi a primeira vez que Simonal pisava no templo de Santíssimo, mas não a última, visto que depois daquela ocasião o cantor voltou por conta própria para outros trabalhos.

Seu Sete usava músicas diversas em seus trabalhos, mas também tinha suas próprias composições, que eram criadas durante os trabalhos. Muitos compositores e cantores que frequentaram os primeiros trabalhos registraram composições de Seu Sete como sendo suas. Eles sabiam que não havia um registro das cantigas, as quais eram criadas espontaneamente pelo Exu, por isso iam munidos de papel e caneta para copiar as letras. À medida que o trabalho foi aumentando, Mãe Cacilda criou uma forma de defender as criações de seu protetor. Foi criado um "escritório de músicas", que disponibilizava as composições do Exu para que fossem gravadas por cantores interessados. No início, as composições disponíveis eram as criadas pelo Exu e pela sua médium ou de outros compositores criadas em parceria com Seu Sete durante os trabalhos. Com o tempo, a lista aumentou.

As músicas compostas pelo Rei, em sua maioria marchinhas e pontos (cantigas litúrgicas umbandistas), eram registradas em nome de Mãe Cacilda. Gravar uma composição de Seu Sete era um prestígio aos cantores, que viam nisso uma forma de homenagear o Rei da Música. Faziam questão de mostrar seu rosto nos trabalhos da Lira e usar os símbolos do Exu, inclusive em fotos públicas, pois os trabalhos na Lira serviam também como forma de divulgação para os artistas. Tudo que era cantado na Lira virava preferência musical dos devotos, principalmente se tivesse sido trilha sonora de uma grande cura ou milagre.

Nem só conhecidos cantores e compositores frequentavam a Lira. Músicos diversos também marcavam presença nos trabalhos de Seu Sete, como saxofonistas, sanfoneiros, pianistas e outros vários, que iam até a Lira munidos de seu instrumento de trabalho para render louvores ao Rei. Algumas vezes, o Guardião aspergia seu marafo sobre os instrumentos. Noutras, curvava-se em direção ao músico para melhor ouvir a apresentação. O próprio Seu Sete da Lira tocava violão e, algumas vezes, deu aos fiéis presentes na Lira uma "palhinha" dos seus dotes musicais de violeiro.

A Lira era frequentada tanto por famosos quanto por não famosos. Ou melhor: havia espaço também àqueles que, conhecidos no passado, haviam caído no ostracismo. Muitos cantores e músicos que não possuíam a fama recorriam a Seu Sete para buscar o alívio de suas dores e força para enfrentarem a realidade da vida. Não era incomum receberem a ajuda espiritual do Guardião para conseguirem emplacar uma música ou retomar ao mercado da música.

Com a música, Seu Sete trabalhava e expandia seu reinado sobre os corações de todos aqueles que a ele recorriam. Se para muitos a música era uma das principais chaves do sucesso de Seu Sete, para outros era esse um dos principais motivos de críticas lançadas contra sua obra. Não era vista com bons olhos por muitos líderes religiosos da época a mistura entre sagrado e profano nas giras de Seu Sete. Perguntavam-se: "como era possível curar males até então incuráveis apenas com o uso de músicas que nem sequer eram religiosas?" Seu Sete não se incomodava com os julgamentos e em certa feita disse:

– Não percam a fé em mim por eu viver sempre cantando. Se faço rima rezando, também rezo rimando. Nada se faz sem músicas. Quem canta seus males espanta!

Seu Sete se mostrava um conhecedor de música e tecia críticas e comentários sobre músicas e artistas durante seus trabalhos. Ele corrigia desafinações e saídas do ritmo por parte de sua orquestra e, se fosse preciso, parava uma música no meio para mostrar a maneira correta de se entoar aquela melodia, indicando, inclusive, o tom correto da canção. Como um exigente maestro, apontando para a orquestra ou para um cantor que fosse se apresentar e pedia:

– Letra e música!

Uma das canções de maior sucesso criada dentro do terreiro de Santíssimo é de um dos netos biológicos de Mãe Cacilda: "É pra quem tem fé", escrita por José Alberto Expósito, que na época contava com 13 anos. Segundo nos conta sua Mãe, a Sra. Eni, José ficou por vários dias com papel e caneta na mão na tentativa de criar uma música para Seu Sete. Sem saber de nada, em uma determinada ocasião na Lira, enquanto trabalhava na cantina do Centro, Sra. Eni ouviu pelos alto-falantes Seu Sete anunciar o nome do seu filho e dizer que ele havia escrito uma música para ser cantada na Lira. Levou um susto:

– Seu Sete chamou meu filho no altar da Lira dizendo que ele havia escrito uma música! Parei o que estava fazendo e fiquei ouvindo o José cantar "É pra quem tem fé" na Lira pela primeira vez.

A composição caiu nas graças de Seu Sete, que passou a usá-la em todos os trabalhos da Lira. Era cantada durante as mesas e até nos intervalos. O título "É pra quem tem fé" se tornou um *slogan* do templo, aparecendo em quase todas as matérias e artigos que diziam respeito ao local, sendo até mesmo gravada pelo cantor Oswaldo

Silva posteriormente. Mesmo eclético, o Exu tinha suas preferências musicais. Grandes nomes como Chiquinha Gonzaga e o músico italiano Niccolò Paganini (ambos falecidos naquela época), o qual ele afirmava ser um grande amigo, eram frequentemente mencionados por ele e sobre o qual contava certa parábola:

– Em certa feita, Paganini faria uma apresentação musical a uma importante plateia de sua época, e um outro músico, que tentava se assemelhar a ele, resolveu impedir a apresentação e para isso cortou as cordas do violino de Paganini. Na hora da apresentação, Paganini tocou o violino mesmo sem as cordas, o que era um milagre. Após a apresentação, ele se dirigiu até o outro músico, tirou uma das quatro rodas de sua carruagem e lhe disse: "Eu toquei o violino sem as cordas. E você: poderá ir embora sem uma das rodas?"

A parábola era uma forma de mostrar aos fiéis que o impossível é simplesmente possível àquele que tem fé. A admiração de Seu Sete pelo músico italiano era tamanha que em uma oportunidade ele foi presenteado com uma ilustração do músico, presente que foi colocado sobre o altar de Santo Antônio, de onde poderia ser visto e apontado por ele durante os trabalhos.

Sobre a utilização da música nos trabalhos do Seu Sete em sua Lira, o Sr. Romero Morgado afirmou para a equipe do jornal *A Luta Democrática*, em 1971:

> *Na antiguidade, os gregos aplicaram de forma ampla a música como um meio curativo ou preventivo. Chegaram ao ponto de legislarem o emprego da música, porquanto, a música deve ser dosada, pois, seus efeitos sobre o estado físico e mental são imprevisíveis. Os precursores da musicoterapia, Platão e Aristóteles, deram à música um valor médico definido quando afirmaram – "as pessoas que sofrem de emoções não domináveis depois de ouvirem melodias que elevam a alma até o êxtase, retornam ao seu estado normal, como se houvessem experimentado um tratamento médico ou depurativo". O célebre físico e matemático Pitágoras foi o que*

primeiro empregou a música em pacientes portadores de doenças mentais. De suas experiências condenou o emprego indiscriminado da música por ter observado que os bons efeitos resultam de uma aplicação adequada, de outro modo podem causar muitos danos. O sucesso de Seu Sete da Lira, a fama que o envolve, é justamente pela aplicação adequada da música, é a mais perfeita terapêutica que se conhece em todo o mundo, daí advindo curas maravilhosas e, como toda árvore que dá bons frutos, foi apedrejado. Os que reclamam que não foram curados ou que não obtiveram graças ou melhorias estão enquadrados naqueles que não foram psicologicamente preparados, ou melhor, não foram afinados com o diapasão da fé, da compreensão e do respeito para uma mentalização e concentração espiritual com a harmonia e vibrações sonoras que são emitidas. Os elementos característicos do som: frequência, intensidade, timbre, intervalos, e as melodias aplicadas requerem silêncio absoluto, atenção e elevação do pensamento, constatado durante a corrente do amor à meia-noite, quando o Seu Sete da Lira lança a mensagem "só o bem tem o poder de construir". O Seu Sete da Lira é um bom terapeuta. Tem personalidade, é querido, agrada com seus trejeitos, porquanto, além do conhecimento básico de fisiologia e psicologia possui força espiritual indispensável para o traço de união entre o grupo musical – a Lira – que se comunica perfeitamente com o paciente despertando nele o sentido de participação. A Lira – que se constitui de compositores, cantores e músicos – é o grupo de executantes da musicoterapia. Existe um degrau entre a terapia isolada e a terapia de grupo, isto é, um indivíduo pode estar musicalmente preparado para cantar ou tocar instrumentos musicais, mas não estando preparado psicologicamente para atuar em grupo com as aplicações terapêuticas da música. Aqui, o Seu Sete da Lira vez por outra solicita aos presentes na Lira que, se não pertencerem à Lira que lá não permaneçam, porquanto, segundo os filósofos gregos, outros fatores que merecem atenção e, em especial, cuidados são: as deturpações e as distorções morais e da personalidade dos pacientes. Em grupo musical não pode haver distorções, pois eles ensinam que as relações entre pacientes e os terapeutas (componentes do grupo musical) devem ser corrigidas ou suavizadas. As perturbações emocionais que desviam a personalidade e afetam a moral do paciente, uma vez que, em desespero, procura tanto positiva ou negativamente, em comum, as emoções despertadas. Desenvolvendo a autoexpressão, a autocompreensão e a autoafirmação como positivas. Do outro lado desenvolve as relações interpessoais das mais variadas. Desperta no paciente, conforme o caso, as "inibições" levando à consciência emoções reprimidas, quer depressivas ou agressivas, quer de elevação moral e de baixeza moral, são as negativas. A música é arte divina, todos devem cultivar. Jesus nos ensina que cantar é qual orar. Então, ponhamo-nos a cantar. Mãe Cacilda explicava: "Seu Sete é um exu da caridade que, no início do mundo, só sabia se expressar apenas através da música. Ele é o protetor dos artistas, e precisa, lá de cima, sacolejando-se o tempo todo e jogando cachaça nas pessoas, de muita música para trabalhar. Por isso, antes de descer a escadinha e ir até a mesa, a orquestra ataca."

Em um terreiro onde a música se mostrava de forma tão exponencial não poderia faltar a poesia, e assim era em Santíssimo. Com frequência, membros e consulentes da casa escreviam poesias a Seu 7, que eram publicadas em jornais, ou lidas durante os trabalhos, ou entregues escritas ao "homem". Muitas poesias se transformavam em música, e outras eram usadas de formas mais diversas possíveis como, por exemplo, na alfabetização de crianças, ação esta que Letícia Pinheiro realizava na escola de Ensino Fundamental em que trabalhava:

"Eu trabalhava alfabetizando crianças na década de 70, e Seu 7 era uma personalidade até no meio das crianças. Como ele era muito comentado por elas, e algumas até brincavam no recreio de fazer 'mesa de cura' imitando o que viam em Santíssimo aos sábados quando eram levadas por seus pais lá, resolvi usar poemas

que eram divulgados nos trabalhos de sábado no processo de alfabetização, o que deu muito certo. Me lembro bem de um:

> *Ajude quem usa um SETE,*
> *Quem usa SETE é irmão,*
> *Almirante ou Grumete,*
> *Da mesma embarcação.*
> *Quem usa SETE é família,*
> *SETE é multiplicação,*
> *Quem crer no SETE auxilia,*
> *Com fé e compreensão.*
> *Seu Sete é igualdade,*
> *Serve sem limitação,*
> *Seu Sete é fidelidade,*
> *Divina sublimação."*

Em se tratando de registro de produção musical, a Lira de Seu Sete trabalhou de forma direta em quatro trabalhos. O primeiro, de 1970, foi o compacto em que o cantor Oswaldo Silva, acompanhado de orquestra e coro, cantava quatro músicas frequentemente utilizadas nos trabalhos da Mesa de Cura: "Seu 7 na Lira", "Seu 7", "É o Rei" e "É pra quem tem fé". O compacto, resultante do trabalho feito pela Tema Musical, era facilmente encontrado na Lira para compra, e o valor revertido de suas vendas era dirigido à manutenção do terreiro.

O segundo trabalho se trata do LP "Seu 7 Saracura cura a minha dor", produzido pela Equipe no mesmo ano do compacto de estreia. Esse trabalho teve como objetivo registrar uma gira na Lira de Santo Antônio para que os fiéis pudessem levar para casa. A ideia foi resultado de uma observação feita pelo produtor musical Oswaldo Cadaxo, seu realizador. Geralmente, os fiéis mais abastados levavam gravadores de áudio para as giras no terreiro e gravavam tudo o que acontecia para levar para casa, oferecer a algum conhecido que precisasse ou simplesmente para ouvir durante a semana. Cadaxo pensou: "e aqueles que sem condições de possuir um gravador, o que fariam?" Nesse caso, poderiam adquirir uma gravação de qualidade feita no dia mais especial do ano dentro do terreiro: a Festa de Santo Antônio. No encarte do álbum constava a informação: "Esta trilha foi gravada no local (com o devido consentimento) desde o início ao fim dos trabalhos na noitada de 13/6/1970".

O terceiro trabalho musical, de 1971, foi intitulado "Sete Rei da Lira" e resultou de um convite da Gravadora Odeon à direção do terreiro. A gravadora queria obter um registro em estúdio com o famoso Exu, pois não encontrava saída para fazê-lo dentro do terreiro com a qualidade técnica desejada. A decisão foi gravar o disco nos estúdios da Odeon. Seu Sete e sua equipe se dirigiram para os estúdios munidos de todos os instrumentos musicais usados nas sessões de sábado, além de muitas garrafas da cachaça Creoula e charutos. Com direção de produção de Milton Miranda e direção musical de Lindolfo Gaya, o resultado do trabalho é o mais delicado registro que se tem da voz do Exu. Os microfones captaram até mesmo o som dos goles de marafo tomados pela médium durante as gravações. Seu Sete fez dos estúdios uma cópia do Congá de Santo Antônio, com muitas risadas, marafo e charuto. O resultado foi bastante satisfatório, e a aceitação do disco foi maior do que se esperava. Era possível ouvi-lo sendo tocado em bares e festas da cidade como sendo alguma espécie de música de festa popular. Sua rápida popularidade fez com que ganhasse até mesmo uma revista de cifras, que era vendida nas bancas de revistas aos interessados em tocar em seus instrumentos as composições do Exu.

Já o quarto trabalho, de 1978, foi um disco em que o cantor Jorge Ôgan cantava composições de Mãe Cacilda de Assis louvando Seu Sete, bem como algumas divindades e entidades espirituais do campo afro-religioso. Jorge era amplamente conhecido dentro da Lira de Santíssimo. Fora criado por Mãe Cacilda desde a tenra idade, aprendendo a lidar com a musicalidade ritualística dos terreiros. Ele e seu irmão animavam grandes giras realizadas no terreiro de Seu Sete, ora cantando, ora tocando. O disco, intitulado "A brasileiríssima

Cacilda de Assis", ficou marcado pela presença da Orquestra da Lira, composta de músicos e cantores que animavam os trabalhos de sábado no terreiro, e foi gravado dentro da Lira. A escolha de Jorge para interpretar as canções veio da própria Cacilda de Assis, responsável geral pela produção do disco, cabendo à sua filha, Luzia, a escolha do repertório.

Não apenas de discos foi feita a história de artes do Exu de Santíssimo. Em 1971, a convite do cineasta Miguel Schneider, Seu Sete da Lira fez uma participação no documentário "Saravá, Brasil dos 1.000 espíritos". A participação foi gravada dentro da Lira de Santíssimo e foi a primeira parte do documentário. Nela, era possível ver o Exu bebendo, dançando e atendendo consulentes, enquanto sua voz era reproduzida nas caixas de som do terreiro. O filme, que visava falar sobre a crença nos espíritos presentes na nação brasileira, contou também com a participação do cantor Roberto Carlos, do jogador Pelé, do radialista Átila Nunes filho e do padre católico Gilson Gomes Cabral, da Igreja Católica Apostólica Brasileira, que a respeito da Umbanda afirmou:

> *"Existem fatos provados, inclusive aparições de espírito. Moisés apareceu no monte ao lado de Jesus e era um espírito já desencarnado. Incorporação de espíritos São Paulo usou no novo testamento: o espírito que incorporou numa escrava e chegou numa cidade onde ninguém os conhecia e aquele espírito veio ao encontro de São Paulo dizendo: 'chegou a salvação, chegou a palavra de Deus'. Após 3 dias é que São Paulo exigiu que o espírito se retirasse, porque o espírito já tinha agradado a ele de ele ser introduzido na cidade porque ele não era conhecido na cidade, ele passou a ser conhecido através daquele espírito que era respeitado naquela cidade. Como o espírito o respeitou ele entrou naquela cidade e foi aceito. Consta isso no Evangelho."*

Perguntado se achava que a Umbanda poderia vir a ser a religião nacional do Brasil, padre Cabral respondeu:

"Propriamente, a Umbanda em si não, porque a Umbanda tende a ser mais pura do que é atualmente. Essa religião, que será a religião nacional do Brasil, realmente não é propriamente a Umbanda só, porque uma religião para se formar leva milênios de anos. Dentro dessas consistências todas, dentro desse aprendizado, desse aprimoramento, vai-se chegar à conclusão que a religião é do espírito, pois toda religião precisa ser espiritualizada, se não for não existe, Deus é um espírito."

O conhecido empresário cinematográfico Herbert Richers, impressionado com a força do Exu, também produziu um documentário sobre o que acontecia em Santíssimo. Com o nome "Mister Seven", o filme foi distribuído no exterior e permitiu que outros países tomassem conhecimento do que ocorria na Lira.

Assim, Seu Sete mostrava aos quatro cantos do Brasil, e até mesmo fora dele, que sua casa não era apenas um templo de Umbanda, mas também um templo da arte, de música. Um lugar onde os maiores expoentes dessa manifestação artística, e de outras também, se dirigiam para, ao exemplo do Rei, usar do seu dom em favor dos outros.

A Coroa do Carnaval

Que a Lira representava perfeitamente o trabalho e a energia de Seu Sete todos sabiam, e que o Carnaval era o fator humano-material que mais era aclamado e lembrado em sua forma de trabalho ninguém discordava também.

A ligação de Seu Sete Rei da Lira com o Carnaval era antiga. Vinha desde as suas primeiras manifestações e se fortalecia cada vez mais. A própria maneira de liderar os trabalhos, as marchinhas e cantigas entoadas durante os cultos, bem como a postura tomada pela entidade, havia uma influência, direta ou indireta, da folia do Momo. A festa pagã era tão presente em seus trabalhos que Seu Sete se intitulava o "Rei do Carnaval". A mensagem que o Guardião buscava passar para os devotos e fiéis da Lira com o uso frequente da festa carnavalesca era muito clara e direta: em meio aos sofrimentos, dores e problemas pelos quais passavam os ali presentes era possível encontrar a alegria, a esperança, o sorriso. O sofrimento e as adversidades na vida não eram a certeza do inevitável final: eram, sim, degraus a serem vencidos, pequenas pedras a serem tiradas do caminho. Os problemas deveriam ser vistos como "fantasias de Carnaval": por mais pesadas e feias que fossem, era preciso usá-las para que se alcançasse o lugar de vencedor. A maioria das pessoas que o buscavam talvez não entendesse todo o significado e a magia da figura carnavalesca, mas o Rei sabia muito bem se utilizar da energia que possuía a seu dispor com aquela simbologia.

Por várias vezes antes de se tornar um ídolo popular massivamente conhecido, Seu Sete levou seu bloco carnavalesco às ruas cariocas durante os desfiles. Como qualquer outro folião da cidade, seu bloco era formado basicamente por filhos da médium Mãe Cacilda, amigos da Lira e por pessoas que passavam por tratamento de cura com o Rei.

Aos olhos das pessoas poderia parecer estranha a figura sorridente de um Exu, que saía de capa e cartola nas ruas para festejar como qualquer pessoa a festa carnavalesca. Aos sacerdotes conservadores parecia uma espécie de "heresia" ou "profanação" da figura séria do Exu. No entanto, Seu Sete não saía às ruas para simplesmente festejar. A participação de seu bloco no Carnaval carioca era, na verdade, uma etapa de grandes trabalhos espirituais feitos por ele dentro de seu templo, a presença dele e a de seus fiéis na avenida eram uma espécie de "trabalho de captação energética". A energia era direcionada para a situação a que o trabalho se propunha a resolver. A carioca Eloan Salomão Motta, frequentadora dos trabalhos da Lira desde o início, em Cavalcanti, lembra-se bem de um dos trabalhos realizados por Seu Sete durante o Carnaval de 1962: *"O bloco se chamava 'Os Carijós' e foi para salvar sete vidas de pessoas do Centro que iam morrer que ele foi feito. Com o bloco, Seu Sete deu mais sete anos de vida para eles".*

Aos que participavam do desfile ficava clara a força do Rei da Lira, como também a constatação de que o Carnaval para ele não era somente festa, mas, sim, trabalho. E dos bons. O desfile do bloco de Seu Sete ocorria na Avenida Rio Branco, onde os blocos da categoria B e C desfilavam, à frente do grupo estava Luzia, a filha caçula de Mãe Cacilda. Fantasiada de colombina, ela puxava o bloco, enquanto Seu Sete se misturava aos foliões. Ali ele cantava, pulava, dançava, bebia de sua cachaça e vivia o momento. Às vezes, alguém curado por ele o reconhecia e ia à sua direção para pedir a benção. As baianas usavam um turbante com um coco na cabeça cheio de cachaça, que, de vez em quando, Seu Sete vinha e bebia um pouco. Era preciso uma kombi cheia de garrafas de cachaça para suprir o conteúdo de todos os cocos das baianas. Curativo e festeiro, o desfile terminava e, à medida que os dias seguintes ao Carnaval passavam, as pessoas a quem o trabalho se destinava viam claramente seus problemas resolvidos e as curas realizadas.

Com o tempo, os trabalhos do Rei tomaram proporções imagináveis. Seu Sete era massivamente conhecido pelas pessoas que iam a seu templo e pelas que não iam também, mas o conheciam por meio da imprensa e em fotos, que eram vistas frequentemente na casa de muitos devotos. A consequência dessa popularidade foi a de que não podia mais realizar trabalhos durante o desfile do bloco carnavalesco. Se sua médium não conseguia andar pela cidade sem ser reconhecida, também o Exu não conseguiria, ainda mais se estivesse usando de suas paramentas inconfundíveis. Assim, ele se viu na triste tarefa de levar seu bloco às ruas pela última vez no ano de 1972, já com um nome mais apropriado para a função: Bloco Sete da Lira. A última saída do bloco foi noticiada pela mídia:

> *Um dos mais famosos e mais discutidos personagens dos últimos tempos foi dos primeiros a sair ontem: Seu Sete da Lira ou Dona Cacilda de Assis, que à tarde na Avenida Rio Branco, passando por 7 encruzilhadas, e em cada uma delas bebendo uma grande caneca de cachaça. Seu Sete veio a frente de quase 300 foliões que com calças ou bermudas vermelhas e blusas brancas com o seu símbolo cantavam "O que passou, passou" de autoria de Cacilda de Assis. Fumando um grande charuto, Seu Sete desceu a Avenida... Embora o bloco tenha saído às 14h45m da esquina da Rio Branco com Rua da Alfândega, desde as 13 horas um grande número de participantes dava seus últimos retoques nos instrumentos. Afinavam a bateria, cantavam o samba, esticavam a corda que protegeria Seu Sete e organizavam os estandartes com as inscrições de "Seu Sete não falha", "Saudação a todas as falanges de Umbanda e Aruanda" e muitas outras. Tinham também algumas liras com o número 7, e ainda grandes relógios, todos com os ponteiros parados em meia-noite – a "Hora Grande" ou a "hora da corrente". Às 14h40m Seu Sete chegou e deu ordem para o bloco sair, dando grandes baforadas. O bloco que comandava passou por 7 encruzilhadas, dando uma parada em cada uma delas.*

Se o 7 não vai ao Carnaval, então o Carnaval vem até o 7. A Lira se tornou local de visitas de blocos e representantes de quase todas as agremiações carnavalescas do Rio de Janeiro e de fora dele também. Cacique de Ramos, Bafo da Onça e Beija-Flor de Nilópolis eram algumas das agremiações que, com frequência, tinha representantes dentro da Lira, os quais iam pedir ajuda e proteção (e por que não a vitória na disputa pertinente ao desfile das escolas de samba no Carnaval carioca?). Portela e Mangueira eram as duas do coração do Exu, que possuía paramentas ritualísticas nas cores das duas escolas:

verde e rosa da Mangueira e azul e branco para homenagear a Portela. Os respectivos presidentes das duas agremiações eram amigos e devotos do Exu. Natal, então presidente da Portela, em dada situação recorreu à força do Guardião de Santíssimo para que ele ajudasse a escola, que se encontrava em situação delicada. O Exu respondeu positivamente e se dirigiu à sede da Portela para trabalhar em prol de seus filhos. Na comunidade, Seu Sete afirmou:

– A partir de hoje, não existe mais Portelinha; agora é Portelão!

A afirmativa do Exu foi adotada pelo presidente Natal e passou a ser utilizada pela Portela, que lhe ofereceu homenagens festivas dentro da sede da agremiação com ampla divulgação nos meios midiáticos da época. O mesmo aconteceu em relação à Mangueira, quando seu então presidente, Juvenal Lopes, o convidou para ir à sede da escola. Na ocasião, o Rei da Lira afirmou na quadra da Mangueira:

– Aqui será o Palácio do Samba!

Entre tantas outras escolas, uma foi por muito tempo lembrada dentro da Lira de Seu Sete: a Grêmio Recreativo Escola de Samba Tupy de Brás de Pina. Nos dias que antecediam a data marcada para o desfile da escola no ano de 1972, alguns de seus membros se dirigiram até Seu Sete para rogar proteção e lhe pedir a vitória naquele ano. Eles lhe prometeram um presente caso fossem vencedores. O samba-enredo, escrito por Jairo de Souza, homenageava uma musicista que fazia parte do rol de músicos preferidos de Seu Sete: Chiquinha Gonzaga. Na música "Chiquinha Gonzaga, alma cantante do Brasil", que homenageava a mulher que escreveu a primeira marchinha de Carnaval da história, bem como também a primeira maestrina do Brasil, a palavra "Lira" aparecia na letra uma vez como parte do coro:

Apaixonada e atraída pela beleza das luzes da ribalta
Compôs de admirável partitura para opereta
A corte na roça
Dirigiu um concerto de cem violões

Engalando a plateia, dos nobres salões
Nesta melodia vamos recordar
A maestrina da música popular.

Oh abre alas que eu quero passar
Eu sou da Lira não posso negar.

Ó Chiquinha Gonzaga, Chiquinha
Ó Chiquinha Gonzaga, Chiquinha
Ó Chiquinha Gonzaga, Chiquinha
Alma cantante do Brasil.

Em 13 de fevereiro de 1972, domingo, a Tupy de Brás de Pina se apresentou na Avenida Presidente Antônio Carlos, sendo a 17ª escola a desfilar. A bateria, formada por 100 pessoas e sob o comando de Mestre Orlandinho e Jorge Jiguidum, acompanhada de mais 1.700 componentes somados à certeza de vitória dada por Seu Sete garantiram o primeiro lugar da escola dentro do grupo do qual fazia parte (grupo 2), com 66 pontos. Com esse resultado, a escola subiu de grupo após o desfile.

Como prometido, muitos membros da escola se dirigiram em um dia de trabalho à Lira para presentear o "Rei do Carnaval". O presente, muito significativo, consistia em uma grande lira toda espelhada com três varetas ao meio, que faziam o papel de três cordas. A lira, que havia sido o abre-alas da escola na avenida, agora pertencia a Seu Sete, que providenciou que ela fosse colocada dentro de seu templo na área destinada à assistência. Um altar foi construído para sustentar o presente, que acabou se tornando um ponto de força do local. Nela as pessoas depositavam flores e fotos quando não conseguiam entregá-los diretamente ao "homem". Posteriormente, um "7" luminoso foi acrescentado ao centro do presente, deixando a lira decorativa mais ainda caracterizada com o ambiente em que se encontrava. Na conclusão de grandes trabalhos de descarga, Seu

Sete finalizava o rito arremessando da Mesa de Cura uma garrafa de marafo vazia em direção a um dos lados dessa lira, estilhaçando a garrafa no chão; o mal havia sido derrotado mais uma vez pelo poder do bem.

Em duas ocasiões, o G. R. B. C. Unidos do Lameirão também homenageou em seu samba-enredo a figura de Seu Sete e de seu símbolo maior, a Lira. A primeira vez foi no Carnaval de 1980:

Liraee, Liraee, Liraa, eu vou para a avenida
Eu vou para exaltar
A chegada da Rainha que se chama Iemanjá
Prazer em exaltar, pairando nas ondas do mar
E vem saudar a Lira que é popular
Nesse Carnaval, eu vou me exaltar
Com a Lira empolgando na avenida
Eu vou batucar e sambar
Abram alas minha gente, deixa o Lameirão passar
Com a sua Lira quente, ninguém vai me derrubar
Salve, Seu 7 da Lira, salve, minha mãe Iemanjá
Que também é a nossa Rainha do mar.

Dois anos depois, o tema foi a Lira, com o samba "Saudação à Lira", composição de Jorginho Partideiro e Marina:

O Lameirão
Vem trazendo para o Carnaval
Rico, pobre, preto e branco
Todos juntos que legal
Cantando e sambando na avenida
É uma alegria em geral Dona Cacilda de Assis
Com sua Lira que riqueza
Em nosso bloco este ano
Vem mostrar sua beleza.

Em 1988, foi a vez do G. R. E. S. Acadêmicos do Engenho da Rainha também homenagear o Rei do Carnaval em seu samba-enredo "De Sete em Sete pintando o Sete", no qual se podia ouvir:

É tudo sete
Quem tem sete se diverte
Nesses dias de folia
Vamos falar
Do sete em nosso dia a dia
Eu danço a dança dos véus
Eu tenho as chaves do céu
A minha esperança é demais
Sem os pecados capitais
Seu Sete da Lira
Os dias da semana
As maravilhas do mundo
Que o engenho engalana.

Como Rei da música e do Carnaval e bom compositor que era, Seu Sete também compôs direta ou indiretamente por intermédio de sua médium várias marchinhas de Carnaval, sendo que algumas foram gravadas e lançadas em discos por famosos cantores. Essas marchinhas eram também cantadas nos trabalhos da Lira aos sábados. Era uma grande festa que em muito se assemelhava ao Carnaval. Entre estas, podem-se destacar "Exu é Flamengo":

Exu é Flamengo, eu também sou
Exu é Flamengo, eu também sou
Eu fiz o meu pedido e Exu me ajudou
Eu fiz o meu pedido e Exu me ajudou
Oo hh, oo hh
Estou feliz por que Exu me ajudou
Oo hh, oo hh
Estou feliz por que Exu me ajudou.

Também, a marchinha "Olho por olho":

É olho por olho
É dente por dente
Vou amansar
Esta serpente

Queira ou não queira
E vai ser pra já
Tô com a corda toda
Não tem colher de chá.

E a clássica "Sete letras":

Saudade tem sete letras
Com sete letras se escreve coração
Com sete letras também escrevo
Nome de alguém que é minha paixão
Com sete letras também vou escrevendo
Sorriso e alegria
Saudade maltrata o coração
E só nos traz melancolia
Com sete letras eu escrevo o passado
Que eu vivi
Só de fantasia.

Sem dúvidas, "Na boca do bode" compõe a lista das marchinhas mais cantadas nos trabalhos de Seu Sete; de autoria de Aderbal Moreira, o samba foi gravado pelo Bloco Carnavalesco Bafo da Onça e tem como coautor o Sítio Santo Antônio. Aderbal afirmava com orgulho que sua composição tinha salvado muitos doentes no terreiro de Seu Sete, onde foi cantado pela primeira vez em 1970 e, desde então, nas palavras de Aderbal, *"[...] foi o recordista de curas, pois, quanto maior o sucesso, maior vibração se consegue, facilitando a cura".*

Sem poder colocar seu bloco na avenida, o jeito era realizar o próprio Carnaval. Para os festejos carnavalescos, Seu Sete tinha um trabalho próprio e diferente do normal. No último sábado de trabalho antes dos festejos carnavalescos, a Lira se transformava literalmente em uma festa de Carnaval. A fantasia escolhida por Seu Sete para se apresentar no trabalho era a do Pierrô, uma figura oriunda do antigo e clássico estilo teatral italiano chamado "Commedia dell'Arte" e que vivia, no teatro, um triângulo amoroso entre a Colombina e o Arlequim. O personagem escolhido por Seu Sete para servir de fantasia durante o Carnaval possuía, dentro do estilo teatral que fazia parte, algumas características em comum com o Rei.

Inicialmente conhecido como Pedrolino, no entanto, foi batizado mais tarde, na França do século XIX, como Pierrô. Seu Sete também mudou de nome: era conhecido inicialmente como Exu 7 Encruzilhadas e, mais tarde, como Exu 7 Encruzilhadas Rei da Lira. O Pierrô vive suspirando de amor pela Colombina, e Seu Sete manifestava amor pulsante e constante à sua companheira, a Senhora Audara Maria. Pierrô era um personagem que muito sofria por não ter seu amor correspondido pela Colombina, tornando-se por isso a vítima preferida das piadas e dos risos em cena, postura esta que influenciou mais tarde a formação e o papel dos palhaços de circo, que se vestiam como ele. Seu Sete também sofria críticas pela aparência exuberante. Contudo, seu estilo de culto e a maneira como se vestia influenciaram toda uma nova geração de líderes religiosos na maneira de conduzir seus cultos, além de inovar totalmente a maneira de se vestir dos Exus dentro dos templos umbandistas.

Durante o trabalho de Carnaval, Seu Sete agia como se estivesse no seu bloco na avenida. Pulava, cantava, sambava e dava vivas acompanhado da orquestra da Lira e do grupo de coristas do templo, que conheciam todas as marchas e músicas apreciadas pelo "homem". Aos fiéis, jogava confetes, balões, línguas de papel e serpentinas ao mesmo tempo em que era aclamado por eles como o "Rei do Carnaval". A comemoração realizada dentro do templo, contudo, em nada afetava a seriedade do rito que era ali feito, havendo, inclusive, muitas curas realizadas nesses trabalhos. Uma das marchinhas preferidas de Seu Sete e que foi o fundo musical de muitas curas e milagres acontecidos dentro da Lira se chamava "Recordar é viver", composição de Aldacir Marins e Macedo e que ficou gravada na memória de muitos fiéis, dada a frequência com que era executada nos trabalhos:

Recordar é viver
Eu ontem sonhei com você
Recordar é viver
Eu ontem sonhei com você
Eu sonhei, meu grande amor
Que você foi embora
E nunca mais voltou, meu amor.

No mesmo trabalho era realizado o "Ebó de Carnaval", um ritual de limpeza e proteção destinado aos filhos e frequentadores da casa como uma forma de se protegerem durante a festa pagã. Todos providenciavam pequenos morins, que eram passados pelo corpo dos fiéis juntamente com outros elementos ritualísticos, e fitas nas cores preta, vermelha e amarela, que ficavam amarradas nos dedos. Após o rito, o ebó era despachado, e as fitas permaneciam com os fiéis como sinal de proteção e guarda: as nas cores preta e vermelha eram colocadas atrás das portas das residências, enquanto que as de cor amarela eram guardadas na carteira. Eram necessários três dias de proibições para que se garantisse o efeito do trabalho. Alguns questionavam a celebração do Carnaval dentro dos ritos do templo, questionando como poderia uma manifestação pagã ser celebrada dentro de um local de culto religioso. A esses, a resposta era sempre a mesma:

– Enquanto brinco, trabalho; enquanto trabalho, curo.

Durante os festejos, os filhos do templo podiam participar dos desfiles e bailes inerentes à data realizados em vários lugares da cidade.

Os trabalhos do Centro da Cabocla Jurema, do qual a Lira fazia parte, eram suspensos durante o Carnaval. Seu Sete retomava os trabalhos no sábado logo após a festa, no entanto, aqueles inerentes ao Ilê da Cabocla Jurema permaneciam suspensos, respeitando a quaresma cristã, até o Sábado de Aleluia.

No ano de 1967, o cantor e compositor de samba Zé Keti, em parceria com Hildebrando Matos, compôs a marcha-rancho "Máscara negra". A música obteve o 1º lugar no 1º Concurso de Músicas para o Carnaval, criado naquele ano pelo Conselho Superior de MPB do Museu da Imagem e do Som e tornando-se um grande êxito nacional. Comovido com a história de vida do compositor, bem como pelo sucesso inegável fundamentado no Carnaval do qual era o insigne Rei, Seu Sete compôs um poema em homenagem a Zé Keti intitulado "Sonho de Carnaval":

Quarta-feira de cinzas, dia inútil e vazio
E minha alma viúva do último dia de Carnaval
Nas ruas um resto de confete
Um cheiro de lança-perfume
Um gosto ativo de saudade
Foi o que ficou do meu Carnaval
E nesse momento encerro, e olho o tempo que passa
E acompanho o seu enterro afinal
E nesse silêncio me acalmo, é como uma vela acesa me traz
A sensação de que estou velando a minha própria alma
Carnaval é o sonho da máscara negra
De lança-perfume, serpentina e confete
De Pierrô, Arlequim e Colombina
Baseado nisso, digo que um pouco de mim floriu a música de Zé Keti
Desfolhou a beleza as nossas vistas,
alcançou e teve a glória da conquista
E nós continuaremos a sonhar com a semente que hoje plantamos,
possa dar frutos e ramos.

*Sonhando novos sonhos coloridos de branco, preto e vermelho, sem nos
mirar no turvo espelho
Sonhar faz bem ao coração da gente
Desfrutar a beleza da coroa real do Carnaval, era esse o meu sonho,
mas o fruto seria medonho
Por isso prefiro a coroa de palha de cana do meu eterno canavial
Pois é grande a missão e a minha jornada
E ainda me chamo Exu das 7 Encruzilhadas
Pelos quatro cantos do mundo, entre o Céu e a Terra
Eu sou Exu das 7 Encruzilhadas
Me perguntar por que canto Carnaval
E essas coisas que eu digo, escrevo e encantam
Como posso fazê-las, é o mesmo que perguntar as fontes por que correm
As ondas por que espumam, e ao Céu por que possui estrelas
Deus quis ser poeta e revelou toda a beleza
O poeta quis ser Deus e traduziu em versos toda a natureza
Deus fez o homem para revelar-se e
servindo-se de um verbo humano que desceu
Talvez a teu poder manifestar-se faça de cada um poeta,
um apóstolo teu.*

O Carnaval acontecia uma vez por ano, mas na Lira de Seu Sete acontecia em todos os finais de semana, pois estava ali o seu Rei.

A Coroa do Rei do Jogo

Com a Lira, curava, com o Carnaval, alegrava, e com o Jogo, confirmava. A Coroa do Rei do Jogo refere-se a uma ferramenta de trabalho de Seu Sete definitivamente rara de ser vista sendo manuseada por uma entidade incorporada em um médium. É o seu delogum ou jogo de búzios.

O jogo de búzios, como é popularmente chamado, é um dos milenares oráculos utilizados pelas religiões africanas e pelas religiões originárias da diáspora africana instalada em vários países das Américas, como Cuba (Santeria) e o Brasil (Candomblé). O jogo se baseia na queda de pequenas conchas, os búzios, as quais revelam ao sacerdote detalhes pertinentes à vida do fiel que a ele consulta. Coisas realizadas ou não no passado, no presente e no futuro. É um oráculo antigo, que exige um grande conhecimento por parte do sacerdote que o manuseia, visto que cada caída de búzio guarda significações distintas. O jogo de búzios, como toda forma de oráculo, é ligado intimamente ao Orixá Exu, senhor dos caminhos e da comunicação, o intermediador entre Deus e o homem na tradição africana. Seu manuseio se dá após as saudações e louvações às energias que por ele vierem, ou não, falar; para que essa consulta seja feita, poderão ser usados 4, 16, 17 ou até 21 búzios consagrados e separados exclusivamente para esse fim.

Seu Sete da Lira fazia uso de um conjunto de 4 búzios, que eram manuseados unicamente por ele e que ficavam sobre o altar central da Lira, o Congá de Santo Antônio. Durante os trabalhos de sábado, de tempo em tempo, ele se dirigia até o altar para jogar os búzios e confirmar uma cura ou graça alcançada naquela noite. Após a consulta, os fiéis batiam palmas como forma de saudação, mas em seguida se encerravam as palmas, e o silêncio era de novo instalado, o qual se quebrava apenas quando o Exu saudava ao microfone:

– Salve, o Canto do Galo! Viva, o Canto do Aquicó!

A menção ao canto do galo logo após a consulta aos búzios tinha um significado: era para, justamente, saudar a função do oráculo dentro dos trabalhos, que se assemelhava à função do canto do galo – se o canto matutino da ave servia como um sinal da chegada de um novo dia, ali dentro da Lira o búzio era quem confirmava e anunciava a realização das curas e dos milagres. Com frequência, Seu Sete se valeu dos búzios para verificar a identidade dos Exus Guardiões dos fiéis presentes na Lira e de filhos da Tenda, o que era sempre recebido com certa apreensão pelos presentes, que muitas vezes nem imaginavam qual seria seu Guardião ou Guardiã.

É verdade que, sendo um espírito, Seu Sete não precisava consultar necessariamente os búzios para confirmar uma cura realizada durante as giras ou para descobrir a identidade de um outro espírito como ele. Até por que ele provou inúmeras vezes que sabia muito bem de tudo que se desenrolava durante os trabalhos, tanto no plano material como no espiritual. O uso dos búzios, no entanto, passava uma mensagem de respeito à tradição. Seu Sete não queria criar uma nova Umbanda, como muitos diziam, nem tampouco desmerecer sacerdotes, nem qualquer outra corrente religiosa. Seu intuito era mostrar como o antigo, mesmo sendo antigo, permanecia novo.

Os tempos transcorriam, mas as dores dos homens continuavam as mesmas. O Exu entendia que, para que houvesse uma libertação real, os fiéis não precisavam se libertar do antigo, e sim, tão somente, aprender com ele e vivenciar da melhor maneira o novo. Assim, Seu Sete não consultava seu delogum para afrontar as lideranças afro-religiosas, mas, sim, para mostrar o respeito que tinha como entidade espiritual pela ancestralidade africana e pela tradição dos Orixás. Um ponto cantado na Lira indicava que a utilização dos búzios pelo Exu possuía autorização da hierarquia espiritual do templo:

No pino da meia-noite
Seu 7 da Lira me chamou
Meu filho eu preciso falar com o Senhor
Eu fiquei arrepiado quando Sete da Lira falou
Meu filho eu preciso jogar para o Senhor
Com ordens da Cabocla Jurema
Que dentro desse terreiro, é a Rainha suprema
Não tenha medo, filho, eu não sou de brincadeira
Todo mal que havia em seu corpo, ao entrar nessa banda,
ficou na porteira.

A principal consulta feita ao delogum durante os trabalhos se chamava "Veredicto da Mesa". Baseado nessa consulta, Seu Sete continuava ou encerrava os trabalhos do dia. Os búzios falavam durante todo o trabalho, e competia a eles também anunciar a hora em que, naquele dia, nada mais seria dito ou realizado.

A Coroa da Palha de Cana

Falar de Seu Sete sem falar de marafo é como não se estar falando da própria entidade. As garrafas de aguardente eram presença indispensável em todas as manifestações do Exu. Seu uso era tão necessário à cura dos fiéis da Lira quanto a música. Podiam ser vistas em todos os cantos do templo em Santíssimo em todos os dias da semana, ora carregadas pelos fiéis, ora deixadas em locais em forma de agradecimento por uma graça alcançada ou algo parecido.

"Marafo", ou "marafa", é um termo corruptela de *Malafa*, uma palavra de origem kikongo, originária de Malavu e que designa a aguardente pura ou a aguardente com infusão de ervas. No campo da magia, simboliza a ligação entre dois elementos essencialmente antagônicos: água e fogo, concedendo-lhe a combustão, uma vitalidade hermética. Daí o fato de os italianos a denominarem *Acqua vita*, ou seja, água viva. Seu poder magnético decorre exatamente dessa conjugação de opostos, dificilmente encontrada, o que torna deveras perigoso seu uso pelos não preparados para tal.

No início dos trabalhos, até meados da década de 1980, o marafo utilizado por Seu Sete era da marca Creoula, produzido no próprio estado do Rio de Janeiro e encontrado pelos botequins e comércios da cidade. Não se sabe ao certo qual a razão da preferência de Seu Sete por essa marca específica, talvez pela sua forma de produção ou pelo nível alcoólico presente na bebida, que era altíssimo. O número de fiéis presentes nos trabalhos cresceu espantosamente quando o terreiro mudou seu endereço de Cavalcanti para Santíssimo, obrigando uma mudança na forma de organização da gira e fazendo com que cada fiel levasse uma garrafa de marafo para uso do Rei da Lira. Isso fez com que o número de garrafas da bebida triplicasse durante os trabalhos. A quantidade de bebida usada era tão grande que, semanalmente, o terreiro em Santíssimo era recarregado com um caminhão cheio de novas garrafas de marafo, o que garantia que nunca faltasse a bebida no local. Era quase impossível afirmar exatamente quantas garrafas eram consumidas pelo Exu durante um trabalho de sábado, visto que, a todo momento, eram-lhe ofertadas. Quando certa vez foi questionado quanto à quantidade que consumia em um trabalho, o Exu respondeu:

– 7 é meu número, 77 garrafas é o que eu bebi até agora nesta gira.

Os jornais sinalizavam que, em dias de festa, o Exu chegava a gastar mil garrafas de cachaça, o que leva a perceber que a quantidade de bebidas dependeria da ocasião e do tempo de duração de uma gira, visto que ele ingeria o marafo durante todo o tempo de duração do trabalho. Por maior que fosse a quantidade de garrafas usadas pelo Exu, elas ainda eram insuficientes para atender aos apelos constantes dos milhares de devotos que gritavam pedindo um pouco da aguardente para que pudessem passar sob o local de uma enfermidade ou para levar a um doente que não estivesse ali presente. Devotos amarravam canecas em varas de bambus e as estendiam em direção a ele implorando, nem que fossem gotas, do milagroso líquido. Os mais sortudos conseguiam, dentro do terreiro, uma garrafa inteira de marafo abençoada pelo Exu, que possuía uma palha de cana em seu interior mergulhada no líquido. Aos montes, como se fosse um coral, fiéis pediam insistentemente ao Exu:

– Me dá um golinho, Seu Sete!

Seu Sete sabia da necessidade dos presentes, e quando se deparava com uma pessoa muito necessitada, não hesitava em orar sob a boca de uma garrafa e a entregar ao fiel, que saberia muito bem como fazer uso do sagrado elixir. No entanto, nem todas as pessoas acreditavam na veracidade da manifestação do Exu, e entre todas as dúvidas existentes a mais comentada entre os incrédulos era a possibilidade de ser aquele líquido qualquer coisa menos cachaça. Como podia uma senhora acima dos 40 anos beber litros de cachaça por mais de 8 horas de relógio sem que fosse preciso ir ao *toilette* ou até mesmo sem que o físico dela se dobrasse em razão do alto teor de álcool presente na bebida e sem demonstrar o menor sinal de embriaguez? Alguns mais afoitos ficavam a distância acompanhando o movimento dos cambonos para ver se havia uma troca de garrafas ou um acréscimo de água nelas para amenizar o teor alcoólico. Possibilidade esta totalmente refutada. Os mais céticos preparavam espécies de "testes" para averiguar a olho nu se o que o Exu bebia era cachaça mesmo. Mas quando achava necessário, o próprio Rei da Lira se testava para provar a realidade dos fatos, como aconteceu com o Senhor Alberto Mascarenhas, que conheceu Seu Sete na década de 1970:

> *"Sabendo quanto Seu Sete apreciava marafo, levei em sacos de supermercado, que na época eram de papel pardo, quatro garrafas de Praianinha (não sabia de sua predileção pela Creoula). Bom, logo que ele chegou próximo de onde estávamos, ele olhou para o pacote, deu a sua famosa gargalhada e disse: 'Tem gente que me trouxe presente... Mas não é da que eu gosto.' Pouco depois ele olhou para mim e disse: 'Você está duvidando do velho...', o que eu neguei, mas tenho que admitir que alguns pensamentos sobre mistificação chegaram a cruzar minha cabeça. Ele então pediu ao cambono que estava ao lado dele para abrir uma garrafa de Creoula, a bendisse e me deu para provar, perguntando logo após: 'É marafo?' E eu assenti. Ele tomou de volta a garrafa e a bebeu inteirinha na minha frente de uma única vez. Virou para o cambono e rindo fingiu estar brigando com ele dizendo: 'Você me deu uma garrafa furada. Me dá outra.' E assim ocorreu... De novo ele me deu para provar, de novo perguntou se era marafo, de novo eu disse que sim, e de novo ele a bebeu inteira. Olhou então para mim rindo e disse: 'Acredita em mim agora?'"*

Muitas garrafas de marafo eram utilizadas durante os trabalhos. Seu Sete sabia que aquilo impressionava os presentes, por isso em alguns momentos exclamava:

– Acho que tô bêbado...

Ao que a multidão respondia:

– Está trabalhando, Seu Sete!

Ou então falava que lhe deram uma "garrafa furada", querendo dizer que a garrafa esvaziou muito rápido. Como não poderia deixar de ser, um ponto musicava aquela situação tão inusitada e peculiar:

> *Outra garrafa porque esta está furada*
> *Exu não bebeu nada (bis)*
> *Exu está bêbado por quê?*
> *Quem mandou Exu beber (bis)*

A música era finalizada com a afirmação dos fiéis "Está trabalhando, Seu Sete!"

A cachaça era vista em muitas de suas paramentas representadas por longas canas verdes (a matéria-prima da cachaça), ricamente bordadas com pedras e brilhos coloridos. Em algumas ocasiões onde grandes trabalhos eram realizados, dependendo da necessidade e ocasião, Seu Sete se dirigia a um dos lados do Congá de Santo Antônio e pedia para que seus cambonos lhe dessem garrafas, pois queria tomar um "banho de marafo" para descarregar as energias contraídas no decorrer do trabalho. Ele se punha a jogar ali mesmo várias garrafas de cachaça sobre si, até que as paramentas ficassem encharcadas da bebida. Terminado o banho, ele retomava o trabalho sem que nada houvesse acontecido.

Como Rei da música e do Carnaval, Seu Sete cantava durante os trabalhos várias músicas populares e marchinhas, que diziam respeito ao uso da cachaça, desde a tradicional "Cachaça não é água" até outras canções compostas por ele. Duas marchinhas de Carnaval, em especial, chamavam a atenção e eram frequentemente entoadas na Lira, dada a estreita semelhança existente entre o que acontecia e o que a letra musical retratava. "Doutor Antão", composição de Milton Silva e Cláudio Paraíba, é uma delas:

> *Esse ano eu vou sair*
> *De Doutor Antão*
> *De garrafa e cartola*
> *E de pé no chão*
> *Charuto aceso vou soltando fumaça*
> *Embaixo do braço uma garrafa de cachaça*
> *E quando eu vou passando*
> *Vou escutando um lamento assim:*
> *Ai, doutor,*
> *Ai, doutor*
> *Me dá um gole de cachaça para curar a minha dor.*

A outra marchinha carnavalesca é "Seu Odilon", composição de Cacilda de Assis em parceria com Milton Silva e Renato Araújo. Esta, quando cantada na Lira, tinha o nome de seu personagem original, Seu Odilon, substituído pelo nome de Seu Sete:

> *Cachaça é boa quando desce na goela*
> *Mas Seu Odilon cuidadinho com ela*
> *Ela desce bem, ele vai tomando mais*
> *Ela sobe para a moringa e lá se vai nosso rapaz*
> *Seu Odilon, esse esporte eu não invejo, e de gole em gole,*
> *Lá vai ele para o brejo.*

Ao final do trabalho semanal de Seu Sete, Mãe Cacilda era acompanhada por alguns cambonos até o veículo que a levaria de volta à sua residência sem demonstrar qualquer sinal de embriaguez. Inclusive, por incrível que pareça, sem exalar qualquer odor de cachaça, como conta Adão Lamenza: *"A Mãe ia para sua casa tomar uma canja, sem qualquer resquício de marafo, nem mesmo no hálito. E na Lira ficavam caixas e caixas de garrafas vazias. Se fosse qualquer líquido, não teria como caber em qualquer ser vivente. Imaginem marafo!"*

Qualquer pessoa que visse a quantidade de garrafas de cachaça no dia seguinte aos trabalhos na Lira e que não tivesse acompanhado aquele dia não acreditaria que todo aquele conteúdo foi consumido por uma só pessoa. Quanto menos uma senhora como Mãe Cacilda. Os fiéis estavam acostumados com aquelas quantidades, mas isso não impedia que eles voltassem a se espantar sempre quando viam as garrafas vazias. Espantavam-se, sim, e junto disso a fé que depositavam em Seu Sete também crescia.

Santo maior

> "Santo Antônio de batalha
> Faz de mim batalhador
> Corre gira Sete da Lira,
> Tranca Ruas e Marabô"
> (*Santo Antônio de Batalha*, Sete da Lira).

Sincretismo

Nascido em Lisboa, Portugal, no ano de 1195, Santo Antônio, cujo nome de batismo é Fernando, é um dos santos mais populares da Europa. Membro de uma rica família portuguesa, movido pelo exemplo de São Francisco de Assis, veio renunciar todos os seus bens e heranças no ano de 1208, quando entrou oficialmente na Ordem Franciscana, indo viver no Mosteiro de São Vicente, em Coimbra. Considerado milagroso por todos que o conheciam ou que com ele tinham contato, o santo foi figura ativa em muitos relatos de curas e graças, além de possuir dons raros. Um exemplo é o da bilocação, ou seja, o poder de estar em dois lugares ao mesmo tempo e agindo ativamente de forma diferente em cada um deles, servindo-se disso para fazer o bem aos que precisassem.

Além de todos os dons e poderes com os quais praticava a missão de ajudar ao próximo, Santo Antônio também foi um grande pregador, considerado um dos maiores ministros da palavra na virada dos séculos XII e XIII. Falava aos pobres e ricos, crianças e adultos e, segundo alguns relatos, também aos animais de maneira clara e direta, o que o fazia ser entendido por todos. Conseguia, com isso, aumentar o número de fiéis católicos pelos lugares por onde passava pregando. Até os dias de hoje, é conhecido como o "santo da palavra", dada a grande força de comunicação com o qual era dotado. Mais tarde, 32 anos depois de sua morte, em 1263, na exumação dos seus restos mortais, constatou-se que a sua língua, que é justamente o símbolo da comunicação e da palavra, estava intacta, enquanto todo o restante do corpo já se encontrava em processo de decomposição. Sua língua ainda hoje pode ser vista pelos fiéis no grande relicário que a conserva em sua basílica em Pádua, na Itália.

Como vivia em uma época em que o casamento era marcado pela presença do dote familiar, o santo contribuiu para que várias moças carentes de sua época se casassem, providenciando para elas, por meio de doações, os dotes que necessitavam para que fossem selados os matrimônios. Isso fez com que, mais tarde, o mesmo fosse aclamado como o santo "casamenteiro", aquele ao qual pessoas de ambos os sexos recorrem em suas preces para se casarem. O poder sobre espíritos malignos era outra característica marcante na vida de Santo Antônio. Ele foi visto em várias situações em luta corporal com o invisível pelas pessoas que com ele convivia.

Devido aos grandes esforços físicos consequentes dos constantes jejuns prolongados que praticava, bem como pelo sacrifício das longas caminhadas de pregação e de amparo aos necessitados, o frade franciscano faleceu a 13 de junho de 1231, na cidade italiana de Pádua, aos 39 anos de idade.

Em terras brasileiras, quando trazidos de suas terras à força para o trabalho escravo, a partir do século XVI, os africanos se utilizavam da aparência externa existente entre os santos católicos e os Orixás africanos para que pudessem cultuar seus deuses sob a sombra das imagens presentes nos altares das igrejas de seus senhores. Essa ligação, que se baseava unicamente nos aspectos iconográficos e hagiográficos de ambos, foi chamada de sincretismo afro-religioso. Esse processo permitiu que o culto aos Orixás fosse mantido vivo até os dias atuais, além de enriquecer os cultos afro-brasileiros. Mesmo após tanto tempo e sem que seja preciso ser escondido da sociedade, o culto religioso ainda continua a louvar seus Orixás nos santos católicos e, inversamente, os santos católicos em seus Orixás.

Sob a égide do sincretismo, Ogum, o Orixá da guerra e dos caminhos, aquele que derrota o inimigo pela luta e com a arma, senhor do ferro e da metalurgia, é São Jorge, o santo católico que, segundo as lendas, derrotou o dragão pela força da luta e munido de sua espada. Oxóssi, Orixá do conhecimento e do manejo das armas de caça – em especial, do arco e da flecha –, senhor da fartura, da prosperidade, da beleza masculina e aquele que representa a mata, é São Sebastião, o soldado romano que, recebendo o conhecimento do Deus cristão, renunciou o uso de armas, sendo mais tarde martirizado com flechas amarrado em uma árvore na mata. Entre os outros Orixás, 16 no total, há Exu: dos caminhos, das encruzilhadas, da reprodução da raça e senhor da fala e da comunicação entre o Aye (Terra) e o Orun (Céu). Exu é Santo Antônio.

A ligação efetuada no sincretismo entre o Orixá Exu, que é amplamente cultuado e solicitado nos locais de culto afro-religiosos, com Santo Antônio fez com que este último também passasse a ser altamente louvado nos ritos em que a energia de Exu é invocada. Assim, pode-se ver a figura do santo presente em muitas manifestações religiosas ocorridas dentro dessas casas de tradição: o santo é invocado pelos pais e mães velhos(as), entidades que assumem características com influências regionais – caso dos baianos –, e também pelos senhores Exus e Pombagiras, os guardiões que zelam pela ordem.

A invocação a Santo Antônio não era diferente dentro da Lira de Seu Sete. Ali, Santo Antônio era a figura que se repetia em todos os ambientes de culto, visto que em cada um deles ao menos uma representação do santo era encontrada. A devoção de Seu Sete ao santo era algo que se misturava ao próprio culto destinado ao Exu, que o invocava do começo ao fim dos trabalhos. A primeira saudação feita ao santo nos trabalhos da Lira acontecia longe dos olhares dos devotos e presentes na Lira. Era no momento da chegada do Exu em terra por intermédio de Mãe Cacilda, quando ela se punha em preces em frente a uma imagem do santo entronizada em sua residência para esse fim. Invocava pelo Guardião, que, rapidamente, tomava o corpo da médium para dar andamento ao trabalho do dia.

Daquele momento em diante Santo Antônio seria, incontáveis vezes, saudado pelo Exu, que curava e cantava sob a vista de uma imagem do santo em tamanho natural, que centralizava a Lira, imagem esta que compunha o Congá de Santo Antônio – sempre repleto de flores e de outras imagens do santo, forma encontrada pelos devotos para presentear Seu Sete. Era no Congá de Santo Antônio que, de madrugada, Seu Sete fazia o "Veredito da Mesa", jogando seu delogum e firmando seu punhal, quebrando com isso as forças negativas que insistiam em permanecer sob os fiéis. Esse local sagrado, sempre muito bem decorado com rosas e velas, era o mais alto ponto de concentração do templo e de onde Seu Sete determinava todos os comandos e ordens.

Na abertura dos trabalhos da Lira, logo que conseguia chegar próximo ao Congá, Seu Sete fazia a tradicional reverência ao santo:

Saravá, Santo Antônio
Ah, meu Santo Antônio
Ah, meu Santo Antônio
Ah, meu Santo Antônio.

Em seguida, dançava de forma ritualística durante 4 ou 5 minutos, enquanto a Orquestra da Lira executava o ponto feito especialmente para aquele momento:

Santo Antônio de batalha
Faz de mim trabalhador
Corre gira 7 da Lira
Corre gira meu Senhor, Exu.

Os cânticos em louvação ao santo se faziam sempre nas giras de Seu Sete e pareciam dar uma energia extra ao Guardião, que multiplicava seu potencial de atender a todos mesmo que não fisicamente, mas de alguma outra forma invisível aos olhos meramente carnais. Movidos pelo exemplo de Seu Sete, os fiéis passaram a devotar especial sentimento a Santo Antônio: traziam em suas bolsas e carteiras pequenas estatuetas do santo, estampas ou medalhas, que eram adquiridas nas igrejas do Rio de Janeiro. Esses objetos religiosos, em muitas ocasiões, eram "benzidos" por Seu Sete nos momentos em que ele expelia marafo sobre os fiéis ou quando os "defumava" com a fumaça de seu charuto. Houve situações em que o Exu cruzou imagens de Santo Antônio com seu charuto e marafo para devotos, que as usavam como objeto de proteção em seus lares.

Antes mesmo da mudança para Santíssimo, o Exu manifestava sua devoção ao Santo Antônio Caminhador. Uma grande imagem do santo era reservada para esse fim. Em algum domingo do mês, uma carreata ou uma caminhada saía da Tenda Espírita Filhos da Cabocla Jurema com a imagem coberta com um tecido de linho branco. Os participantes se dirigiam à casa de pessoas, frequentadoras ou não do centro, para que Santo Antônio as visitasse e andasse com seus caminhos, suas vidas, de forma positiva. Lá o Guardião efetivava um pequeno ritual e, em seguida, um lanche era servido aos participantes. Um ponto foi criado por Seu Sete para ser cantado nessas ocasiões:

Santo Antônio de pemba
Caminhou 7 anos
À procura de um mano
Seu mano encontrou
Ah, como caminhou, como caminhou
Ah, como caminhou, Santo Antônio de pemba, como caminhou
Santo Antônio caminha de frente, Santo Antônio caminha de lado
Santo Antônio caminha de frente, Santo Antônio caminha deitado.

Festa de santo e de Orixá

Devoto como era de Santo Antônio e amante de festas, era de se esperar que Seu Sete fizesse uma grande comemoração a seu "Santo Maior". A festa em louvor ao santo, que ocorria nos meses de junho, era precedida de vários rituais pertinentes ao culto destinado a Seu Sete, uma vez que, junto, era celebrado o aniversário do Rei da Lira.

Os preparativos da festa tinham início no dia 21 do mês de maio, quando acontecia o Ritual de Plantação da Bananeira de Seu Sete. Tratava-se de um ritual fechado no qual participavam somente as pessoas escolhidas pelo próprio Exu, que plantava a sua própria bananeira. Os devotos participantes, igualmente, plantavam as bananeiras a eles confiadas e que, juntas, formavam um número "7" no espaço escolhido. Inicialmente, o ritual era realizado apenas por homens, mas com o passar do tempo, e com o pedido constante de devotas, que desejavam dele também participar, Seu Sete permitiu as mulheres. O trabalho tinha como intuito a obtenção de vitória e crescimento das pessoas. Da mesma maneira como cresceriam aquelas bananeiras, cresceriam também a força, a vitalidade, a fé, a saúde dos que nele confiava, como diz o ponto entoado nesse rito especial:

Bananeira mironga de Exu
Que dá cacho
No meio da encruzilhada

*De dia ela é ouro, de noite ela é prata
Bananeira de 7 da Lira é
Bananeira Tata.*

O Ritual de Plantação da Bananeira era sempre finalizado com uma seresta cantada pelo próprio Exu aos devotos. Um palanque era armado para que o Exu fizesse a seresta sob ele. O ritual se encerrava à meia-noite com a despedida do Guardião. Sete dias depois, acontecia o corte de lenhas para a realização da grande fogueira de Santo Antônio. O corte das lenhas reunia uma boa parte dos filhos da casa, em especial os homens, que cortavam as madeiras dentro do sítio, deixando-as prontas para a próxima etapa dos preparativos da festa. Sete dias após o corte da lenha, acontecia a armação da fogueira. Novamente, os filhos da casa se juntavam para armarem a fogueira, formando uma das maiores atrações no dia da festa pela altura que atingia, cinco ou seis metros de armação. Quando acesa, a fogueira poderia chegar até sete metros ou mais, um espetáculo que enchia os olhos de quem via e do próprio Rei da Lira, que também admirava a alta chama.

Nessa data, o sítio se transformava por inteiro em um arraial, pois também marcava o aniversário de Seu Sete da Lira. Viam-se bandeirolas e fitas coloridas, balões por todos os cantos fazendo a decoração. Vários números "7" e liras feitas em papel eram colocados nas bandeirolas, lembrando que mesmo em festa ali era lugar sagrado, e assim sendo, de respeito. Seu Sete se apresentava para o trabalho trajando roupas de gala feitas especialmente para a ocasião. Os devotos, vestidos com roupas no estilo caipira, com direito aos clássicos chapéus de palha e tranças femininas, recebiam o aniversariante do dia com uma música apropriada à ocasião, enquanto ele se dirigia à Lira recebendo os cumprimentos:

*Parabéns, parabéns vamos cantar
A você de todo o coração*

Pela data de seu aniversário
Que nos traz agradável emoção
Neste dia, que seja pra você
Um jardim de rosas multicores
E que seja abençoada a sua vida
E que os céus lhe deem glórias merecidas
Nós, os amigos seus, todos pedimos a Deus
Que você vá ao centenário
Parabéns, 7 da Lira, parabéns
Pela data do seu aniversário.

Quando caía aos sábados, os trabalhos da Lira aconteciam normalmente, com a única diferença de que, naquele dia, ocorria uma grande festa junina. A certa altura, a grande fogueira armada pelos filhos da casa era acesa. Um momento de grande concentração dos fiéis, pois ali também Seu Sete trabalhava. Em todas as vezes, a fogueira era acesa somente por Seu Sete, munido de uma pequena vela de cera de parafina branca e uma garrafa de cachaça. Seu Sete aproveitava a ocasião para ensinar seus devotos: por maior e mais dolorosos que fossem os problemas e as dificuldades da vida, eles ainda seriam pequenos e combatíveis se existisse dentro de cada um a chama da fé.

Nesse tempo os balões de ar quente ainda eram permitidos e eram vistos na festa de Santo Antônio da Lira. Devotos preparavam um grande balão em celebração ao santo decorado com o número 7 e desenhos de uma lira. Enquanto eram preparados para voar, os balões viravam foco das atenções e olhares, até que, entre palmas e "vivas", eram soltos no ar sob o canto:

Neste dia milagroso
Os balões no céu vão subindo
Dona Audara acendendo a fogueira
E meu Santo Antônio seus cravos abrindo

> *Santo Antônio que é de pemba*
> *Santo Antônio que é de Exu*
> *Festejando seu grande dia, com muita fé e alegria*
> *Parabéns Seu 7 da Lira*
> *Pelo seu dia maravilhoso*
> *Saravá, meu Santo Antônio,*
> *Viva, Sete da Lira*
> *Nosso Exu tão formoso.*

Os devotos poderiam se alimentar nas várias barracas espalhadas pelo sítio, onde se ofereciam as atrações culinárias típicas de uma festa junina: cachorros-quentes, milho cozido, pés de moleque etc. As crianças poderiam se divertir nas barracas de pescaria, em que os prêmios mais concorridos eram aqueles que levavam o símbolo ou o logo da Lira.

Transcorridas as obrigações religiosas, era hora de cair na festa. E isso valia para todos. Um grupo de cambonos se dirigia de forma grave até Seu Sete, pegavam-no pelos braços e diziam que o levariam preso a força. O Guardião começava a discutir e esbravejar supostamente não entendendo o que estava acontecendo. As pessoas se aglomeravam ao redor do grupo e olhavam com certo riso escondido. Seu Sete era, então, colocado na prisão de mentira, uma cela improvisada onde as grades eram feitas de taquaras de bambu e folhas de palmeiras. Lá dentro Seu Sete pedia ajuda: alguém que pudesse libertá-lo do triste destino a ele reservado: ser preso na festa de seu aniversário. Os devotos, que já conheciam a brincadeira, começavam a cotizar pequenas quantias para dar ao responsável pela "prisão" como sendo o pagamento da fiança que garantia a liberdade do anfitrião. A festa só se encerrava quando o delogum do Rei determinasse.

Aquelas festividades eram um verdadeiro atestado da grandiosidade da força que possuía a devoção do Rei para com o santo católico. Havia os que acreditavam que Seu Sete havia sido Santo Antônio noutra vida. Justificavam eles que Seu Sete comunicava as boas-novas do amor como fez o frade séculos antes; Seu Sete ajudava a todos, independentemente das diferenças, desde um prato de comida até os assuntos mais banais do dia a dia. Em tudo era Seu Sete invocado pelos seus fiéis, tal qual como aconteceu também com o famoso santo italiano. Era inegável: a Lira se assemelhava às praças e igrejas por onde aquele passava em suas missões religiosas com a única diferença de que o celebrante ali não era frade, nem tampouco se chamava Antônio: chamava-se, sim, Seu Sete da Lira, Exu amigo do santo.

Seu Sete na TV

"Saravá, meu Santo Antônio, kaô cabecilê, emojubà
Saravá, Seu Sete Encruza, Suna de Saluba, Exe-e Babá
Saravá, Audara Maria,
Salve, sua sunababalorixá,
Saravá, a coroa de Zambi, maior, e a coroa de Ialorixá. Eh Babá!"
(*Saravá, a coroa maior* – Cacilda de Assis e Milton Alexandre).

Superexposição

A fama de Seu Sete, estabelecido no maior templo espiritualista já construído àquela época, a grande Lira de Seu Sete, como era chamada a Tenda Espírita Filhos da Cabocla Jurema, atingia diversas frentes. Fiéis, comunidade e imprensa o reconheciam como a força popular do Exu. Suas giras eram assistidas por profissionais de todos os níveis e segmentos e que eram sempre bem recebidos pelo "homem", entre estes, pessoas famosas. Ele fazia questão de dar um espaço ao microfone para que estes se manifestassem. Isso era motivo para duras críticas dos opositores de Seu Sete, pois viam nisso uma forma de se aproveitar da fama desses consulentes para divulgar ainda mais trabalhos do templo. Convicto da própria postura, Seu Sete justificava a atitude como uma oportunidade de mostrar para seus fiéis que não tinham por que ter vergonha de manifestar sua fé, visto que até seus artistas, pessoas aparentemente com "a vida resolvida", faziam isso.

Tudo isso, entretanto, restava insuficiente para explicar o fenômeno que era Seu Sete Rei da Lira. Como poderia uma mulher adulta, vestida de homem, bebendo, fumando e cantando atrair tantos artistas, autoridades e personalidades internacionais? Como era possível arrastar atrás de si aquela multidão de populares, fazendo com que se retirassem da cidade semanalmente e se dirigissem para um sítio sem nenhuma atração a não ser um grande centro umbandista? Jornalistas compareciam constantemente aos trabalhos para tentarem responder a esse questionamento. Alguns saíam de lá com matérias ofensivas, arrogantes e mentirosas, que só não resultavam piores por conta da corrente de proteção feita ao redor de Mãe Cacilda por seus mais próximos, que impediam que muitas perguntas maliciosas de jornalistas fossem respondidas por ela. A grande maioria, contudo, permitia-se ir além da visão depreciativa. Esses jornalistas buscavam experienciar de fato a clima do terreiro: entravam na fila dos doentes e vivenciavam de perto o trabalho da Mesa de Cura. Isso lhes proporcionava que saíssem dali com matérias puramente devotas e que ressaltavam o que de maior existia naquele local: a fé.

No rádio, grande mídia da época em termos de alcance de público, Seu Sete tinha lugar reservado. Suas canções, gravadas e vendidas em LPs, tocavam como se fossem sambas ou outro estilo qualquer em programas diários, sendo até pedidas em recadinhos escritos por ouvintes, que as ofereciam para algum amigo ou familiar. A televisão, que havia chegado ao país nos anos 1950, entretanto, popularizava-se de forma exponencial, buscando temas populares para serem exibidos.

Dessa forma, a tevê tentava também levar o fenômeno de Seu Sete a seus estúdios. Tal assédio não era bem-visto por Mãe Cacilda, que se assustava com a possibilidade de ver sua fé e culto banalizados.

Constantemente pessoas envolvidas no meio televisivo frequentadoras das giras do Sete mencionavam à médium a possibilidade de levá-la à TV, o que era taxativamente negado por ela. Porém, isso não impedia que o nome do "homem" ganhasse lugar na televisão, mesmo sem que ele fosse até lá.

Querido do povo e uma figura em ascensão, o apresentador Silvio Santos era a promessa da TV brasileira. Seu programa, Show do Silvio, exibido semanalmente pela TV Globo de São Paulo, era uma mistura de atrações artísticas com participação de convidados diversos e que chamava atenção pelos assuntos interessantes levados ao ar pelo apresentador. Com frequência, Silvio ouvia menções ao Exu de Santíssimo por meio de artistas e famosos com quem convivia, além de ver menções ao seu nome em jornais e revistas. Silvio, que morava na capital paulista e não conhecia de perto o fenômeno que era Seu Sete, interessou-se pelo tão famoso "homem". Uma equipe jornalística foi enviada para Santíssimo em busca de informações: buscavam produzir uma matéria e, quem sabe, uma possível presença especial de Seu Sete nos estúdios. Mãe Cacilda não recebeu a equipe, o que coube à Luzia. A repórter encarregada para isso foi encaminhada para uma espécie de área externa da casa, local aonde jornalistas e amigos eram sempre encaminhados. Ela teve com Luzia uma agradável conversa, recebendo informações e detalhes sobre a história da conhecida médium. A possibilidade de uma presença de Seu Sete nos estúdios do programa, todavia, foi totalmente descartada. Mãe Cacilda não permitiu que sequer outro membro do Centro fosse ao programa representá-la.

No domingo seguinte àquela visita da equipe ao templo, Seu Sete se tornou um dos temas do programa. A equipe de reportagem levou aos estúdios alguns convidados para falar sobre o "homem", alguns líderes do Candomblé baiano, jornalistas e um padre. As supostas curas e a forma como o Exu dirigia seus trabalhos foram o tema principal da discussão entre o apresentador e os convidados. Entre apresentações de mulheres vestidas de roupas típicas do meio afro-religioso, Silvio imprensava os convidados com perguntas marotas e obtinha respostas condenatórias à missão do Exu, cuja imagem mal-interpretada pelos convidados sofreu distorções grosseiras. Algumas críticas foram dirigidas ao culto, e a falta de um representante oficial teria sido um sinal do receio da cúpula do Centro em enfrentar um programa de televisão, mesmo que idôneo e comprometido com a verdade.

O programa repercutiu de maneira negativa entre os frequentadores da Lira e no meio umbandista carioca, que, em 1971, contabilizava uma média de 35 mil casas de culto. No mesmo dia, algumas pessoas ligadas à Umbanda se dirigiram à sede do Centro para buscar esclarecimentos sobre o que havia sido veiculado na reportagem, a qual impactou não apenas o templo de Seu Sete, mas toda a comunidade umbandista. O próprio apresentador entrou em contato com a direção do terreiro. Atendido por Luzia, Silvio Santos, muito educadamente, pediu desculpas pelo ocorrido e abriu seu programa para representação do terreiro a fim de esclarecer a verdade dos fatos. A ideia, porém, não foi bem recebida pela porta-voz. Seu Sete nunca havia sido tão falado na TV e, justamente quando isso ocorre pela primeira vez, virou objeto de duras críticas e falácias.

Suspeitava-se que Silvio Santos não havia desistido de sua primeira intenção, que era levar Seu Sete pessoalmente a seu programa, uma vez que tinha percebido a sua força com o público e sua capacidade para ser uma grande atração para o aumento de audiência. Por essa razão teria, com a veiculação, promovido uma provocação, a qual poderia ter como desfecho aquilo que almejava: a presença da entidade e de seu QG espiritual nos estúdios de São Paulo. Uma manobra tática. No entanto, o tiro saiu pela culatra, pois o trauma causado pela exposição negativa de Seu Sete o levaria a uma decisão não esperada por Silvio Santos.

Seu Sete e Flávio

O programa de Silvio Santos foi apresentado em um domingo. Seguindo o calendário semanal do Centro, na quarta-feira haveria a gira da Cabocla Jurema e a de Seu Sete apenas no sábado. Na quarta-feira, dia da gira da Cabocla Jurema, logo após a exibição do programa de Silvio Santos, no domingo anterior, o povo de Umbanda, especialmente o da Lira, invadiu o Centro em Santíssimo. As pessoas queriam a palavra do "homem". O que pensaria Seu Sete das condenações feitas no programa da TV? O ambiente estava carregado. Jornalistas, radialistas, médicos, advogados, astros do futebol e pessoas ligadas ao culto umbandista se faziam presente naquele dia chuvoso. Para elas, Silvio não era um substantivo agradável.

Havia no ar um desejo de contestação forte ao apresentador e ao seu programa. Podiam-se ouvir alguns dizerem: "Ele vai receber o que merece!", aludindo a uma possível vingança de Seu Sete. Às quartas-feiras, o Exu não se fazia presente por intermédio de sua médium, pois sua gira se dava aos sábados, mas naquele dia, excepcionalmente, ele veio. Apareceu na parte alta de sua nova Lira com a imensa alegria e comunicabilidade que lhe eram típicas. Como um sol dentro daquelas vestimentas vermelho e preto, chegou espalhando animação e espirrando marafo sobre as pessoas, até que falou:

– Nada de sentimentos vingativos. Nada de vibração negativa. Silvio Santos é uma criança. Para ele, o amor e os votos de maior sucesso de nossa Lira. Minha missão na Terra é de caridade e amor para todo mundo e, nesse caso, em especial, para Silvio Santos. Meu terreiro está à disposição dele. Estamos aqui para recebê-lo de braços abertos. Vamos vibrar mentalmente para uma maior iluminação de Silvio, para a maior grandeza de seu programa. Esta é a minha palavra para os meus filhos de fé. Só o amor constrói e perpetua as coisas da vida. Não há solução fora do amor.

O pequeno discurso do Exu foi um banho de amor sob os presentes. Quem estava furioso ficou calmo, enquanto o ruído das palmas se misturava ao barulho da chuva que caía torrencialmente lá fora.

A orquestra da Lira cantava o ponto de chegada de Seu Sete Encruza enquanto ele distribuía para alguns fiéis rosas vermelhas que havia ganhado de um devoto.

– Hoje não é dia de sessão. Eu só baixei para conversar.

Em meio aos cantos da Lira e à agitação do povo presente, uma movimentação diferente acontecia na porta do Centro. Algum famoso chegava para ver o "homem". Era o apresentador Flávio Cavalcanti acompanhado de sua equipe, seu filho, Flavinho, e da poetisa Adalgisa Nery, fina e respeitosa, que além da curiosidade carregava "uma dor cruzada nas costas". Na frente, como abre-alas em meio à multidão, vinha o Capitão Aza, que era filho do Centro e amigo íntimo de Flávio Cavalcanti, que ali estava como introdutor diplomático a Seu Sete. Aproximando-se de Seu Sete, Flávio falou:

– É uma honra conhecê-lo, Seu Sete. Aqui estou para levar a sua mensagem para o meu programa.

Flávio Cavalcanti era jornalista e apresentador do programa que levava seu nome na TV Tupi. Líder de audiência, ficou conhecido como um dos mais polêmicos apresentadores da história da televisão brasileira. Seu programa foi o primeiro a ser exibido para todo o país utilizando o canal da Embratel, que atingia todo o Brasil. Flávio tinha um estilo contundente diante das câmeras. Com gestos marcantes, como a mão direita estendida para o alto, criou a frase "nossos comerciais, por favor" ao pedir o intervalo, a qual ficou nacionalmente conhecida. Sua presença na Lira foi uma surpresa geral para os presentes, que desconfiavam da razão de ele estar ali. A finalidade era bem diferente daquela que Silvio Santos havia gerado, intencionalmente ou não: mostrar a verdade de Seu Sete para todo o Brasil.

A cúpula do Centro se aglomerou próximo de onde estavam Seu Sete com Flávio e Capitão Aza para ouvir o diálogo de perto. A maioria era contrária à presença de Seu Sete no programa de Flávio.

Alguns achavam que o fato poderia gerar a ideia de objetivo promocional e irrelevante. Outros sugeriam transportar as câmeras para dentro do Centro em uma sessão de sábado e gravá-la em VT para que, assim, todos vissem a grandeza dos trabalhos. Flávio explicou que levar as câmeras para o Centro era algo impossível tecnicamente falando, e Seu Sete apenas via e ouvia a todos em reflexão.

Seu Sete pediu para sua orquestra tocar, entre outras músicas, o Hino do Flamengo, fazendo questão de frisar para Flávio que era sem provocações, uma vez que o apresentador era torcedor do clube rival, o Fluminense. Seu Sete aproveitava-se das músicas para quebrar o clima tenso criado dentro do Centro com o pedido de sua presença em um estúdio de TV. Enquanto cantava fazia questão de explicar pelo microfone:

– A música alegre tem o poder de catalisar as vibrações mentais, formando uma corrente mediúnica positiva. Essas forças vibratórias influenciam e auxiliam no fenômeno da cura.

Seu Sete permaneceu até a meia-noite para poder realizar a Hora Grande junto de seus visitantes da noite. De mãos dadas, Flávio, Adalgisa Nery e toda a equipe do programa fecharam seus olhos para, juntamente com todos os outros presentes, fazerem seus pedidos e preces. Após a Hora Grande, Seu Sete deu sua resposta solenemente a todos:

– Vou ao seu programa. Eu e meu povo. Mas vou apenas se você me deixar à vontade.

Flávio respondeu:

– É claro, Seu Sete! O senhor ficará à vontade. O programa será seu.

Seu Sete continuou:

– Vou ao seu programa não para me exibir. Vou para espalhar a mensagem do amor, da caridade. Vou porque difundir a fé e o amor é praticar uma caridade mais alta e mais eterna. Se no tempo de Cristo existisse televisão, eu tenho certeza que ele usaria os canais para pregar seus Evangelhos. Por isso, eu vou. O amor da nossa Lira atingirá a maior quantidade de corações que, por motivos outros, não podem estar aqui presentes fisicamente.

Com enorme sorriso no rosto, Flávio agradeceu ao Exu e dele se afastou, aproximando-se de um cambono para observar o desenrolar dos trabalhos. Curioso e interessado, Flávio começou a fazer-lhe uma série de perguntas:

– Para que Seu Sete bebe marafo?

– Para proteger o corpo da médium contra pesadas vibrações presentes no ato das curas. O marafo também é elemento de fluidificação astral específico para curas difíceis, essas que têm origem cármica, isto é, que decorrem de dívidas contraídas.

– E por que ele dá banho de marafo nas pessoas?

– É um banho de fluídos benéficos por intermédio do marafo. Mironga de magia curativa.

– E por que fuma charuto?

– A fumaça é uma espécie de detergente astral. Ela destrói as vibrações deletérias, limpa o ambiente; quer seja fumaça de defumador, de charuto ou cachimbo de Preto Velho. As pessoas quando chegam a um terreiro podem trazer cargas vibratórias negativas. Vêm com a aura suja. A fumaça faz a faxina.

– Por que Seu Sete usa vermelho e preto?

– São as cores de sua missão na Terra. Isso não quer dizer que ele não seja um espírito de luz.

– Por que suas músicas de cura, às vezes, são sambas, boleros e outras melodias populares?

– Porque qualquer tipo de música alegre, comunicante, provoca a interação vibratória, isto é, harmoniza os pensamentos e convoca a fé, produzindo uma corrente que atrai as falanges de cura do espaço. A música é um grito de socorro.

As perguntas de Flávio foram respondidas satisfatoriamente pelo fiel, que usou dos ensinamentos passados pelo próprio Exu durante os trabalhos para respondê-las. Ouvindo-as, Flávio passou a compreender melhor o que acontecia nos processos de cura de câncer dos quais tanto se ouvia falar. Enquanto isso, técnicos que compunham sua equipe da TV filmavam cenas de Seu Sete trabalhando e dos fiéis presentes, o que seria utilizado durante a semana nas chamadas para o programa, que iria ao ar no domingo.

Nos dias seguintes, a presença de Seu Sete na TV foi divulgada de forma massiva pelos meios de comunicação local e pelos frequentadores de seu Centro. Iniciava-se também uma guerra entre emissoras pela popularidade de Seu Sete da Lira. Nos intervalos da programação da TV Tupi apareciam vídeos divulgando o programa e seu convidado ilustre. Enquanto isso, na TV Globo, o Programa Silvio Santos, que iria ao ar no mesmo dia, anunciava que contaria com supostos "adeptos de Seu Sete da Lira rebatendo acusações e uma gravação com Cecília, a 'médium' que recebe o Seu Sete". Mãe Cacilda assustava-se a cada vez que assistia essas chamadas na TV, pois temia pelas consequências daquilo. Contudo, a decisão tinha sido tomada pelo Exu. A ação primeira de Silvio Santos teve resultado, porém o favorecido foi outro. Seu Sete confirmou sua presença na TV Tupi, e o maior trabalho da Lira, até então, com transmissão para todo o Brasil, tinha data, hora e local para se realizar.

Flávio x Chacrinha

Abelardo Barbosa, o Chacrinha, era um apresentador que, embora fosse concorrência direta do "Programa Flávio Cavalcanti", em nada se assemelhava a ele. Chacrinha àquela época era um ícone da TV brasileira, que teve o início de sua carreira artística na rádio e que era o número um em ibope no Brasil na década de 1970. O fato de ser uma figura sem precedentes, e seu programa, transmitido na TV Globo, possuidor de um estilo imitável, Chacrinha era um verdadeiro guerreiro televisivo; lutava com unhas e dentes para manter a posição de seu programa sempre em primeiro lugar na preferência dos telespectadores brasileiros. Para isso, além de seus famosos bordões e estilo próprio, mantinha o costume de procurar atrações apelativas, que chamassem a atenção do público em geral e que, muitas vezes, beiravam à insanidade. Concursos como "o cachorro com mais pulgas" ou "o negro mais bonito" eram algumas das atrações apresentadas no programa com o intuito tácito de manter seu nível de audiência.

Chacrinha teve em Flávio Cavalcanti seu primeiro concorrente à altura. Programas com estilos diferentes, mas com um ponto em comum: desejo por Ibope. Os dois apresentadores batiam de frente na luta pelo maior público e, em algumas ocasiões, chegavam a sabotar um ao outro, tentando impedir que alguma atração ou convidado conseguisse ou aceitasse participar do programa do outro. Certa feita, Chacrinha descobriu, por meio de fontes infiltradas, que Agathirno Gomes, presidente do Clube Vasco da Gama, daria uma entrevista a Flávio em seu programa motivado pela vitória que o clube havia conquistado em um jogo na semana anterior. Imediatamente, Chacrinha recorreu a um velho amigo, Washington Rodrigues, que conhecia bem o diretor vascaíno, pedindo-lhe que o convencesse a trocar o programa de Flávio pelo seu para conceder a entrevista. Funcionou. Agathirno acabou sendo a atração principal de "A Hora da Buzina", quadro do programa de Chacrinha, daquele domingo. Contudo, para garantir que o convidado não terminasse sua entrevista na Globo e, em seguida, rumasse a Tupi para também responder às perguntas de Flávio, Washington Rodrigues teve uma grande ideia: fez com que vários carros estacionassem atrás do ônibus do Vasco, no qual Agathirno foi até a Globo, bloqueando a saída. Deu certo, pois Agathirno só conseguiu ter seu caminho liberado depois das 22 horas, quando o "Programa Flávio Cavalcanti" havia terminado.

Casos como esse aconteciam frequentemente, fortalecendo a rivalidade entre os dois apresentadores e colocando na corda bamba a qualidade das atrações apresentadas em seus programas, visto que, para garantir o primeiro lugar na preferência, nada era negado, por mais absurdo ou sem sentido que pudesse ser. Surpreso, Chacrinha recebeu a notícia de quem seria a atração principal da semana no programa do rival Flávio Cavalcanti: Seu Sete da Lira. Chacrinha conhecia Mãe Cacilda há algum tempo. A própria médium havia participado de um programa seu para receber uma premiação por uma composição carnavalesca sua, que havia ficado em boa posição entre as melhores do ano. Chacrinha declarou certa vez:

– Conheço Dona Cacilda desde 1968, quando esteve em meu programa para receber o prêmio pela música classificada em quinto lugar no Carnaval. Mais tarde, vim saber que ela era Seu Sete. Gosto dela e acho que Seu Sete não faz mal a ninguém. De vez em quando, eu vou a Santíssimo, no terreiro. Gosto da "Hora Grande" e sou devoto de São Jorge e São Judas Tadeu.

Assim, o "Velho Guerreiro" não perdeu tempo em entrar em contato com a médium, sendo atendido por Luzia:

– Luzia, quanto vocês estão recebendo para levar Seu Sete na Tupi?

– Nada, Chacrinha; você bem sabe que não fazemos nada por dinheiro. Seu Sete está indo porque quer ir e contra a nossa vontade.

– Luzia, sempre frequentei o terreiro, a casa de vocês, mas nunca pedi nada nesse sentido. Se ele vai no programa do Flávio, terá que vir no meu também!

A filha de Mãe Cacilda, considerando justa a argumentação, respondeu:

– Se a gente for na Tupi, também iremos na Globo. Palavra é palavra!

Até chegar o fatídico domingo, porém, a presença de Seu Sete nos estúdios do programa de Chacrinha seria ocultada com outra atração sensacionalista, como era típico: a apresentação do depoimento de um rapaz que havia vendido o sangue para comprar maconha. Mas seria algo muito mais sério e contributivo que os espectadores veriam.

Mãe Cacilda trabalhando com a Pomba Gira Audara Maria, década de 1970, RJ.

Mãe Cacilda de Assis em sua casa em Santíssimo (RJ), 1970.

A Pomba Gira Audara Maria incorporada em Mãe Cacilda, na década de 1960, no início das atividades em Santíssimo.

Seu Sete abençoando uma criança sobre a Mesa de Cura.

Seu Sete no Sítio Santo Antônio, na década de 1960.

Mãe Cacilda incorporada com Cabocla Jurema na década de 1950, RJ.

O Sítio Santo Antônio, em Santíssimo, na década de 1970. Ao fundo, a Lira de Seu Sete.

Seu Sete da Lira em momento de trabalho com seus filhos, na década de 1960.

A Pomba Gira Audara Maria em trabalhos em Santíssimo, na década de 1960.

Mãe Cacilda e filhos em obras de expansão do Sítio Santo Antônio, na década de 1960.

Festa das crianças.

Seu Sete e seu Bloco dos Carijós, década de 1960, RJ.

Seu Sete e músicos em trabalho na Lira Antiga, em Santíssimo, na década de 1960.

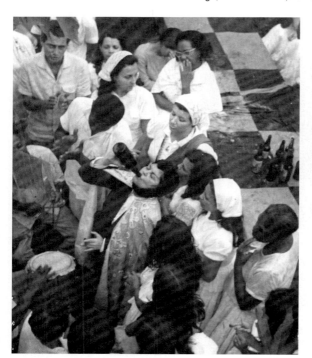

Seu Sete no Sítio Santo Antônio, década de 1960, RJ.

A Pomba Gira Audara Maria em Gira no Ilê da Cabocla Jurema, em Santíssimo, na década de 1970.

Seu Sete dirige a Hora Grande na TV, 1971, RJ.

Mãe Cacilda, laureada pela Ordem dos Cavaleiros da Cruz de Cristo como *Dama Comendadeira*, na década de 1980, SP.

Invasão do bem nos estúdios da TV Tupi, 1971.

Seu Sete dá início aos trabalhos na inauguração da Nova Lira, em 1971.

Atendendo os fiéis sobre a Mesa de Cura da Lira Nova.

O Rei da Lira na Capela de Santo Antônio, em Santíssimo, na década de 1960.

Seu Sete conversa com Luzia de Assis (filha de Dona Cacilda) durante trabalho, década de 1970, RJ.

Vestido de verde e rosa, Seu Sete dirige um de seus trabalhos de Carnaval, na década de 1980.

Seu Sete mostra a benção recebida pelo Papa.

Congá do Ilê da Cabocla Jurema, no Sítio Santo Antônio, década de 1960.

Seu Sete no Programa de Flávio Cavalcanti, 1971, RJ.

Seu Sete da Lira em celebração com sua comunidade, década de 1950.

Seu Sete da Lira sobre a Mesa de Mentalização e Cura da Lira Antiga, em Santíssimo, década de 1960.

Seu Sete nos estúdios da TV Tupi, no Programa de Flávio Cavalcanti.

Seu Sete e Chacrinha nos estúdios da TV Globo, em 1971.

Seu Sete e Rossini Lopes, seu filho de fé, sobre a Mesa de Mentalização e Cura, na Lira Antiga.

Convite da Inauguração da Lira Nova.
Panfleto distribuído pelo Centro, no qual se ensinava a utilizar a rosa da Pomba Gira Audara Maria.

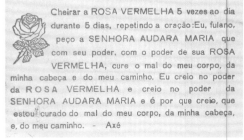

Capa da Revista Amiga.

Pôster que acompanhava a Revista "O Cruzeiro", nº 20, 19/05/1971. O pôster teve tamanha procura após sua distribuição que passou a ser vendido separadamente, nas bancas de revistas do Rio de Janeiro, nos anos de 1970. Foto de Indalecio Wanderlei.

Momento de mentalização na Lira Nova, década de 1970, RJ.

Seu Sete no Congá de Santo Antônio da Lira Nova comanda mais um trabalho de sábado, década de 1970, RJ.

Chegou Seu Sete da Lira

"Ele também veio de longe, veio trazer um aperto de mão
Seu Sete é meu amigo, e é dono do meu coração
Seja de dia ou ao amanhecer, bebo com ele, e bebo com prazer
Em cada gole ele está trabalhando, me ajudando a lutar e vencer"
(*A lutar* – Aloísio Pimentel, 13/6/1958).

Aos olhos do Brasil

Naquele domingo do final do mês de agosto de 1971, o templo de Seu Sete da Lira havia amanhecido agitado. No Sítio estavam presentes muitas pessoas que participavam do trabalho de sábado, o qual havia se estendido madrugada adentro, enquanto muitas outras chegavam para acompanhar Seu Sete aos estúdios de ambas as emissoras, Tupi e Globo, conforme foi combinado durante a semana. O dia de Seu Sete aparecer pela primeira vez na tela da televisão para milhões de expectadores de todo o Brasil havia chegado.

Uma carreata de carros particulares foi formada indo em direção à sede da TV Tupi, na Praia da Urca, para o primeiro compromisso agendado. Na frente, um Ford Galaxie levava Seu Sete, Luzia e uma Ekedji, além do motorista, que, atento à estrada, puxava a procissão de automóveis que se formava, todos adesivados com o número "7" e levando os fiéis, que não queriam perder de verem de perto aquele acontecimento. O Exu, durante a viagem, fumava, cantava, conversava e reafirmava o objetivo de sua ida aos estúdios de TV naquela tarde.

Ao entrar na cidade, várias pessoas identificavam a procedência daquela procissão e levantavam as mãos em direção à carreata mostrando o número "7" formado pelos dedos das mãos como saudação ao Rei da Lira, que respondia acenando. Antes mesmo da chegada de Seu Sete na TV Tupi, o estúdio da emissora se encontrava repleto de pessoas, que o aguardavam no local. Sobre esse episódio, o colunista Amado Ribeiro escreveu em seu espaço:

> *Quatro horas da tarde. Os corredores da TV Tupi estão superlotados de cambonos, pais, mães e filhos de santo. Uma mistura colorida de vestimentas, homens e mulheres que ali estão irmanados pela mesma fé, súditos de Seu Sete, primeiro e único rei inconteste de todo o Povo de Exu. Todos se trajam de vermelho e preto, evocando a presença do Flamengo, a participação genuína do carioca em duas de suas grandes paixões: a macumba e o futebol. O alarido, o entra e sai de vestimentas coloridas, os sambas tocados pelos corredores lembram também o Carnaval. Seu Sete é folião, e várias de suas músicas já foram utilizadas em blocos carnavalescos. Os homens trazem insígnias nos bolsos identificando-se como seguidores do Rei da Lira. As mulheres vestem saias rodadas ou calças compridas. Algumas estão de branco, à moda das mães de santo da Bahia. É o Brasil mais autêntico, como se estivéssemos no "terreiro de Jesus", em Salvador, na presença viva de personagens de Jorge Amado.*

Frequentadora assídua das sessões do Exu no Santíssimo, Edileuza foi uma das que se dirigiu ao local para participar da transmissão e ficou imensamente surpresa quando se deparou com tamanha multidão na entrada da emissora, a ponto de praticamente impossibilitar o acesso à entrada do prédio: *"Quando cheguei lá na Urca, não tinha como ninguém mais entrar. Fiquei na porta esperando ele chegar. Quando ele chegou, chamei a atenção da Luzia e entrei junto dela para o estúdio".* Lá dentro, no estúdio, o programa de Flávio Cavancanti rodava, mas a expectativa era mesmo pela aparição do famoso Rei da Lira. Era o que todos queriam ver.

O Exu aguardava que abrissem a porta do veículo para que pudesse sair. No que o motorista a abriu, a multidão avançou implacavelmente sobre o carro. Assustado, ele a fechou rapidamente sem perceber que a mão do Guardião ficou presa. Seu Sete, calmamente, chamou a sua atenção:

– Ei, não está vendo que você prendeu a mão do "aparelho" aqui na porta?

Imediatamente, o motorista tornou a abrir a porta e, num movimento contínuo e ágil, puxou Seu Sete para dentro do prédio da TV, fugindo da multidão.

Seu Sete entrou nos corredores da Tupi munido de sua garrafa de marafo e charuto. Sua presença causava surpresa e, ao mesmo tempo, maravilhava as pessoas: de fraque preto, capa de veludo preta com o símbolo da Lira bordado, cartola de veludo na cabeça, uma lira de ouro em uma corrente no pescoço e botas escuras nos pés. Seu Sete parecia um charmoso e educado *gentleman*. Enquanto passava pelos corredores, seguido de uma procissão formada por filhos de Santo, que o acompanharam na carreata, e alguns frequentadores da Lira que trabalhavam na TV, Seu Sete, sorridente, dirigia-se até uma sala previamente preparada para ele. Enquanto isso, os assessores imediatos de Mãe Cacilda tomavam as últimas providências para a participação da entidade no programa. Uma parte dos filhos da Lira, especificamente os fiscais, juntaram-se para formar um corredor humano de proteção por onde Seu Sete passaria para chegar da sala em que estava até o estúdio.

Hora Grande no estúdio

Flávio Cavalcanti, em uma tentativa de tirar melhor proveito da alta audiência do dia por conta da presença de Seu Sete, resolveu alterar o *script* do programa. Ao invés de chamar o Exu para o palco, começou, de modo a gerar mais expectativa, a apresentar o quadro "Polícia às suas ordens", atrasando a entrada do Guardião. Porém, em um dado momento, Flávio precisou interromper bruscamente a atração, pois Seu Sete, impaciente com a espera, resolveu tomar o espaço para si e realizar o que tinha ido lá fazer. Mais tarde seria publicado:

> *Tudo começou numa tarde domingo como as outras, calma e tranquila, no momento em que Flávio anunciou no início de seu programa a apresentação de uma atração extraordinária. Pela primeira vez, D. Cacilda, a mulher que atrai milhares de fiéis a seu sítio na zona rural da Guanabara, iria comparecer ao vivo em um programa de televisão. O suspense ia aumentando ao longo das horas, até o instante em que Flávio soltou a bomba: "Seu Sete está nos estúdios da TV Tupi".*

Enquanto Seu Sete entrava de vez para sua primeira participação na TV, a orquestra tocava ao lado da cantora Dalva de Oliveira, que também era devota do Exu e foi convidada pelo programa para cantar na ocasião. Os cinegrafistas tentavam se organizar rapidamente, deslocando as lentes das câmeras da entrevista que estava sendo feita para a figura do novo convidado no estúdio. O Exu adentrou o estúdio dando um boa-noite aos presentes e aos telespectadores, indicando que as pessoas providenciassem um copo com água e o colocassem em frente ao aparelho de televisão.

As músicas do LP "Sete Saracura" foram colocadas ao vivo para todo Brasil e, enquanto Flávio Cavalcanti falava das coisas que havia visto na quarta-feira anterior em Santíssimo, a plateia, eufórica, batia palmas. Seu Sete gargalhava e dançava, aspergindo marafo em todas as direções. Em questão de segundos, o estúdio ficou completamente lotado de pessoas que se espremiam para não perder aquele momento histórico. Um aperto geral. Sem dúvidas, a maior plateia que o popular programa de Flávio Cavancanti teve em todos os anos que esteve no ar. Do lado de fora da TV, um povo de devotos tentava entrar no estúdio, onde não cabia mais ninguém. Mais de mil carros formavam um muro de 2 quilômetros ao longo da praia da Urca, e mais e mais pessoas chegavam. Muitos, que não vieram com a carreata e que souberam da presença de Seu Sete na TV, foram para a frente da Tupi para saudarem o Guardião. Um alvoroço enorme dentro e, principalmente, fora do prédio, pois, pela primeira vez, Seu Sete da Lira, a maior liderança umbandista do Brasil, redimensionava sua bonita mensagem de amor, caridade e confraternização por meio das lentes da TV.

A organização dentro do estúdio era impossível. A solução encontrada foi deixar acontecer daquele jeito mesmo: a plateia se misturando com os filhos de Mãe Cacilda, os funcionários da TV e os convidados do programa. Em dado momento, os telespectadores que o assistiam em casa levaram um susto: uma imagem de Jesus Cristo apareceu sobre a testa do Exu. Muita gente pensou que estava presenciando um milagre, mas na verdade o diretor de TV do Programa, em um golpe de habilidade técnica, muito avançada para a época, colocou uma câmera na rua e focalizou o Cristo Redentor sobrepondo as imagens de forma a produzir aquele efeito.

Durante o programa, Seu Sete elogiou os médicos e disse que não cobrava nada pelas curas que eram realizadas em Santíssimo, ao contrário daquilo que diziam de forma negativa a seu respeito. Ele afirmou também que recomendava que as pessoas procurassem um médico logo que possível para que pudessem confirmar ou não a veracidade da cura realizada em seu terreiro. Para comprovar suas palavras, ao lado de Seu Sete, estava Coronel Ney, que levou para o programa seu filho, que foi curado de um câncer dentro da Lira. O homem levou ao programa laudos médicos e, principalmente, seu depoimento de pai. Ele contou que seu filho recebia aplicações de cobalto e estava internado no Hospital Central do Exército. Na primeira Mesa de Cura que participou dentro da Lira já se constatou a ausência do mal, o mesmo que resistiu anteriormente a duas operações. O tumor começou a murchar, até que desapareceu completamente em 7 dias. Exames posteriores comprovaram que o câncer havia ido embora.

O microfone também foi dado a uma mulher que chegou ao terreiro da Lira em uma folha de bananeira atacada por um furioso fogo-selvagem. Seu corpo era uma chaga pustulenta que exalava mau cheiro. Sobre a Mesa de Cura, Seu Sete derramou marafo sobre ela e pediu força mental à sua corrente de 15 mil pessoas no dia. Jogou fumaça de seu charuto em direção a ela, retirou sua capa e a cobriu. A música que era cantada pelos fiéis dava força e sustentação à cura enquanto sufocava os gemidos da mulher. Quinze dias depois, a mulher tinha seu corpo completamente curado. Com as mãos, raspava as cascas secas que se formavam sobre a epiderme, revelando por debaixo a pele nova e sadia.

Outras pessoas também contaram suas histórias ao vivo durante o programa. Aleijados que deixaram as muletas, cegos que enxergaram a luz, infartados recuperados, úlceras que desapareceram. Seu Sete, percebendo o espanto das pessoas, fez questão de ressaltar:

– Eu não sou milagreiro, sou um humilde trabalhador. Quem cura na Lira é a fé do povo e, em particular, de quem deseja ser curado. Sou apenas instrumento vibratório da cura. Meu reino é de amor. Não faço milagres, o que cura é a fé e o poder da música, a Lira.

Seu Sete falava com uma voz grave e profunda. Nenhum dos presentes queria perder uma só palavra que ele dizia. Até mesmo os frios profissionais das câmeras se emocionavam e voltavam suas câmeras para as diversas pessoas que se aproximavam do palco dizendo estarem curadas. A plateia ia ao delírio. Seu Sete aspergia marafo sobre os que iam à sua direção pedindo ajuda. Paralelamente, auxiliares de estúdio tentavam fazer uma barreira ao redor dele, pois a invasão do palco era inevitável. Era impossível conter aquela exaltação de fé.

Em certo momento, responsáveis pela segurança do Guardião no estúdio levaram até ele um menino vítima de um ataque de epilepsia. O Exu tomou uma garrafa de marafo nas mãos, jogou algumas gotas no rosto do garoto, disse algumas palavras incompreensíveis e pouco depois o menino estava recuperado. Carlos Cardoso de Almeida, chefe de reportagem de Flávio, resolveu deixar o barco correr enquanto o júri do programa, que no dia contava com a presença do maestro Erlon Chaves, aderiu ao compasso das palmas e aos pontos cantados. Alguns doentes, que conseguiram chegar ao auditório, procuravam a todo custo abrir brechas até Seu Sete em uma busca desesperada de cura. Seu Sete, no entanto, advertiu:

– Apareçam na Lira. Aqui não será possível desenvolver um processo vibratório correto. Vim para lançar a minha palavra de amor a todas as religiões que pregam o bem e o "amai-vos uns aos outros". Essa caridade para o espírito é a mais importante, porque o espírito é eterno.

Os filhos de Santo presentes, de roupas brancas ou de preto e vermelho, não conseguiam manter a formação exata exigida para a corrente, pois o empurra-empurra não permitia. Seu Sete foi para um lado do palco enquanto Flávio, do lado oposto, entrevistava pessoas curadas pelo Guardião. De repente, o Exu pediu silêncio. E houve silêncio. Flávio então deu por encerrada a participação especial do dia, fazendo questão de esclarecer que Seu Sete não tinha raiva de Silvio Santos e que tudo havia sido um mal-entendido. O apresentador concluiu sua fala e se iniciou um ensurdecedor som de atabaques dentro do estúdio. Era Seu Sete que lançava ali, em pleno estúdio de TV, sua corrente da Hora Grande. Todos de braços dados e de olhos fechados ouviram a preleção do Exu, que convidava todos ao amor, à fé e à paz, dirigindo-se pela última vez à multidão:

– Meia-noite em ponto. Mentaliza: chegou a Hora Grande para todos! Tenha fé e siga a corrente da compreensão, do trabalho, da bondade, do amor, da saúde, da vida. Oxalá, em nome de Santo Antônio, em nome de todos os Orixás, com a força da Lira e da Lua, estamos na

Hora Grande! Seu Sete Saracura cura minha dor e alivia minha alma. Sobre a ocasião, o jornal *A Província do Pará* relatou em sua edição do dia 27 de setembro de 1971:

> *Às 18:30 horas Seu Sete, conforme prometera, entra no palco trazendo uma mensagem para todas as crianças e um abraço especial de Santo Antônio para Flávio Cavalcanti. Abraça-se com o conhecido animador. Eles se entendem e parecem falar a mesma língua. O auditório rompe em aplausos. Pessoas humildes, de faces marcadas pelo sofrimento, mal alimentadas e traindo a origem humilde, rezam e agradecem os milagres que lhe foram ofertados pelo Rei da Lira. Dentro de minutos a TV Tupi atingiria o mais alto ponto de audiência já conseguido por uma emissora de televisão no país. Incorporado em Dona Cacilda, Seu Sete conversa com Flávio Cavalcanti, acende o charuto e toma um gole de cachaça.*
>
> *– Meu reino é de amor. Não faço milagres, o que cura é a fé, é o poder da música, da Lira.*
>
> *A entidade mística exige traje a rigor de Dona Cacilda, seu cavalo, na gíria de Umbanda. Está de capa vermelha e cartola. Largando uma baforada do charuto, Seu Sete saúda os seus admiradores... O delírio é geral. A multidão urra de entusiasmo e de espanto.*

As lágrimas do Guerreiro

Wanderley Lopes, jornalista da revista *O Cruzeiro*, acompanhava a movimentação do lado de fora da TV aguardando a saída de Seu Sete. Ele comentou sobre essa experiência:

> "*Eu fiquei na rua. Estava agarrado a Baby, minha mulher grávida. Misturados ao povo fiel que a todo custo cismava em se aproximar do Rei Sete da Lira. Todos queriam ouvi-lo, senti-lo, tocá-lo. A gente se desviava dos pés pesados e dos empurrões. Procuramos um cantinho menos complicado. Não adiantava a política do convencimento. Seu Sete estava na Tupi. Estava curando. Lá*

fora todo mundo tinha mazelas para ele. Corri para o botequim mais próximo. Olhei para trás e uma multidão incontida me acompanhava. Na frente do burburinho, uma senhora, com aspecto de dama francesa, enxugava o suor que prendia seus cabelos loiros à pele enrugada:

— *Escuta moço, sou de Santa Catarina e trago duas filhas gêmeas, que são surdas e mudas. Como posso fazer para levá-las ao encontro desse santo maravilhoso? Me ajude, por favor, sei que aqui vai ser impossível.*

Respondi:

— *Em Santíssimo, vá lá, que o homem trabalha todos os sábados. Ele dará um jeito no seu problema. As suas filhas ficarão curadas, com certeza.*

Ela me olhou impassível, enxugou o rosto com a manga do pulôver e sumiu satisfeita. Outras pessoas se aproximavam. Continuei a dar explicações sem dar importância às reclamações da minha mulher, desacostumada às aglomerações ocasionais na vida de um repórter. A polícia mantinha a tranquilidade. Mocinhas de bermuda desfilavam de mãos dadas tentando uma brechinha até o homem: queriam casamento, amor, poesia. Era um negócio de outro mundo, de louco. Em uma cadeira de rodas, Margarida, jovem filósofa do Catumbi, tocava nas minhas costas com umas mãos polidas e bem tratadas:

— *Eu quero falar com Seu Sete. Sempre fui sadia. Quebrei a coluna jogando basquete. Não acredito mais em ninguém. Só nele. Pelo amor de Deus, me leve lá.*

Novamente repeti as indicações para se chegar a Seu Sete. Fez um risinho de 23 anos e foi-se. Tentando fugir das indagações, ameacei sair do botequim. Mas já era tarde. Estava sendo interpelado por várias pessoas ao mesmo tempo. Puxei Baby pelo braço e partimos rompendo a neblina em busca de um táxi, para seguir até a redação de O Cruzeiro. O motorista, sujeito com cara de pau de arara, meu conterrâneo, buscou o retrovisor para explicar:

— *Amigo, os minutos que ficar parado estão na minha conta. Deixa eu dar uma rápida descida para pedir um auxílio ao meu Pai.*

> *Saiu desesperado, procurando o Chefe das Encruzilhadas. Seu Sete tinha cumprido sua missão. Ia embora. Só noutra oportunidade. O chofer voltou, torceu o bigode com ar de fracasso e disse:*
> *– Ora bolas, sempre chego atrasado. Mas não tem nada. Sábado eu vou no terreiro dele. Essa úlcera vai se acabar de uma vez por todas."*

A produção do programa providenciou rapidamente a armação de uma estrutura em frente à praia da Urca, uma espécie de palco, para que Seu Sete pudesse usar quando saísse da TV para falar a uma multidão bem maior do que a lá de dentro que o aguardava do lado de fora. No entanto, não foi possível isso acontecer. Luzia decidiu pular essa etapa, pois ainda tinham outro compromisso, que não podia falar ali. Ao se retirarem do prédio da Tupi, dirigiram-se ao Jardim Botânico, onde se localizavam os estúdios da emissora concorrente, a TV Globo. Era agora vez de participar do programa "A Hora da Buzina", outro campeão de audiência das tardes de domingo. No percurso seguido de uma TV a outra, curiosamente, a comitiva não enfrentou nenhum sinal vermelho no trânsito: ao se aproximarem dos semáforos, estes se alteravam para o verde, o que permitiu uma grande economia de tempo durante a viagem.

Seu Sete chegou com sua comitiva aos estúdios da Rede Globo. Os assessores do palco de Chacrinha pediram para que aguardassem um instante até serem chamados. Inútil pedido. Acompanhado de seus filhos de santo, Seu Sete invadiu o estúdio. Algumas pessoas riam; outras, gritavam, numa total euforia. Seu Sete dirigiu-se aonde estavam algumas dançarinas do programa, as chacretes. Gargalhando, ele esvaziou uma garrafa de marafo sobre elas e, imediatamente, todas caíram desmaiadas ao chão. Espanto geral. Quem não conhecia Seu Sete Rei da Lira percebeu naquela hora que não se tratava de um convidado qualquer. O Exu foi para a frente do auditório e repetiu o mesmo ato, enquanto as câmeras filmavam pessoas que também caíam desmaiadas igual acontecera com as chacretes. Outras incorporavam e soltavam risadas incontidas.

Chacrinha, chocado tanto com a repentina entrada de Seu Sete quanto, principalmente, com os efeitos que este causou logo ao chegar, ficou sem ação. Assumiu uma postura de respeito, tirando da cabeça a cartola e cumprimentou seu especial convidado. Para quem não esperava, o Exu estava agora ao vivo na TV Globo. De repente, um adolescente entrou no palco para colaborar com a organização quando foi tomado por uma entidade em frente a Seu Sete. Vendo-o daquele jeito, ele borrifou marafo em seu rosto, e o garoto, sob os efeitos mágicos, voltou à razão em meio ao alvoroço da plateia.

Enquanto Seu Sete cantava e mandava suas mensagens ao povo brasileiro, algumas chacretes, ainda abaladas com o que lhes havia acontecido, começaram a tremer. Percebendo, Chacrinha ordenou:

– Leva elas lá pra trás!

Rapidamente as meninas foram retiradas e conduzidas para a parte de trás do palco, onde um dos filhos do terreiro cobria as cabeças das jovens com um pano branco e, depois de dizer palavras em nagô, retirava o "santo" de uma por uma.

Até mesmo pela surpresa de participar também do programa "A Hora da Buzina" naquela tarde, e não apenas do programa de Flávio Cavalcanti, que havia anunciado amplamente Seu Sete como atração, a presença do Guardião na TV Globo teve um impacto extraordinário. Atabaques eram tocados enquanto os filhos da Lira cantavam os pontos de Seu Sete acompanhados de palmas do público. Da mesma forma como ocorreu no outro programa horas atrás, algumas pessoas curadas pelo "homem" falaram ao microfone, dando testemunho de suas graças alcançadas. O que se via era uma corrente forte com uma tremenda vibração, que provocou incorporações em muitos dos presentes.

Seu Sete continuava em movimento enquanto pontos eram cantados, até que pediu que se fizesse silêncio. Foi quando uma cena comovente começou a ser captada pelas câmeras. Seu Sete, numa corrente de força e pensamento com seus filhos e os presentes, virou-se para Chacrinha e lhe disse com seriedade:

— Chacrinha, eu não me esqueci do seu filho.

Emocionado, Chacrinha pediu que Luzia ficasse com ele a seu lado. Com todos os presentes de mãos dadas no estúdio, um momento de preces foi iniciado voltado para o bem geral, mas especialmente para a cura do filho de Chacrinha, José Renato Barbosa de Medeiros, conhecido como Nanato Barbosa, que estava hospitalizado vítima de um acidente numa piscina, ocorrido algumas semanas antes, que o deixou paraplégico.

Não estava mais ali o apresentador Chacrinha, o Velho Guerreiro, mas, sim, o homem e pai Abelardo Barbosa, que começou a chorar copiosamente enquanto seu programa fugia totalmente de seu estilo, tornando-se, na verdade, uma extensão da Lira de Santíssimo. Um momento de rara emoção com o grande público, que lotava as dependências do auditório da TV Globo.

Provisoriamente, Wilton Franco, que estava no auditório, iniciou um diálogo com Seu Sete, visto que Chacrinha não conseguia dar continuidade ao programa por tamanha comoção. Uma cena indescritível. O público cantava "É pra quem tem fé" acompanhado de atabaques e palmas, enquanto as câmeras focavam no Exu em constante movimento no palco.

No encerramento de sua participação, Seu Sete agradeceu a todos e se retirou com seus filhos enquanto era cantado seu ponto de despedida. Chacrinha agradecia a presença da família espiritual e deixava um testemunho de fé e confiança por meio de suas lágrimas e sua emoção registrada pelas câmeras.

A carreata se dirigiu para Santíssimo. Lá chegando, Seu Sete agradeceu a presença de todos que o acompanharam naquela cansativa, mas rendosa tarde. Cantou algumas músicas e se preparou para encerrar as atividades daquele domingo histórico e ir embora. Porém, antes fez questão de alertar:

— Lembram-se da campanha contra este terreiro que há anos venho falando? Pois bem: se preparem. Ela está aí.

Consequências

> "Ele foi, é, e será sempre rei
> Seu Sete Encruzilhadas é um grande rei
> Só faz o bem, não deseja o mal, amigo como Seu Sete
> Não há outro igual"
> (*Ele é Rei*, Aloísio Pimentel, 3/9/1965).

As reações

A presença de Seu Sete na TV, testemunhada por milhares de telespectadores pelo Brasil afora, foi o que se pode classificar de avassaladora. Os programas de Flávio Cavalcanti, Silvio Santos e Chacrinha, os três de maior audiência no Brasil, colocaram-no como destaque, alcançando todos altos índices de audiência. Assim, era impossível que alguém que tivesse um aparelho televisivo em casa não conhecesse, ou no mínimo tivesse ouvido falar, do fenômeno

Seu Sete da Lira, uma vez que ele foi matéria principal dos três programas no mesmo dia. Não havia como ficar alheio àquilo que chamou a atenção de todos. Para o bem e para o mal.

As reações foram as mais diversas. Há relatos de que, enquanto auxiliares de palcos, diretores, convidados e algumas pessoas das plateias dos programas caíam desmaiadas ou eram "possuídas" nos estúdios das TVs, em algumas residências onde os telespectadores simplesmente assistiam às programações, o mesmo fenômeno ocorria por conta da força do Guardião. Fiéis, obedecendo à orientação de Seu Sete, assistiam aos programas com copos com água ao lado de seus televisores, tal como se estivessem participando de um Trabalho na Lira.

Houve casos de jovens que nunca haviam cogitado ou não podiam ir a centros umbandistas por causa do preconceito à religião de suas famílias que tiveram a oportunidade de, por intermédio desses programas, ter seu primeiro contato com a religião. Caso do Sr. Aécio Carvalho, presidente da Federação Nacional de Umbanda e dos Cultos Afro-Brasileiros (FENUCAB-MT):

> *"Vi Seu Sete na TV no Programa de Flávio Cavalcanti. Fiquei surpreso com aquelas cenas todas onde pessoas caíam, outras desmaiavam enquanto o Exu dava gargalhadas e falava de paz e amor. Fiquei tão impressionado com aquilo tudo que resolvi procurar e conhecer mais sobre aquela religião, e aqui estou eu hoje como Sacerdote Umbandista."*

Teve, obviamente, quem reagisse com repulsa. Algumas pessoas tiravam as crianças da sala, trocavam de canal ou desligavam a TV ao verem tamanha "barbaridade" sendo transmitida pela TV. Para os conservadores, era uma obra do mal, pois se a presença do Exu nos estúdios foi, para muitos, motivo de glória, para outros foi um escândalo.

Nos meses que se seguiriam após aquele último domingo do mês de agosto, milhares de cartas enviadas dos recantos mais imagináveis deste Brasil chegariam ao endereço do terreiro em Santíssimo direcionadas a Seu Sete. Cartas que pediam graças, agradeciam curas, pediam algum objeto tocado pelo Exu incorporado, entre outras mensagens. Inicialmente, um contêiner de cartas foi entregue no terreiro de Santíssimo. Depois as cartas não chegavam mais juntas das outras entregues no bairro como acontecia normalmente. Um funcionário da agência se encarregava de levar pessoalmente os sacos de cartas para o Centro, onde estas eram abertas, lidas e, na medida do possível, respondidas, visto que eram muitas. Algumas pessoas mais humildes e que não conheciam o endereço para envio da correspondência colocavam como endereço de destino apenas "Seu Sete da Lira, Santíssimo, Baía de Guanabara-RJ".

No domingo em que os programas foram transmitidos, as emissoras receberam uma chuva de ligações telefônicas de telespectadores pedindo detalhes a respeito do Exu. Outros reclamavam do absurdo que viam na TV e pediam para que a atração fosse retirada do ar o mais rápido possível. No órgão da Censura Federal, vigente à época, centenas de telefonemas de protestos e de narrativas de pessoas que haviam entrado em transe em suas casas entupiram as centrais telefônicas. A própria Igreja Católica, por meio de lideranças da época, temia pelo que poderia acontecer:

> *Os auditórios dos dois canais, 4 e 5 no Rio, se transformaram em autênticos terreiros com os fenômenos alucinantes de histerismo coletivo, inclusive de convulsões de transes nalgumas pessoas fracas que precisaram ser socorridas. É que usando de seu prestígio incontestável, aquela "entidade" mistificadora, gingando, fumando charuto, bebericando cachaça e espirrando ou borrifando esse "marafo" no pessoal, excitava em todos uma animação supersticiosa, especialmente depois de ter formada a corrente de braços dados para mentalizar a oração sentimental do "pino da hora grande..."*

Que responsabilidade perante Deus e a pátria a dos agentes de tal perversão! Apresentem as explicações que quiserem, ficou bem patente a todos que empresários, produtores e apresentadores, se não forem convictamente umbandistas, muito menos se podem dizer católicos esclarecidos e coerentes, nem sequer bons patriotas (Pe. Luiz Gonzaga Acruz, 5/9/1971).

Algo deveria ser feito. E foi.

Censura

No dia 2 de setembro de 1971, a manchete dos jornais era de que a Censura estudava a suspensão dos programas de Flávio Cavalcanti e Chacrinha. O Departamento de Censura Federal, seção da Guanabara, havia pedido à direção do órgão, em Brasília, a suspensão por oito dias dos programas ("A Hora da Buzina", da TV Globo, e "Programa Flávio Cavalcanti", da TV Tupi) por terem apresentado um show de baixo espiritismo explorando a crendice popular e favorecendo a propaganda do charlatanismo. Isso tudo baseado em uma manifestação que, de modo geral, era sempre descrita pelos jornais como sendo uma farsa. *O Jornal do Brasil*, de 2 de setembro de 1971, anunciava o caso:

> *Atos ilícitos*
> *A apresentação de Dona Cacilda – Seu Sete – seus acólitos e crentes na TV, embora contasse com a cobertura do Deputado Rossini Lopes da Fonte e do detetive Nélson Duarte, foi classificada no Departamento de Censura Federal como uma sucessão de atos ilícitos capitulados no Código Penal, na Lei das Contravenções Penais e no Decreto nº 20.493, de 24 de janeiro de 1946.*
> *O Código Penal define como charlatanismo (Art. 283) o crime de "inculcar ou anunciar cura por meio secreto ou infalível",*

cominando para quem o pratica a pena de detenção, de três meses a um ano, e multa.

No Art. 27, a Lei das Contravenções Penais prevê a pena de prisão simples, de um a seis meses, a quem "explorar a credulidade pública, mediante sortilégios, predição do futuro, explicação de sonhos ou práticas congêneres".

Nos programas comandados pelos Srs. Flávio Cavalcanti e Abelardo Chacrinha Barbosa, Seu Sete, seus adeptos e as pessoas do auditório cantaram um samba em que "Seu Sete começa onde a Medicina acaba", enquanto várias pessoas desfilavam diante dos apresentadores, para narrarem as curas milagrosas – até de câncer – recebidas no terreiro da seita, em Santíssimo.

Aí ontem à noite, o Chefe da Censura Federal, Sr. Jeová Cavalcanti, informava em Brasília não haver ainda recebido qualquer pedido da seção carioca do Departamento, para a suspensão da Hora da Buzina e do Programa Flávio Cavalcanti.

A apresentação de Seu Sete nos programas de televisão preocupou as autoridades religiosas e o Cardeal Dom Eugênio Sales, que incluiu o assunto na reunião de hoje dos vigários episcopais da Guanabara.

As autoridades religiosas acham que muito longe de se constituir numa peça folclórica, o que as televisões exibiram no domingo foi uma mostra de subcultura que colocou o Brasil em igualdade de condições com os países mais atrasados do mundo.

Segundo fontes do Palácio São Joaquim, Dom Eugênio vai emitir uma nota oficial sobre o assunto, provavelmente no seu programa A Voz do Pastor desta sexta-feira.

Em estudos

Brasília (Sucursal) – O Governo Federal está estudando que medidas tomará, nos próximos dias, para eliminar, de vez, a mediocridade de uma série de programas de televisão, considerados como "bastante ofensivos à cultura brasileira".

– *São programas chinfrins* – *disse textualmente uma autoridade, comentando em seguida que os shows transmitidos ao vivo para vários Estados brasileiros atingiram, no domingo passado, os "limites intoleráveis de mediocridade".*
Os videoteipes desses programas estão sendo examinados em Brasília por uma comissão de censores e autoridades. Uma delas é o próprio diretor-geral do Departamento de Polícia Federal, General Nilo Canepa, a quem deverá caber a iniciativa dos atos punitivos.

Em 2 de setembro de 1971, Flávio Cavalcanti enviou um telegrama ao ministro Higino Corsetti, das Comunicações, e ao chefe do Serviço de Censura e Diversões públicas, o Sr. Jeová Cavalcanti, em que dizia:

> *Excelência*
> *Peço licença para escrever-lhe os motivos pelos quais tomei a decisão de mostrar Seu Sete ao grande público através do Programa Flávio Cavalcanti.*
> *V. Exa. não ignora que várias rádios e emissoras, inclusive a Rádio Nacional, mantêm programas regulares de divulgação daquela entidade da Umbanda cujo funcionamento, como seita religiosa popular, não sofre qualquer restrição por parte das autoridades constituídas. A apresentação do Seu Sete foi largamente anunciada durante a semana não apenas pela TV Tupi, mas como também pela TV Globo.*
> *A inclusão do Seu Sete fazia parte do script aprovado pela Censura. Não apresentei Seu Sete de maneira a promovê-lo ou engrandecê-lo, mas somente em caráter de telerreportagem em atendimento à vasta curiosidade pública que envolve o fenômeno. Minha esperança era realizar um bom programa e jamais desencadear escândalo.*
> *Cumpri fielmente a lei e estou certo de que V. Exa. não deixará de tomar em consideração esta premissa que é fundamental.*

Agradeço antecipadamente a atenção que V. Exa. dispensará a essas razões absolutamente justas e verdadeiras.

O produtor de Flávio Cavalcanti, Eduardo Sidnei, não acreditava que fossem ser tomadas medidas punitivas contra o programa, afinal de contas, houve censura prévia como sempre ocorria, inclusive o censor federal, Sá, esteve presente ao programa em questão.

Na mesma semana, a revista *Amiga* trazia em sua capa, de cor vermelha, a imagem de Seu Sete, Chacrinha e Flávio com as frases em destaque: "Creio no poder de Seu Sete" (Chacrinha); "Procuro a verdade, apenas a verdade" (Flávio).

As opiniões

Em sua matéria, a revista *Amiga* apresentava pequenos trechos de respostas dadas por várias pessoas de influência popular a respeito da apresentação de Seu Sete, tal como o escritor Dias Gomes, o ator Paulo Gracindo e o comediante Lilico. Outra personalidade consultada para a matéria, a atriz Regina Duarte, respondia: *"Eu sou católica, creio em Deus. Eu respeito as demais religiões. O importante é ter fé. Como sou católica, prefiro nem me manifestar sobre Seu Sete".*

Átila Nunes Filho, conhecido líder umbandista e deputado estadual, dizia:

"A culpa de tudo que aconteceu no domingo, da zombaria que se fez da religião umbandista, colocando-a em programas de televisão em que o enfoque humorístico prevalece, deve ser creditada às direções das duas emissoras e à Censura Federal. Com relação ao Seu Sete, minha posição é de neutralidade. Não tive tempo de ir ao terreiro e analisar o ritual que ali é realizado."

Já Lilico, amigo da Lira, defendia:

"Não vi o espetáculo, pois estava em São Paulo no Programa do Silvio Santos, mas estou sabendo que a coisa pegou fogo. Isso é bom. Quanto ao Seu Sete, ele me faz um bem tremendo. É um Exu da Encruzilhada, de luz, de paz e tranquilidade. Ele bebe cachaça, é certo, da mesma forma que o padre bebe vinho. Dona Cacilda mora na Av. Atlântica e o Papa mora no Vaticano. E no mais, meus queridos, eu sou católico apostólico. Só não sou romano porque não nasci em Roma, mas ali no Realengo."

A discussão em torno da apresentação de Seu Sete na TV não foi uma reação inesperada. Na verdade, em 1971, questionava-se no Brasil a qualidade do conteúdo oferecido pelos programas televisivos, que frequentemente levavam para seus estúdios deficientes físicos, anomalias, entre outros infortúnios como forma de chocar os telespectadores e receber sua atenção. Uma verdadeira guerra por audiência, em que vencia o programa que mais atenção chamasse – ou que mais bizarrices apresentasse.

O longo debate, alimentado pelos grupos mais conservadores da sociedade, como representantes da Igreja Católica e outros apoiados pelo Governo Militar, já havia obtido sucesso em intervenções na programação de emissoras de TV. Em 1969, um grupo de senhoras da sociedade carioca denunciou ao CONTEL (órgão que controlava as concessões) o nível dos programas da época. Sem recorrer à Censura, como deveria de praxe, o próprio CONTEL enviou à TV Globo um documento determinando que a emissora mudasse os programas de Dercy Gonçalves, Raul Longras e Chacrinha – que inclusive recebeu um anexo, em que se aconselhava "não fazer rimas que sugerissem versos pornográficos; não pronunciar palavras chulas; não humilhar seus calouros".

Por conta dessa represália, Chacrinha passou a exibir em seus programas concursos como "O Vovô mais idoso da Penha" ou "O barbeiro mais antigo da Vila Monumento". Mesmo assim não conseguiu evitar uma suspensão de 15 dias da TV, resultado da exibição de uma cena em que ele aparecia vestido de noiva dizendo palavras que, segundo a Censura, ofendiam a moral da sociedade. No entanto, até então, nenhum quadro ou convidado de seu programa havia causado tanta polêmica como o do último domingo de agosto de 1971.

O circo pegava fogo com as notícias diárias de que os programas seriam retirados do ar ou, no mínimo, suspensos por alguns dias. Apreensivas e sem ter nenhuma resposta oficial por parte do Governo, as duas emissoras, Globo e Tupi, firmaram juntas um protocolo contra "shows de baixo nível". Embora os jornalistas ligados às emissoras anunciassem no dia 2 de setembro de 1971 a assinatura do acordo, o documento só foi elaborado um dia depois por dirigentes da Rede Associada de Televisão, que se comunicaram depois com o diretor-geral da Rede Globo, Walter Clark. Na ocasião da assinatura do protocolo, ocorrido na sede da TV Tupi, Walter disse aos presentes que desconhecia os termos do acordo, no entanto o assinaria em branco. Segundo ele, *"o acordo visa sobretudo a contribuir de forma decisiva para a cultura popular e salvar a livre iniciativa da televisão brasileira"*. José de Almeida Castro, diretor artístico e que assinou o acordo em nome da TV Tupi, disse que *"o objetivo das duas emissoras é competir arduamente pela salvação da televisão comercial"*.

O cardeal arcebispo D. Eugênio Sales, que na época liderava a Igreja do Rio de Janeiro, foi um dos mais incisivos combatentes contra a difusão de trabalhos como os realizados em Santíssimo. Sua preocupação, diziam os mais próximos, era a de que houvesse uma evasão de religiosos católicos para a "macumba da lira". Na verdade, isso ocorria há algum tempo. Muitos dos fiéis da Lira eram católicos, que viam no Sítio uma das últimas esperanças para seus problemas. Nas igrejas de Santo Antônio da cidade eram frequentes na lista de intenções para a missa o nome de "Dr. Saracura". A descoberta da verdadeira identidade daquele tal "Saracura" em muito incomodou os padres, que deixaram as autoridades a par dos ocorridos.

Com a grande exposição de Seu Sete e da Umbanda pelas telas da TV, o arcebispo passou a fazer manifestações públicas contra os trabalhos da Lira. Seu programa de rádio, "A voz do pastor", lançava de forma direta ou indireta avisos aos fiéis católicos para que não tivessem uma vida religiosa dúbia. Dom Eugênio tratou de reunir-se, no Palácio São Joaquim, com as lideranças católicas do Rio de Janeiro na mesma semana da exibição dos programas para juntos analisarem os efeitos do impacto causado na comunidade carioca pela aparição de Seu Sete da Lira na TV, para que assim pudessem preparar um manifesto oficial da Igreja a esse respeito. A partir desse movimento, a Igreja trabalhou conjuntamente para evitar a debandada de fiéis das igrejas para os terreiros. A saída encontrada era classificar os fiéis de terreiros como sendo afetados por uma "fé confusa", o que colocaria em risco a sanidade pública, a exemplo do episódio que foi apresentado na televisão:

> *"No momento em que se fazem debates sobre manifestações pseudorreligiosas, é responsabilidade da Igreja dizer a si mesma e publicamente que seu primeiro dever, portanto, o seu melhor esforço deve ser o de ajudar a todos os homens de boa vontade a crescer numa verdadeira fé amadurecida e esclarecida". A declaração é do secretário-geral da CNBB, Dom Ivo Lorscheiter, sobre a repercussão causada na comunidade católica pela apresentação de Seu Sete em programa de televisão. O assunto foi discutido durante 15 minutos na reunião de ontem, dos Vigários Episcopais da Guanabara com o Cardeal Arcebispo do Rio de Janeiro, Dom Eugenio Sales. Durante o encontro episcopal, concluiu que o problema não atinge diretamente a Igreja, mas, sim, a saúde pública, pois os meios de comunicação desencadearam um processo de comunicação irreversível."*

O cônego Amaury Castanho, diretor do Centro de Informações Ecclesia, afirmou que a difusão da "macumba" era de responsabilidade do povo, da Igreja e do Estado.

> *"Ao povo porque insiste em continuar preferindo o médium e o pai de santo aos médicos; à Igreja porque depois de uma organizada campanha de esclarecimento, silenciou, longamente, a respeito do assunto; ao Estado porque fazendo vista grossa para as consequências negativas da prática espírita macumbeira, para a saúde popular, continua liberando polpudas verbas para centros e terreiros."*

A revista *Intervalo* de 2 de setembro de 1971 fazia uma cobertura completa da manchete da semana, que apresentamos na íntegra:

> **O milagre: A TV SEU Sete faz mudar!**
> *As emissoras de televisão já haviam decidido abolir o mundocão, quando surgiram os protestos contra a apresentação do famoso "guia" carioca.*
>
> *A luta por maiores índices de audiência levou Chacrinha e Flávio Cavalcanti a apresentarem, em seus programas, d. Cacilda, que se intitula Seu Sete (um Exu de Umbanda), quando está em transe. A essa "entidade espiritual" foram atribuídas curas milagrosas, mas sua presença na TV provocou veementes protestos do público, das autoridades e uma inteligente atitude das próprias emissoras de televisão.*
>
> *O dia 2 de setembro de 1971 vai ficar como uma data de importância fundamental no livro de ouro da TV brasileira. Aquele "algo de novo" que todo mundo estava esperando dos realizadores das programações está finalmente mais perto do que muitos imaginavam. Ao que parece, Seu Sete da Lira fez um bom milagre: "baixando", na frente das telecâmeras de Flávio Cavalcanti e Chacrinha, no corpo da umbandista Cacilda, provocou tamanha onda de protestos, de polêmicas e de reações, que nem foi necessária a intervenção da censura ou da Polícia Federal para que os responsáveis pelas duas mais importantes redes de TV (Globo e Tupi) encontrassem inspiração para novos caminhos a seguir. A*

assinatura do protocolo redigido pelos diretores das duas redes, na tarde de quinta-feira, 2 de setembro, revela não somente a necessidade de mudar um estilo, mas também, e principalmente, a vontade de imprimir à nossa televisão um sentido mais responsável e mais positivo. É bastante significativo frisar que, enquanto o documento era redigido e assinado no Rio de Janeiro, a redatora de Intervalo *em Brasília, Susana Veríssimo, em entrevista com o dr. Jeovah Cavalcante, chefe do Departamento de Censura Federal, ficava sabendo que "nada havia de oficial sobre o assunto – eventual intervenção da mesma censura – que tudo não passava de especulações dos jornais". O protocolo assinado pela Globo e pela Tupi não foi redigido, pois, em vista de ameaças ou sanções mais drásticas, mas revelou a espontânea atitude de homens de bom senso vítimas, eles mesmos, de tendências e de modas impostas pelo monstro sagrado do índice de audiência dos programas.*

    Lendo o texto do protocolo, surge espontânea uma pergunta: Flávio Cavalcanti, Chacrinha, Silvio Santos, Cidinha Campos, Ayrton Rodrigues e todos os outros animadores de auditório acabaram de vez? Conhecendo a inteligência, a honestidade, a argúcia e a experiência destes profissionais do vídeo, a resposta não somente é negativa, mas das mais animadoras: eles mesmos, finalmente libertados de uma concorrência que os obrigava a lutar com as armas mais arriscadas do sensacionalismo, poderão encontrar um caminho novo na qualidade e na sobriedade, na elegância e no brilho de bons shows. O telespectador, vítima por sua vez desta batalha combatida à força de mórbidos recursos, vai finalmente poder escolher entre o bom e o medíocre, entre o interessante e o inexpressivo: começa, pois, uma nova era em nossa TV, e o Código de Ética de Televisão Brasileira, que está para ser aprovado, vai somente confirmar uma nova filosofia que os mesmos responsáveis pela nossa TV quiseram adotar. Seu Sete da Lira, pois, fez o milagre. Talvez um ou outro dos apresentadores que ofereceram em seu programa o delirante espetáculo da macumbeira de cartola e charuto receba um puxão de orelha, mas depois tudo vai entrar na normalidade. Isto é, tudo entrará nos eixos, e a televisão sairá desta aventura mais adulta e mais vibrante.

O show e suas consequências

O show oferecido por Dona Cacilda de Assis e seu espírito Sete da Lira nos programas de Flávio Cavalcanti e de Chacrinha, no domingo dia 29 de agosto, provocou reações e comentários dos mais vivazes. A notícia de que os dois apresentadores teriam sido suspensos de suas atividades pela Censura Federal correu solta, assim como o boato de que nunca mais seriam produzidos programas de auditório. Horas antes da assinatura de um protocolo entre a Rede Globo e a Rede Tupi sobre a filosofia a seguir no futuro imediato, Abelardo "Chacrinha" Barbosa declarava ao nosso repórter: "Não recebi nenhuma informação oficial, mas se realmente a Censura Federal determinar que foi um erro ter levado o Seu Sete ao programa, estamos aqui para acatar o que ela determinar. Se a suspensão acontecer, eu aceitarei". No mesmo tempo, Flávio Cavalcanti, não chegando a esconder sua perplexidade ante a reação das autoridades religiosas, tentava defender seu ponto de vista afirmando: "Eu achei Seu Sete um assunto jornalístico muito bom, e não entendo toda essa gritaria: logo contra mim, um fiel servidor da Igreja e das Ligas Católicas há mais de dezessete anos". Quando Flávio soube que uma delegação da Liga das Senhoras Católicas do Rio tinha viajado para Brasília tentando encontrar o Ministro das Comunicações, Hygino Corsetti, para discutir o caso, enviou por sua vez dois telegramas para a Capital Federal – um para o mesmo ministro e outro para o Chefe do Departamento de Censura Federal – em que se mostrava, ele mesmo, alarmado com a repercussão do fato, e lembrava que no "script" de seu programa de domingo, dia 29 de agosto, aprovado pela censura e pela direção da Rede Tupi, constava a presença de Seu Sete.

Enquanto as autoridades de Brasília, do Rio e de São Paulo, evidentemente preocupadas com o espetáculo de baixo nível oferecido nos dois shows, estudavam a possibilidade de medidas exemplares, os diretores das duas emissoras envolvidas no clamoroso episódio encontravam um inteligente entendimento para aproveitar o ensejo e enfrentar, de agora em diante, uma nova linha de produção mais responsável e menos sensacionalista. Nos bastidores de outras emissoras nacionais, que não chegaram a assinar o protocolo, a atmosfera era de alívio: "Se este negócio de 'mundo cão' vai acabar para todo mundo, sem perigo de concorrência, vai ser bom para nós também, obrigados fatalmente a entrar nessa corrida para manter nosso Ibope". E comentava-se, na manhã de sexta-feira, com extremo interesse e bastante simpatia, uma notícia que acabava de chegar de Buenos Aires. Aqui, o presidente da Argentina, general Lanusse, havia resolvido – por decreto – proibir a divulgação dos índices de audiência do Ibope local, para evitar uma desenfreada concorrência entre as emissoras daquele país, a qual estava ameaçando não somente a boa qualidade dos programas, mas também a estabilidade econômica das mesmas emissoras, obrigadas a esforços impossíveis para manter ou ganhar um pontinho a mais no termômetro de uma efêmera popularidade.

 Nos meios religiosos, o caso do Seu Sete foi amplamente comentado. Em São Paulo, a Liga das Senhoras Católicas manteve uma atitude de austero silêncio, limitando-se a dizer, por meio de sua vice-presidente, dona Rute Matos Barreto: "Nossa finalidade é filantrópica, não estamos aqui para dar opiniões sobre programas de televisão". Por outro lado, o Vicariato do Rio de Janeiro dedicou em sua reunião semanal boa parte da pauta à aparição de Seu Sete da Lira na TV, afirmando: "A Igreja Católica respeita a fé verdadeira, de qualquer religião, mas condena demonstrações públicas como aquela ridícula do Seu Sete na televisão". Na opinião de D. Ivo Lorscheiter, Secretário-Geral da Conferência Nacional dos Bispos do Brasil, a apresentação do "guia" na TV pode até ter sua justificação, quando se pensa em homens simples e sem necessária bagagem cultural que buscam um certo conforto em fontes que o mesmo padre não teve medo de qualificar de "pseudorreligiosas".

Finalmente, bastante liberal foi a atitude da Federação Espírita do Brasil, que disse através de seu presidente, Armando Oliveira de Assis: "A organização não tem direito de julgar ninguém. Todos são absolutamente livres para fazer o que quiserem".

As próprias emissoras já haviam reagido

Quando os boatos de que seriam proibidos os programas ao vivo ganhava as ruas, as direções das Redes Globo e Associadas já haviam decidido assinar um protocolo de autocensura de suas programações. O texto que compõe o protocolo já estava pronto há algum tempo, mas sua assinatura fora precipitada pelos fatos da semana. Assinado, o Protocolo era uma forma de garantia de qualidade da TV enquanto um possível Código de Ética da Televisão Brasileira não ficava pronto. Seu texto era o seguinte:

"As direções da Rede Globo de Televisão e da Rede Associada de Televisão decidiram redigir e assinar o seguinte protocolo, a partir desta data:

1 – Fica expressamente proibido: a) Apresentar, em qualquer programa e sob qualquer pretexto, pessoas portadoras de deformações físicas, mentais ou morais; b) Apresentar quadros, fatos ou pessoas que sirvam para explorar a crendice ou incitar a superstição, bem como falsos médicos, curandeiros, ou qualquer tipo de charlatanismo; c) Apresentar, de forma sensacionalista, ou vulgar, mas de ordem científica; d) Provocar ou permitir polêmicas, falsas ou verdadeiras, entre profissionais de diferentes emissoras de tevê; e) Promover a apresentação de quadros ou concursos, com ou sem prêmios, nos quais se explore, sob qualquer forma ou pretexto, a miséria, a desgraça, a degradação e a tragédia humanas; f) Promover concursos que tenham por objetivo a escolha e premiação de animais, salvo em números circenses ou quando se refiram à competições legalmente reconhecidas e dentro das condições aceitas pela Sociedade Protetora de Animais; g) Promover a apresentação de números que possam, de qualquer forma, pôr em risco a integridade física do público presente ao espetáculo, bem como promover concursos que exponham a risco a integridade física dos participantes, não profissionais; h) Fazer a promoção de temas, assuntos ou pessoas que não serão realmente apresentados nos programas, ou cuja apresentação, sabidamente, se fará ou terá de ser feita de forma diferente da anunciada; i) Apresentar, explorar, discutir ou comentar de forma sensacionalista, ou depreciativa, problemas, fatos, sucessos, de foro íntimo ou da vida particular de qualquer pessoa.

2 – As duas redes de televisão se comprometem, ainda, a cientificar convidados, participantes eventuais e artistas ou personalidades não contratadas, dos termos das obrigações da emissora face ao Código Brasileiro de Telecomunicações e demais normas legais, fazendo-os responsáveis pelas infrações que venham a cometer.

3 – O presente protocolo permanecerá em vigor até a assinatura do Código de Ética da Televisão Brasileira.

Rio de Janeiro, 2 de setembro de 1971."

Assunto de Estado

Quando a caneta dos representantes de duas das principais emissoras da televisão brasileira, Globo e Tupi, tocava o papel para assinar o protocolo em que ambas tentavam se defender de sanções por terem exibido a figura de Seu Sete, o Departamento de Censura Federal – Seção Guanabara havia despachado o pedido à direção do órgão, em Brasília, para que houvesse uma suspensão por oitos dias dos dois programas, "Flávio Cavalcanti" e "A Hora da Buzina". O pedido continha medidas para que se melhorasse o nível dos programas televisivos. Junto, foram enviados videoteipes de programas, incluindo os que mostravam Seu Sete, para serem examinados por uma comissão de censores e autoridades entre os quais se encontrava o diretor-geral do Departamento de Polícia Federal, General Nilo Canepa, a quem deveria caber a iniciativa dos atos punitivos. Seu Sete Rei da Lira havia virado um caso de política nacional.

No dia 13 de setembro de 1971, a situação fez com que três ministros federais (das pastas de Comunicações, Hygino Corsetti; Educação e Cultura, Jarbas Passarinho; e Justiça, Alfredo Buzaid) se reunissem para debater sobre os caminhos a serem propostos ao que se referia a programas televisivos. Anunciavam desde o início que o Governo não tencionava intervir nas estações de TV, porém sob condições. O ministro Corsetti explicou: *"As empresas de televisão têm de se conscientizar de sua grande responsabilidade na educação do povo e não cometer exageros, pois não queremos cancelar as concessões que elas obtiveram do Governo".*

O desenrolar da situação deixou os órgãos da Censura em alerta. Os *scripts* de programas passaram a ser analisados com mais atenção. Temas que direta ou indiretamente envolvessem cultos religiosos ou que apoiassem o mediunismo ou similares eram de longe eliminados. Quanto mais programas fossem gravados, melhor seria, evitando-se, assim, a exibição de programas ao vivo. Nos últimos meses de 1971, Flávio Cavalcanti foi proibido de levar Jorge Amado em seu programa, e Silvio Santos tinha suas entrevistas tão censuradas que sempre mantinha quatro outras de reserva para fazer as substituições.

Contudo, Chacrinha e Flávio, que viviam uma luta acirrada pelo maior Ibope, não baixaram a guarda depois do ocorrido. A "guerra" continuou até o ano seguinte, quando Chacrinha trocou a Globo pela Tupi para realizar seu programa, tornando-se colega de trabalho de Flávio. Depois de receber Seu Sete em seu programa, o "Velho Guerreiro" ainda foi algumas vezes mais ao terreiro de Santíssimo. Afinal, os mais próximos a ele sabiam muito bem que a tão polêmica presença de Seu Sete no seu antigo programa, além de uma forte arma pela audiência, era também uma ação de fé, uma tentativa de encontrar a cura para a tetraplegia de seu filho Nanato. Enquanto o filho sofria as consequências do acidente, Chacrinha fazia suas orações na Igreja, mas também frequentava a Mesa de Cura de Seu Sete:

> *"Fui a Santíssimo a primeira vez a convite do próprio Seu Sete. Desde então, vou lá sempre que posso. Gosto de ir lá, sinto-me bem lá. Não vou procurando nada de material: não peço mais dinheiro, ou audiência, nada. Procuro somente tranquilidade, serenidade, paz de espírito, e me faz bem ir lá. Seu Sete não promete nada a ninguém e só procura fazer o bem praticando a verdadeira caridade. Quanto ao que aconteceu no meu programa, quando se repetiram diante das câmeras os fatos notáveis que acontecem em Santíssimo, acho que isto só confirmou o poder de Seu Sete. Eu acredito no poder de Seu Sete porque ele só faz o bem."*

Chacrinha afirmava sem nenhum problema a vários jornalistas sua fé pessoal, que se dividia entre igreja e Lira. Sem receio, afirmava que sua crença não o impedia de gostar de Seu Sete e que não via nada de mais na apresentação ocorrida no seu programa. Já em relação a Silvio Santos, as impressões eram outras. A mídia levantou uma campanha contra ele. Afirmavam em jornais populares que Seu Sete havia jurado Silvio Santos, e que o Exu iria fazer mal ao apresentador, que inicialmente falara mal do terreiro motivando todo o ocorrido. Uma mentira desmentida pelos próprios umbandistas:

> *Seu Sete, dizem os jornais paulistas, quer acabar com Silvio Santos, o Zé do Sorriso Largo. [...] para impressionar Silvio Santos os jornais paulistas contam que todos os carros do Rio ostentam o emblema de Seu Sete [...], enquanto a boataria corre, os umbandistas encontram-se com a consciência tranquila. Dizem eles que a Umbanda não se destina ao mal. Que a Umbanda não mata ninguém e, portanto, se Dona Cacilda é umbandista, o Silvio não espere nada de mal.*

De fato, nenhum problema houve entre os dois, e das situações delicadas, uma lembrança ficou: uma foto de Silvio autografada por ele para o Exu: *"Para o amigo 7 da Lira me proteger. O seu amigo de sempre e para sempre. Silvio Santos".*

Ao contrário do que se comentava na época, o terreiro em Santíssimo não sofreu nenhuma forma de ataque por parte da Censura. Na verdade, o terreiro possuía muitos filhos no meio militar, e a própria ida de Seu Sete à TV se deu acompanhada de um membro do meio militar, o Cel. Ney, que testemunhou nos dois programas a cura do câncer que seu filho havia conseguido por intermédio de Seu Sete. Nenhum contato foi feito entre o órgão de censura e o terreiro de fato.

É importante citar um contato ainda mais importante e de teor puramente espiritual que havia acontecido entre o representante máximo da Lira, Seu Sete, e o da Nação: o presidente Emílio Garrastazu Médici. Conta-se que o então presidente e sua esposa, D. Cyla, também assistiam aos programas em que Seu Sete participava no Palácio da Alvorada, em Brasília. Indignado, o general iria tomar algumas "providências" contra Mãe Cacilda, quando, subitamente, ao seu lado, D. Cyla, incorporada, deu uma sonora gargalhada e disse para o marido totalmente transfigurada: *"Ah! Ah! Ah! Traz uma rosa e uma champanha! Não mexe com quem você não pode!"*

Providências

Diferentemente da orientação do mundo espiritual dada por intermédio da primeira-dama ao presidente Médici em relação a Seu Sete, o Governo Federal ao qual ele era o representante máximo à época podia, sim, mexer com o Guardião. As reações pela ida de Seu Sete à TV tiveram repercussão a longo prazo. Iniciou-se uma campanha por uma TV com mais qualidade de programação, com conteúdos que melhor atendessem àquilo que se supunha ser o desejo da sociedade. Era verdade também que o próprio Governo há muito vinha de olho nas programações da TV com vistas a disciplinar os excessos cada vez maiores promovidos na pretensão de audiência. O caso de Seu Sete, portanto, foi o pretexto ideal para deflagrar uma série de providências.

O discurso pretensamente intelectual por uma melhora da qualidade da televisão brasileira era, de certa forma, tão convincente e consensual que todo tipo de manifestação televisiva que não se adequasse ao pretendido era tido como um inimigo da sociedade. Era um discurso que escondia uma ideia preconceituosa para com muitas atividades, em especial para com o culto umbandista, um dos mais criticados justamente por conta do episódio polêmico envolvendo o Rei da Lira.

Alguns anos mais tarde, Boni, à época vice-presidente de Operações da TV Globo, afirmaria a respeito para a *Folha de São Paulo*:

> *"A partir desse episódio a responsabilidade deixou de ser do apresentador e passou a ser das emissoras. E não houve pressão nenhuma para fazermos programas de qualidade. Houve pressão para que os programas ao vivo passassem para a responsabilidade das emissoras. Isso só atingiu os programas de auditório. Fomos obrigados a reduzir os programas ao vivo e aumentar os de videoteipes."*

Em 1972, começou-se a sentir de fato as providências do Governo Federal a respeito das emissoras de televisão e suas programações como consequência da ida do Exu à TV. Em maio daquele ano, os ministros Jarbas Passarinho, Alfredo Buzaid e Higino Corsetti reuniram-se novamente na capital federal para discutirem o nível dos programas de televisão e, assim, tentarem encontrar uma fórmula adequada para melhorar a programação. Na ocasião, a iniciativa partiu do ministro de Justiça, que, segundo afirmaram seus assessores na época, vinha classificando alguns programas de TV da época como "lamentáveis". O Ministério das Comunicações ficou imbuído de levar à reunião o novo anteprojeto de reformulação dos programas com base no relatório preliminar, que havia sido enviado anteriormente, há algum tempo, aos ministros, mas que foi rejeitado por ser considerado "inviável e muito drástico".

Na divulgação feita pela mídia nacional sobre a reunião da comissão não faltaram menções do nome de Seu Sete, afinal, era tácito que o passo inicial para a reformulação da TV foi dado a partir da apresentação do Exu naqueles programas de auditório. Constituiu-se assim uma comissão formada por representantes dos Ministérios da Educação, Justiça, Comunicações e Trabalho, encarregados de apresentar relatório aos respectivos ministros. As sugestões apresentadas foram mantidas em sigilo, sabendo-se apenas que algumas pediam a proibição de programas de longa duração e exigiam a prévia gravação em videoteipe dos programas de auditório que, de maneira geral, não seguiam o roteiro aprovado.

A decisão do Governo Federal foi proibir a participação de Seu Sete e de fenômenos semelhantes em programas de auditório ao vivo, bem como impedir temporariamente que "costureiros e figurinistas" integrassem júris em shows de calouros, pretexto discriminatório para que homossexuais assumidos, como Clodovil e Clovis Bornay, fossem afastados do vídeo. As próprias emissoras que o levaram aos estúdios confirmaram a decisão em seus telejornais, acatando a ordem superior. Isso explica em parte a razão de Seu Sete nunca mais ter participado de programas de auditório. Porém, ele mesmo havia afirmado que nunca mais repetiria aquele tipo de aparição. O que não ocorreu com sua médium, Cacilda de Assis, a qual esteve posteriormente em vários outros programas após o tão polêmico e transformador acontecimento. O que não quer dizer que a vontade do Guardião tenha sido desobedecida, afinal, nunca mais apresentou-se incorporada pelo Exu em um estúdio de TV, como o Brasil inteiro assistiu boquiaberto naquele fatídico domingo de setembro de 1971.

Desentendimento entre irmãos

"Abre a Gira, girê, Oxalá, faz a Gira, girar
O meu pai, quem não é do amor
Meu Senhor, é melhor se mandar
Batuqueiro, batuque
Não deixe o samba parar
Seu 7 da Lira de ronda de olho em quem vem lá
Santo Antônio de pemba, meu santo é tão bonzinho
Abre a Gira, gire, não me deixe viver sozinho"
(*Abre a gira*, Cacilda de Assis e Cláudio Paraíba).

"Foi farsa!"

A ida de Seu Sete aos estúdios televisivos em 1971 atingiu em cheio o movimento afro-religioso do Brasil. O nome do Exu, o sentido de seus atos, a veracidade de seus trabalhos e a validade deles dentro das comunidades dos terreiros, em especial os da Guanabara, foram motivos de discussões durante muito tempo após o ocorrido.

Até então, nunca havia sido visto na TV uma manifestação mediúnica daquele porte e proporções, especialmente envolvendo uma figura amplamente conhecida no Brasil como Seu Sete da Lira. O fato motivou jornalistas a recorrerem aos órgãos federativos que representavam os cultos. A primeira surpresa que os jornalistas tiveram foi o fato de que não havia um órgão, mas, sim, vários deles, que se colocavam de forma contrária ou favorável ao ocorrido. A divergência de opiniões dividia o movimento afro-religioso. Ao mesmo tempo em que o deixava vulnerável a ataques e campanhas contrárias, também ampliava o quadro de ofensores ao trabalho do Exu, visto que, sem um órgão que representasse todas as federações, muita coisa ainda seria dita na tentativa de ser a última e decisiva palavra sobre o assunto.

O jornal *A Luta Democrática* de 14 de setembro de 1971 apresentava em letras garrafais em sua capa: "Seu Sete provoca protesto do Conselho de Umbanda. FOI FARSA!". A matéria foi feita com base no informativo do conselho deliberativo dos órgãos de cúpula da Umbanda, que se localizava na Guanabara. Na ocasião, o conselho emitiu uma nota afirmando publicamente não concordar nem aprovar o ocorrido nos estúdios no domingo. Na matéria, os representantes do conselho frisavam questões doutrinárias da Umbanda com o intuito de afirmar a não concordância dos atos de Santíssimo com o que ensinava a Umbanda. A matéria dizia: "Movimenta-se a Umbanda. Acham os umbandistas que o culto afro-brasileiro vem se prejudicando com as exibições em TV e erguem-se dispostos a acabar com ostentações de muita vaidade humana e de tão pouco sentido religioso".

Na Nota Oficial emitida, o órgão recorria diretamente à Igreja Católica na tentativa de juntas, Umbanda e Catolicismo, lutarem contra a suposta descaracterização do culto que Seu Sete estaria provocando com suas manifestações. Como a dividir a culpa, o órgão apontava o "sensacionalismo de programas de televisão, na disputa comercial dos recordes de audiência", como sendo um dos principais pilares que sustentava todo o ocorrido. A nota dizia o seguinte:

Nota Oficial
O Conselho Deliberativo dos Órgãos de Cúpula da Umbanda reuniu-se em sessão extraordinária secreta para analisar os últimos acontecimentos em que a religião umbandista foi envolvida e divulgou a seguinte nota oficial:
a) Repetidas vezes solicitamos dos órgãos da Censura Federal da Seção da Guanabara e às direções das estações de televisão que impedissem apresentações isoladas ou em grupos de pessoas caracterizadas com vestes e implementos próprios da ritualística e culto de Umbanda com evidente propósito de atingir maiores níveis de audiência baseado no consabido interesse das massas em torno de nossa religião.
b) Jamais os órgãos da Cúpula foram sequer consultados sobre a validade, autenticidade ou propriedade das apresentações feitas em qualquer dos seus aspectos: religioso, cultural, artístico ou folclórico. Algumas vezes, contudo, fomos atendidos a posteriori, evitando a repetição de uma imagem deturpada que traumatizava a imensa família umbandista.
c) Agora em que um espetáculo apresentado por uma senhora que, confessando-se praticante do Culto da Umbanda na intimidade de seu centro, consegue reunir milhares de pessoas semanalmente, atinge de forma chocante a opinião pública, pretende-se estender a toda a Umbanda e aos seus praticantes e adeptos conceitos retirados de uma observação parcial de um show programado.
d) Se a voz da Igreja se juntar a nossa para impedir a descaracterização de um culto religioso aceito e praticado em todo país por milhões de brasileiros, confessamo-nos lado a lado na mesma luta. Reservamo-nos, não obstante, o direito de encontrarmos as soluções para as nossas questões religiosas na intimidade de nosso círculo de chefes responsáveis.

e) Baseados nos últimos acontecimentos, condenamos qualquer apresentação ritualística da religião espírita-umbandista sem prévio consentimento dos órgãos de Cúpula.

f) A apresentação nos dois programas de maior audiência do País, apesar de não corresponder a nenhuma das práticas religiosas umbandistas, é um fenômeno que vem sendo estudado detidamente pelo Conselho de Culto para um posterior julgamento.

g) Na hipótese de ataque ou restrição ao livre exercício do credo religioso da Umbanda, o Conselho Deliberativo dos órgãos de Cúpula Umbandistas fará valer as garantias asseguradas na Carta Magna, art. 153, parágrafos 1º, 5º e 6º a fim de que sejam sustadas as interferências capazes de prejudicar nossos direitos já reconhecidos.

Ass.: General Mauro Porto, Floriano Manoel da Fonseca, Jerônimo de Souza e Martinho Mendes Ferreira – Conselho Deliberativo da Confederação Nacional Espírita- Umbandista e dos Cultos Afro-brasileiros; União Espírita de Umbanda do Brasil; Federação Nacional das Sociedades Religiosas de Umbanda; Congregação Espírita Umbandista do Brasil.

Seguindo a atitude tomada pelos órgãos de cúpula, várias outras associações se manifestaram contrárias ora a Seu Sete, ora à exibição de manifestações afro-religiosas em programas televisivos. O deputado Átila Nunes Filho, que era amplamente conhecido dentro do movimento umbandista, leu na Assembleia Legislativa a nota oficial emitida pela Confederação Nacional Espírita-Umbandista e dos Cultos Afro-Brasileiros em que, entre outras coisas, era possível ler:

Estamos de acordo com muitas coisas declaradas pelo eminente e ilustre prelado, ainda sob a revolta dos espetáculos das televisões que abalaram opiniões pelo pouco ou pelo nenhum cuidado com que são apresentados, sem uma consciente e antecipada apreciação, sem verificar se essa apresentação fere frontalmente a própria fórmula religiosa, se há permissão para trazê-la em público, ao vivo, coisa que mais de uma vez condenamos em missivas e solicitações dirigidas às direções das televisões.

Mais adiante naquela leitura, o deputado afirmou que o protocolo que havia sido assinado entre as duas emissoras de televisão deveria proibir quaisquer zombarias ou deboches em programas cômicos de auditório ou qualquer outro programa que atentasse contra os costumes religiosos. O parlamentar afirmou ainda que enviaria um ofício ao Ministério da Justiça pedindo uma censura mais rigorosa para os programas de televisão. Sua preocupação com esse item em especial se devia à possibilidade de ocorrerem outras ações parecidas se, porventura, continuassem a agir de forma cômica com ações religiosas, independentemente de que religião fossem.

A crítica supostamente feita pela Umbanda às manifestações ocorridas na TV não se dirigiam apenas à emissora em si, mas também, de forma muito direta, aos apresentadores, acusados de efetuarem a participação utilizando da fé para fins materiais. Além disso, julgamentos também eram dirigidos aos organizadores do Centro, que, segundo era dito, não passavam de aproveitadores que se utilizavam da fé alheia.

Pouco apoio, muitas críticas

Alguns milhares de quilômetros distante do Rio de Janeiro, contudo, um grande representante da espiritualidade brasileira e que enfrentava, na época, críticas similares às de Mãe Cacilda uniu-se a ela a distância e em espírito para se ajudarem mutuamente na missão que carregavam. Francisco Cândido Xavier, o médium espírita conhecido como Chico Xavier, tomou conhecimento do ocorrido e direcionou a Mãe Cacilda cartas que visavam dar-lhe forças e motivação naquele momento difícil. Os dois líderes trocaram correspondências por longo tempo no desejo mútuo de ajudarem-se um ao outro no difícil caminho que trilhavam.

A preocupação dos órgãos umbandistas com o fenômeno Seu Sete era algo visível mesmo a longa distância. Os órgãos federativos nunca antes haviam lidado com um fato de tamanha proporção como aquele e lhes faltavam saídas que permitissem uma solução que não denegrisse a imagem da religião. Duas opções foram levantadas: apoiar ou não o Centro, desacreditando-o diante da opinião pública. A última opção foi a escolhida pela grande maioria.

O que se viu após as manifestações públicas dos órgãos foram milhares de supostas entidades baixadas em terreiros da Guanabara afirmarem não ser Seu Sete um Exu de verdade. As afirmações eram com frequência divulgadas pela mídia impressa, que via nisso uma forma de vender mais jornais, afinal de contas tudo que carregava ou envolvesse o nome do Exu possibilitava agora vendas maiores que o normal. A divulgação de matérias que diziam respeito a Seu Sete ganhava destaque sempre na primeira página com expressões nada amigáveis para o movimento umbandista, que sentiu o efeito negativo voltar-se contra si. Até mesmo uma "guerra no reino dos Exus" havia sido anunciada em certa feita:

> *Há brigas nos terreiros de Exus e Orixás. Ninguém se entende. Seu 7 da Lira bagunçou o coreto dos babalaôs. Estes se xingam mutuamente, reciprocamente, acusam-se de mistificadores [...], mas não pensem que o fuzuê é só nesse mundo. Os Exus, nas regiões das sombras, também se exasperam, lutando para expulsar das linhas um Exu intruso: Seu 7 da Lira. Seu 7 quer forçar a barra e sentar-se num trono.*

A matéria, embora fantasiosa e cômica, não se afastava muito da realidade humana da situação. Ofendidos com a crescente divulgação dos trabalhos da Lira, diversos líderes passaram a desafiar o Exu e sua médium em jornais e rádios, afirmando não serem reais as notícias positivas que saíam da Lira: *"Ela pode convocar quem quiser para um encontro comigo, que pode ser inclusive em seu próprio terreiro; então veremos se ela pode discutir comigo em linguagem espiritual. Desde que essa apresentação não seja feita na televisão, não me importo com a assistência que pode ser até de jornalistas".* Foi o que disse o Babá Derê, que chefiava o terreiro Pai Oxalá na Guanabara ao jornal *A Luta Democrática*. Continuando, o líder classificou a apresentação ocorrida na TV de "palhaçada" e afirmou que a médium havia utilizado a grande audiência dos programas para *"fazer um número de circo em flagrante desrespeito à religião e à fé do povo".* Em outra oportunidade, o Babá Ênio Pereira da Costa, conhecido na época como o Rei da Umbanda do Rio de Janeiro, afirmou ao jornal *O Fluminense*, de 4 de setembro de 1971, sua revolta contra Seu Sete:

> *Um sentimento de repulsa está dominando os meios umbandistas, católicos e até de outras religiões por causa do acontecimento causado com a apresentação do Seu 7 da Lira na televisão. Dizendo que nunca se chegará a uma conclusão simplesmente porque não existe nenhum Exu filho de Nanã Buruquê com Oxalá, o famoso Babalaô Ênio Pereira da Costa está disposto a provar a Dona Cacilda e a seus seguidores que Seu 7 da Lira não existe e que tudo que está acontecendo é uma má interpretação da Umbanda. "Jamais o espírito de um Exu poderia baixar num palco de TV, sem a menor preparação da terra, muito menos depois baixar em outro local, além de ficar percorrendo ruas inteiras, em carro aberto, causando desmaios e gritarias numa agitação geral".*

Como não faltassem críticas dos umbandistas, os representantes do Candomblé também decidiram dar sua voz contra o terreiro de Santíssimo. Um jornal anunciou: "SEU SETE NÃO TEM VEZ NOS TERREIROS DA BAHIA". A reportagem foi baseada nas palavras de Waldeloir Rego, que à época era diretor do Centro Folclórico da Bahia. Na ocasião, Waldeloir afirmou: *"Seu Sete é uma figura considerada engraçada por aqueles que se dedicam ao culto do Candomblé. Nele não existe característica alguma de Exu. Ele é um dos embustes muito comuns em cidades grandes como é o Rio de Janeiro".*

No entanto, na prática, a verdade era diferente. Maria Escolástica da Conceição Nazareth, ou simplesmente Mãe Menininha do Gantois, era a maior liderança candomblecista da Bahia e, pessoalmente, em diversas ocasiões, manifestou apoio ao que acontecia em Santíssimo às filhas biológicas de Mãe Cacilda nas visitas que estas faziam ao terreiro do Gantois, em Salvador, ou a filhos da Lira que a conheciam. Amigos da Ialorixá baiana que visitavam a capital carioca levavam para ela marafo do Exu, que ela usava em sua perna para alívio de dores.

José Ribeiro, conhecido Babalorixá da época e que foi tido como o 2º Rei do Candomblé, se expressou também a respeito do ocorrido manifestando seu amor pela Umbanda na tentativa de desfazer a imagem de crítica lançada por vários candomblecistas ao culto umbandista de forma geral, mas não abriu mão de manifestar sua opinião contrária ao Exu de Santíssimo:

"Credulidade não é credencial de umbandista: expressa ingenuidade. A Umbanda tem sua doutrina e vários ritos. Externamente o culto umbandista varia. Na essência é um só. A Umbanda prega a união, a paz e o amor. Ela ajuda o homem a suportar a vida, que é uma prova constante de expiação. O nosso povo confunde quiumbas com exus e muitas vezes com Orixás. Orixá não baixa em televisão e, portanto, Seu Sete nem é Orixá, nem Exu".

Ao concluir sua fala, ele lançou mais um desafio ao Exu: *"Meu terreiro é na estrada da Santa Efigênia, 152, Taquara, Jacarepaguá, e lá gostaria de receber Seu Sete para que ele me mostrasse seu poder".* Alguns meses depois, José Ribeiro anunciava em sua coluna jornalística semanal que receberia Mãe Cacilda em seu terreiro como convidada especial para uma comemoração ritualística. Sem afrontas e plenos de irmandade.

Até mesmo as práticas costumeiras do Exu se tornaram motivos de críticas indiretas lançadas por líderes de terreiros do Rio de Janeiro. Ao lado de uma foto de um Exu com feição fechada incorporado no terreiro de Pai Armando de Iemanjá, publicada no jornal *A Luta Democrática*, podia-se ler: "O Exu baixou no terreiro de Armando de Iemanjá. Zangou-se quando a reportagem quis fotografá-lo. Afirma que Exu vem à Terra para trabalhar e não para aparecer em televisão". Uma crítica direta ao costume de Seu Sete de deixar-se fotografar por fiéis e profissionais na Lira durante seus trabalhos. Em outra ocasião, divulgava-se a Tenda São Gerônimo, onde os Exus incorporados não se utilizavam de marafo em seus trabalhos e, assim mesmo, realizavam curas. Outra forma implícita de contestar o método de trabalho do Exu, em que o marafo era largamente usado.

As repercussões a respeito do Seu Sete nos jornais todas as semanas eram tamanhas que até mesmo a possibilidade de uma prisão do Exu não foi descartada e, claro, se tornou motivo para mais uma matéria no jornal *O Fluminense*, de 4 de setembro de 1971:

> ***Bellot diz que prende Seu 7***
> *O delegado Moacir Bellot, famoso pelos casos em que se envolveu ao longo de seus quase 20 anos de carreira, deu início a uma campanha contra os centros espíritas que exploram a crendice popular, no Fonseca, sua nova jurisdição policial, fechando 22 deles em apenas uma semana. O delegado que se declara pagão e sem temer mau-olhado e quizumba disse que o Seu 7 da Lira, em sua jurisdição, não teria boa vida: eu o prenderia em plena sessão porque até hoje não vi nenhum guia aguardar a chegada da polícia durante uma blitz segura, fugindo ao contrário ainda no dorso de "cavalos" assustados.*

> *Segundo o Sr. Moacir Bellot o espetáculo apresentado no último domingo por duas emissoras de TV da Guanabara que exibiram o Seu 7 da Lira merecem "severa punição das autoridades..."*

A forma taxativa com que os líderes afro-religiosos se manifestaram contra o trabalho do Exu, bem como a sua aparição na TV, criaram uma dúvida geral entre os participantes ou não da Lira. Se Seu Sete não era da Umbanda nem do Candomblé, se Seu Sete não era Orixá nem Exu, então o que era Seu Sete? A dúvida deu abertura aos cultos do Nordeste, a Encantaria. Segundo diziam alguns sacerdotes, a manifestação da entidade se aproximava muito dos cultos da Encantaria Nordestina. Sua alegria, o uso de bebida, suas vestimentas e a devoção por Santo Antônio eram características de várias casas de encantaria reinantes no Nordeste, mas pouco conhecidas no resto do país. Aproveitando-se da confusão, uma pesquisa foi lançada no jornal *A Luta Democrática*:

> *Responda para este jornal. Preencha o cupom abaixo e seja o grande juiz. Responda: sim ou não.*
> *1) Você acredita no Seu Sete da Lira?*
> *2) Já foi atendido por Seu Sete da Lira?*
> *3) O Ritual de Seu Sete é de Umbanda?*
> *Envie e se candidate a um livro presente.*

Talvez por que o resultado da pesquisa tenha sido contrário à intenção dos organizadores, o resultado final não foi divulgado.

Em outubro de 1971, a direção do terreiro decidiu manifestar-se pela primeira vez oficialmente sobre os ocorridos que sucederam com a apresentação do Exu na TV. Em nota assinada pelo secretário da Tenda Espírita Filhos da Cabocla Jurema, discorreu-se a respeito das razões que levaram o Exu à TV. Deliberadamente, o nome da Umbanda foi utilizado na nota, eliminando, assim, a suspeita e a possibilidade de criação de outra corrente religiosa idealizada por

Seu Sete, possibilidade esta que era imaginada, e temida, pelos líderes dos órgãos representativos dos cultos afro-religiosos. Eis o que dizia a nota:

> *A Diretoria do terreiro de Seu Sete da Lira, que funciona em Santíssimo, louvando-se na grita contra o espiritismo popular gerada nos setores mais responsáveis e hierárquicos da Igreja, vem a público prestar os seguintes esclarecimentos:*
>
> *1 – Não foi Seu Sete quem procurou os programas de Flávio Cavalcanti e Chacrinha com finalidades irrelevantes de promoção. Pelo contrário, Seu Sete foi sucessivamente procurado pelos dois produtores de televisão que desejavam apresentar um pouco de sua verdade, tendo em conta a imagem deformada de Seu Sete produzida em entrevista contida no Programa Silvio Santos.*
>
> *2 – Seu Sete aceitou esse oferecimento de reportagem, levando em conta o objetivo mais alto de sua mensagem de amor, caridade e perdão, trinômio nobre do evangelho de Cristo e que envolve todo o contexto da grande obra espiritual e de cura física do terreiro de Santíssimo.*
>
> *3 – Em aparecendo na televisão – como é do conhecimento de milhões de telespectadores de todo o Brasil – Seu Sete manteve o alto nível de sua mensagem de amor e perfeita convivência humana. Não desrespeitou nenhuma outra religião, nem tampouco a medicina, cujo elogio foi produzido pela grande entidade de luz. Também não se apresentou como um ser milagroso, deixando a prova de sua humildade, principalmente quando afirmou que a cura depende diretamente da fé dos doentes.*
>
> *4 – Resumindo os antecedentes nos tópicos acima, essa diretoria lamenta profundamente que a divulgação de Seu Sete pela televisão brasileira tenha sofrido efeitos desagregativos e polêmicos, servindo de pasto a uma bem estruturada campanha contra a caridade de Seu Sete e já, a esta altura, alcançando toda a área do espiritismo popular de Umbanda, de modo a criar no Brasil, onde*

a liberdade religiosa é um dos mais belos capítulos da Constituição, a figura odienta da perseguição medieval contra o espiritismo de Caboclos, Pretos Velhos, Crianças e Exus.

5 – Não desejando contribuir, de nenhuma maneira, para acender mais ainda o conflito gerado na opinião pública, por conhecidas forças espreitantes e poderosas, essa Diretoria se sente no dever de acrescentar que o espiritismo e mediunismo de Seu Sete – como em geral de toda Umbanda – vem se mantendo fiel às suas metas marcadamente espirituais e de caridade pura, jamais resvalando para o plano político, ou de implicações do Governo, penetrando na problemática temporal, porque Seu Sete e seus seguidores – todas as multidões do espiritismo popular – praticam uma das mais sábias recomendações do Evangelho: dá a Cristo o que é de Cristo, dá a Cesar o que é de César.

6 – Deixando ao largo a campanha gráfica e oral contra Seu Sete, que persegue o conflito perigoso de religiões, fato repelido pela consciência cristã e democrática do povo brasileiro – o trabalhador espiritual do nosso terreiro reflui à sua Lira, em Santíssimo, cenário de tantos milagres da fé, pedindo a todos os Orixás e Espíritos de Grande Luz que intercedam para minimizar a desunião pretendida levando o bom senso, a caridade e o amor à mente e aos corações subitamente inflamados pela ânsia de contestação.

(A) Pela Diretoria: Armando Pinto, secretário.

A parte final do último item da nota revela de forma indireta a razão pela qual a direção do terreiro abria mão de defesas perante as injúrias lançadas contra a instituição quase que diariamente em jornais impressos e programas de rádio da capital. Para impedir atos de divisão e contenda entre as lideranças do movimento afro-religioso, Mãe Cacilda preferia que os caluniadores fossem convidados a conhecer o trabalho de perto e constatarem, eles mesmos, a veracidade ou não das informações divulgadas no lugar de publicações de contestações que mais acendiam a fogueira do que resolviam a questão.

As palavras de Mãe Cacilda

Embora o terreiro tenha se manifestado de forma oficial para a sociedade sobre os acontecimentos, Mãe Cacilda decidiu se posicionar-se ao se dirigir à comunidade umbandista e afro-religiosa do Brasil. Ela escreveu uma carta aberta de próprio punho, que foi publicada na revista *Orixás* (produção de Mário Barcelos) em sua primeira edição e que continha estas palavras:

> *Meus amigos e meus fiéis,*
> *Pela primeira vez, em toda a minha vida de Ialorixá, faço uma declaração pública, de próprio punho, atendendo ao pedido de Mário Barcelos, editor desta revista.*
> *Não vai nas minhas palavras nenhum desabafo, nem ressentimentos, pois acima de tudo confio em Oxalá e nas minhas entidades. Cumpro uma missão que me foi designada e a ela, com muita satisfação, me escravizo, pois sei que por intermédio desta sublime missão vou conseguir um lugar junto de minha Mãe Iansã e de meu Pai Xangô.*
> *Dei os melhores anos de minha vida à causa do santo e o fiz com a devida consciência de que cumpria as determinações do santo. Vivi, vivo e viverei o resto da minha vida para servir ao próximo e fazendo isso me sinto bem. Não importa que tenha perdido o direito de caminhar nas ruas do anonimato como acontece com todas as mulheres, pois em qualquer lugar que eu chegue sou reconhecida como "aparelho" do meu querido Seu Sete. Tenho orgulho disso, mas mantenho, acima de tudo, a humildade necessária para o êxito de quem tem tão séria missão como é a de dirigente de um terreiro. Não condeno os que falaram de mim. Muito pelo contrário. Nas minhas orações peço apenas clemência para esta gente, pois os que falam do meu trabalho não procuraram vê-lo de perto. Sou esposa, mãe e avó e quero fazer de mim um espelho para os meus filhos e netos. No meu coração não existe lugar para rancores*

e faço como SETE DA LIRA, dou amor para tentar colher amor. Se muitos falam de minha pessoa, muitos me seguem e me cobrem de gentilezas. Tenho meus amigos fiéis e isto basta para que fique recompensada.

Agora mesmo, quando desencadearam contra mim e contra Seu Sete uma terrível campanha de difamação, não reagi. Agi como Jesus Cristo sem querer me comparar com Ele. Entreguei tudo ao Pai e sabia que a justiça seria feita. Muitas lágrimas de Oxum rolaram na minha face, mas jamais pensei ou desejei mal a qualquer dos meus semelhantes. Graças a Deus, todas as mentiras foram desfeitas, e a nossa vida voltou ao normal.

Sinto que mesmo nas horas de amarguras, estava prestando um serviço à Umbanda. Alguém precisava ser crucificado, para que tomassem conhecimento da nossa religião, e este alguém fui eu. Passei dias de angústia, mas jamais perdi a fé, pois sempre tive a consciência tranquila. Era questão de horas ou dias, mas eu sabia perfeitamente que todas as injustiças seriam reparadas. Contei com um punhado de amigos e amigas que não me abandonaram, e isto foi o meu grande lenitivo. Não paramos um dia sequer de prestar a nossa caridade, e SEU SETE com toda a sua força e seu poder, jamais trabalhou contra quem quer que seja. Ele, aliás, fez em 1969 uma previsão de tudo que agora aconteceu e que, graças a Oxalá, já é passado. Foi bom, de certa forma, pois todo o povo, as autoridades e mesmo os inimigos gratuitos chegaram à conclusão de que em nosso terreiro nada existe de errado. Nosso trabalho é honesto e desinteressado. Se realizamos campanha para a construção da Lira é com o objetivo único de beneficiar os nossos doentes que antes ficavam expostos à chuva e ao frio. Levantamos com o auxílio de todos uma obra formidável, mas que ainda depende de conclusão. Fizemos apenas o que fazem os dirigentes de templos de outras crenças. Levantamos nossa terra como são levantadas as Igrejas Católicas, as Sinagogas e os Templos Protestantes, ou seja, com a ajuda dos fiéis.

> *Aproveitando a oportunidade que meu irmão Mário Barcelos me dá, de falar francamente com vocês, faço, a cada Dirigente de terreiro um convite: venham a Santíssimo aos sábados. Venham conhecer nossa casa e o trabalho do meu querido SETE DA LIRA. Nós queremos paz e união e estamos agora, mais do que nunca, imbuídos da necessidade de comunicação. Saravá.*

Uma das reações inesperadas e que mostravam que, na prática, os templos umbandistas também queriam um "Sete da Lira" para si foi a aparição de várias entidades com o mesmo nome que o Exu de Santíssimo em milhares de tendas pelo Brasil afora. Algumas manifestações de fato realizavam alguns feitos de cura em suas incorporações, já outras, nitidamente, tinham interesse em possuir a fama do Exu de Santíssimo, por isso, apenas por isso, utilizavam seu nome e, muitas vezes, reproduziam cópias de suas paramentas para si. Em certa ocasião, um desses colocou uma espécie de esponja abaixo do pescoço escondida na gola de sua roupa: ao beber cachaça na verdade a derramava, disfarçadamente, sobre a esponja, que era trocada de forma discreta, de tempo em tempo, por um auxiliar. Em outra ocasião, um outro 7 só falava palavras ditas e gravadas pelo Exu de Santíssimo em seus LPs, uma situação clara de imitação. Seu 7, o de Santíssimo, falava frequentemente em seus trabalhos sobre os "7s" farsantes esclarecendo seus fiéis de que outros setes existiam, mas da Lira havia apenas um.

A mídia não deixou isso de lado, e em algumas situações apresentou matérias maliciosas a respeito. "Seu Sete está em todas. Ele baixa em Dona Cacilda e dá o repeteco em Dona Mercedes" era o título que estampava uma matéria publicada na revista *Gente, fatos e fotos* em sua edição de 15 de setembro de 1975; ali se tentava fazer uma ponte entre as manifestações mediúnicas ocorridas na Tenda Espírita de Pai Fulá no bairro Nova América, em Nova Iguaçu, dirigida por Dona Mercedes Santos, uma funcionária pública aposentada, e as manifestações que ocorriam na Lira de Seu 7. Nessa Tenda, um Exu se manifestava com o nome de Seu Sete das Encruzilhadas, nas sessões que ocorriam apenas aos domingos, durante o dia. O nome parecido foi o suficiente para se criar um questionamento sobre a possibilidade de serem a mesma entidade, embora as diferenças entre elas fossem absurdamente claras e visíveis.

Imprensa marrom

"Meu grande amigo, Seu 7 Encruzilhadas
Tem coroas que não existem iguais
Rei do jogo, Rei da Lira, Rei do canavial
Ele trabalha para o bem, e não trabalha para o mal
Ele é o Rei da Encruzilhada, ele é o Rei do Carnaval
Sou bem feliz, Seu 7 é meu grande Rei
Amigo certo das horas incertas
Quando ele tarda vem no caminho da glória e faz nascer
Das cinzas da derrota a chama da vitória"
(*Chama da vitória*, Cacilda de Assis e J. Alexandre Silva).

Os inimigos

A perseguição a que as práticas religiosas de ordem mediúnica são vítimas não é nenhuma novidade na história. Em verdade, em quase todas as situações em que um ato religioso ganha destaque, inevitavelmente para ele incidem olhares bons, mas também – e principalmente – ruins. Na história de Seu Sete, foram três os principais perseguidores: a mídia, os órgãos federativos umbandistas e a direção eclesiástica da época. Cada um destes, motivados por razões bem definidas, lançaram dentro de seus limites ações que manchavam a imagem do trabalho realizado em Santíssimo.

Desde o início de seu trabalho religioso, Mãe Cacilda se manteve como uma figura de respeito e de grande representatividade. Escreveu uma história dentro da religião umbandista que se iniciou antes de completar sua primeira década de vida e que continuou até o fim dela. Já em Santíssimo, na virada da década de 1960 e início de 1970, Seu Sete começou a avisar em diversas oportunidades que o centro e sua médium seriam vítimas de uma grande campanha de difamação por parte da sociedade. O Exu afirmava que ao lado dele continuariam apenas os fiéis verdadeiros. A previsão de Seu Sete, claro, intrigava e assustava: como alguém ousaria questionar a veracidade daquilo que todos viam a olhos nus nas noites de sábado em Santíssimo?

A ida de Seu Sete aos estúdios televisivos da Tupi e Globo foi o estopim para a avisada campanha negativa. Primeiramente, a repercussão se devia ao Governo Militar da época, pois era esperado que este tomasse como providência o fechamento do terreiro e, em uma ação mais agressiva, o cárcere de Mãe Cacilda pela divulgação pública de baixo espiritismo e ofensa à Igreja. O fechamento, entretanto, não procedeu, nem sequer o templo recebeu como visita um representante do Governo Militar – com exceção, claro, dos militares filhos da casa, do menor até os mais altos postos, que iam a Santíssimo como fiéis devotos. A ausência da atitude esperada por parte do Governo foi suficiente para indignar a Igreja, alimentar matérias de jornais e intimidar os órgãos umbandistas. Esses três unidos e de forma independente fizeram da Lira alvo de vários impropérios.

Mídia

Há tempos os veículos de imprensa voltavam seus olhos para a Lira. Quando a casa se transferiu para Santíssimo, especialmente, a visibilidade na mídia só fez aumentar. Notas e artigos eram colocados nas páginas de alguns jornais dando conta da existência de um terreiro que atraía um grande público na região agrícola do Rio de Janeiro e que, frequentemente, contava com a presença de famosos. Fotos do terreiro, de princípio, não eram conhecidas, visto que máquinas fotográficas eram proibidas durante o trabalho. Apenas conheciam aquela figura munida de capa e cartola aqueles que fossem ao seu templo ou que a tivessem visto no meio da multidão no bloco carnavalesco.

Com o passar do tempo, o controle da entrada de câmeras fotográficas no terreiro se tornou impossível por conta da quantidade de pessoas que frequentava as giras. A direção do centro, assim, autorizou o registro fotográfico de alguns trabalhos, e a imagem de Seu Sete passou a ser divulgada na imprensa juntamente com notas escritas sobre ele. No entanto, foi principalmente a ida do Exu à TV que estremeceu a relação entre a entidade e os veículos de comunicação. Notas como esta do *Correio da Manhã*, publicada antes mesmo da aparição de Seu Sete no programa da TV Tupi, mostram a tênue relação que se estabelecia:

> *Enfim Seu 7: domingo no programa Flávio Cavalcanti será apresentado ao público o espírita conhecido como "Seu Sete da Lira", dono de um terreiro no subúrbio de Santíssimo, que recebe cerca de 5 mil pessoas cada fim de semana; a propósito: talvez por causa disso é que Danuza Leão não vai mais fazer o seu número de levitação.*

O fato de haver dentro da Lira devotos que ocupavam grandes postos em vários veículos de comunicação da época fazia com que, com frequência, fossem vistas loas de louvor ao Exu em alguns jornais. Por outro lado, a constância com que seu nome era mencionado na sociedade fazia com que fosse também comumente usado em matérias maliciosas, as quais davam mais combustível aos inimigos da Lira.

Após a apresentação televisa de 1971, os jornais acompanharam com proximidade as ações da Igreja, do Governo e dos órgãos umbandistas. Como esses agiam sempre de forma contrária ao terreiro, os jornalistas iam, no mesmo sentido, em busca de provas que refutassem a veracidade das manifestações de Santíssimo e, assim, também da moral de sua principal dirigente, Cacilda de Assis.

A partir daquele episódio, todos os males ocorridos na cidade passaram a ter mais um culpado: Seu Sete Encruzilhadas. Famosos devotos da Lira eram questionados em entrevistas sobre sua devoção ao Exu, pressionados a dizerem algo que o desfavorecesse. Em outros espaços, o nome do Guardião era levado como brincadeira, e seu poder questionado de forma irônica. A figura de Mãe Cacilda, igualmente, tornou-se alvo de debochas e injúrias, não raro descambando para a ausência total de respeito à sua pessoa. A índole de Mãe Cacilda, como decorrência do episódio da TV, passou a ser questionada em total desacordo com a real premissa de suas atitudes.

Com toda aquela repercussão, Mãe Cacilda decidiu, juntamente com a direção do templo, abrir as portas aos jornalistas, designando Luzia para falar em seu nome. Aconteceu que, sem poder controlar, muitas das entrevistas concedidas acabavam sendo divulgadas com desvios de conteúdo. Palavras eram alteradas, explicações descontextualizadas e, assim, mais injúrias eram lançadas contra o local. Revoltada, Mãe Cacilda se recolheu. Mostrava-se cada vez menos aos meios de comunicação, utilizando apenas seu programa na Rádio Metropolitana para se manifestar em defesa da Lira. Com o tempo, contudo, as difamações aumentaram de tal forma que, semanalmente, era possível encontrar uma falsa notícia sobre o terreiro. "Fechamento do terreiro de Santíssimo", "Mãe Cacilda encontrada bêbada na Lapa" ou "Ex-marido afirma: Cacilda me deve e muito" eram algumas das absurdas publicações, claramente inventadas por vários jornais impressos da época. Eni de Assis, sua filha, fala a respeito dessas publicações:

> *"Não disseram uma vez que mamãe era boa de copo na Lapa? Mamãe nem conhecia a Lapa. Colocaram no jornal, um jornalista que não recebemos ele aqui em casa. Ele começou a criticar Seu Sete, ia atrás de parentes e familiares, oferecia dinheiro a eles para que falassem da mamãe, mas eles se negavam dizendo que não mentiriam por dinheiro."*

Toda matéria encontrada em jornais era guardada pelos devotos, que as levavam no sábado seguinte à Lira. Seu Sete respondia cantando músicas que expressavam seu desagrado com a situação, mas fazia questão de lembrar que aquela perseguição havia sido anunciada por ele anos antes. Como as difamações não diminuíram nem tampouco cessaram com o tempo, o Exu pediu aos fiéis:

– Não comprem jornais que inventam mentiras; não comprem mentiras. O valor que vocês forem usar para alimentar enganações utilizem para comprar um leite e dar para uma criança carente, uma comida e dar para quem passa fome, um agasalho e dar para quem passa frio!

O pedido do Exu, aliás, também acabou virando notícia, porém com o sensacionalismo característico da imprensa:

> ***Seu 7 declara guerra à imprensa e roga praga***
> *Seu 7 declara guerra à imprensa e roga praga A médium Cacilda de Assis, o cavalo de Seu Sete, declarou guerra à imprensa na sessão do último fim de semana, pedindo às quase 20 mil pessoas reunidas em seu terreiro de Santíssimo que não comprem mais jornais e rogando nos repórteres a praga de que algum dia ainda os verá sentados em sua mesa de cura.*

O Departamento de Censura Federal proibiu a reprodução em fita da sessão de sábado da Lira de Seu Sete que seria apresentada de 6 às 9 horas na Emissora Metropolitana, com base nos decretos que proíbem a exploração da crendice popular por qualquer meio de comunicação.

Proibição

O produtor do programa de Seu Sete na Rádio Metropolitana, Ataíde Pereira, afirmou que estava com a fita pronta quando ao chegar aos estúdios da emissora encontrou uma ordem de proibição da irradiação e um pedido de seu comparecimento ao Contel.

Há algumas semanas Ataíde vinha apresentando as sessões de Seu Sete às segundas-feiras e aos sábados, mas, de agora em diante, não poderá mais fazê-lo por causa da proibição contida nos decretos 20.493, de janeiro de 1946, e 1.023, de maio de 1963.

Foi o produtor quem distribuiu uma nota oficial do terreiro esclarecendo que não procurou promoção nas emissoras de televisão: "Seu Sete não desrespeitou nenhuma outra religião, nem tampouco a medicina, cujo elogio foi produzido pela grande entidade de luz e manteve o alto nível de sua mensagem de amor e perfeita convivência humana".

Ataque

Smoking, cartola, capa preta com aplicação de uma lira em vermelho e ouro e permanentemente uma garrafa de aguardente na mão, charuto à boca. Foi assim que D. Cacilda de Assis, incorporada no Seu Sete, comandou a sessão de sábado em seu terreiro, quando utilizou quase todo o tempo para justificar-se perante os frequentadores.

Na entrada, medidas de repressão foram usadas contra os jornalistas, impedindo o sistema de segurança que qualquer máquina fotográfica tivesse acesso ao local. "São ordens e temos que cumpri-las", preveniam os cambonos de Seu Sete no portão do Sítio de Santíssimo.

No pavimento superior do prédio que os adeptos chamam de Lira, um conjunto – pistom, saxofone, trombone, maracas, chocalho, pandeiro etc. – faziam fundo a D. Cacilda: tocavam baixinho quando ela falava e bastante alto quando cantava e dançava. Praticamente nisso, excluindo-se a denominada Hora Grande, resumiu-se a sessão. Bastante irritada, D. Cacilda – ou Seu Sete – recusou-se a receber os jornalistas, mandando pelos alto-falantes do sítio o seguinte recado: "fiquem na de vocês que eu fico na minha".

Campanha

Apoiada pela maior parte dos presentes, pessoas humildes, a médium lançou no terreiro uma campanha para que ninguém mais compre jornais e, contrariando sua pregação de amor, manifestou o desejo de ver os repórteres na mesa das curas, isto é, procurando-a com algum problema. "Cuidado, cuidado, seus repórteres que não sabem o que pensam", advertia pelos alto-falantes instalados no prédio onde estão o galpão das curas e a Lira, no momento em obras embora não se tenha conhecimento de licença para isso fornecida pela Administração Regional da Área.

Após provocar a reação popular com suas palavras, a médium começava a cantar uma canção geralmente carnavalesca e ensaiava uns passos de samba enquanto milhares de pessoas esperavam em filas enormes o acesso às mesas do galpão por onde D. Cacilda não desfilou em toda sua extensão. A cada aparição de Seu Sete nas sacadas, a multidão, as mãos abertas para cima, saudava-a aos gritos enquanto recebiam golfadas de aguardente das garrafas que iam sendo entregues ao babalaô.

Hostilidades

Alguns repórteres se queixaram de hostilidades dentro do Sítio, mas isso não aconteceu na realidade. Além da proibição dada aos fotógrafos – que correram o risco de terem suas máquinas apreendidas em caso de insistência –, as viaturas dos jornais foram impedidas de estacionar nas proximidades e, ao final da Hora Grande, 0h30m, os auxiliares do terreiro procuravam facilitar às Kombi que faziam indevidamente o serviço de lotação.

Uma camioneta chapa branca – número 854456 – foi vista deixando o terreiro, conduzindo adeptos do Seu Sete. O estacionamento improvisado nas cercanias estava sendo cobrado a Cr$ 3,00, e o trânsito ficou tumultuado até as primeiras horas de domingo, sem que houvesse um só guarda em serviço.

A repressão do Exu aos jornalistas que usavam de sua figura de forma negativa provocou a indignação desses mesmos profissionais mal-intencionados. Cacilda se tornou alvo até mesmo de detetives contratados, que buscavam de toda forma encontrar meios de atingir sua imagem e reputação:

Vigia não permite ver Cacilda em Copacabana
Um luxuoso edifício da Avenida Atlântica – o 1.136 – está desde a semana passada sob a severa vigilância de Seu Francisco, um faxineiro de 29 anos, que diz não poder dar informações a ninguém, "pois isto é prédio de bacana". Ele é um dos empregados do edifício onde mora D. Cacilda de Assis.

Segundo ele, Seu Sete nunca morou ali; sua filha é que morava, mas era inquilina. Ontem o empregado seguiu quase todas as recomendações de sua patroa. Não deixou ninguém entrar sem dizer onde iria e tratou mal os repórteres que foram procurá-la, mas, uma coisa ele não obedeceu: comprou todos os jornais do dia.

O prédio onde reside D. Cacilda de Assis tem 10 andares com um apartamento por andar, entre a Avenida Princesa Isabel e a Rua Prado Junior. Sua entrada é luxuosa e os apartamentos parecem ser grandes.

No apartamento do porteiro, no fundo do edifício, sua mulher é uma das fiéis de D. Cacilda. Em sua janela está colocado um plástico de Seu Sete. A mulher do porteiro confirma que Seu Sete mora no edifício, "embora o andar eu não possa dizer pois me proibiram".

O faxineiro Francisco recebe muito mal as pessoas que procuram D. Cacilda e quando descobre que são repórteres fecha a cara e não diz mais uma palavra a não ser o seguinte: "vocês deveriam ter mais o que fazer; estão querendo acabar com uma santa mulher".

Sobre isso, Eni de Assis diz:

"Jornal eu tinha até medo de ler. Quando eu morava em Copacabana, na rua, assim, todas as bancas abertas com jornais falando de Seu 7. Não era um absurdo? Todos os jornaleiros: 'A polícia está em cima de Seu 7' ou 'O imposto de rendas fecha Seu 7 da Lira', 'Dona Cacilda não sei lá o que', 'Ela mora em apartamento...'. Aí aparece a foto do edifício e uma seta indicando o nosso andar. Aparecia o apartamento nos jornais, estampado em todas as bancas. Aí Seu 7 falou: 'se vocês não querem se aborrecer, não comprem jornal', e a gente parou com aquilo."

O apartamento onde Mãe Cacilda morava em Copacabana como inquilina passou a se tornar objeto de várias acusações de desvios de valores e uso indevido de doações direcionadas ao terreiro. Como relatou Eni, fotografias feitas em frente ao edifício e que tinham a companhia até mesmo de uma seta indicando o suposto apartamento da família estamparam quase todos os jornais mais importantes da semana. As matérias não intimidaram a médium, que continuou a alugar o local, saindo dali apenas quando o prédio foi comprado por uma construtora que pretendia demoli-lo para a construção de um hotel no local, o que acabou acontecendo.

Em compensação, o pedido de respeito de Seu Sete para os jornalistas não os intimidou. Certos profissionais continuaram com a avalanche de acusações. Eles começaram a se dirigir ao terreiro em busca de situações tensas que pudessem ocupar páginas no jornal e, com isso, "desmascarar" Mãe Cacilda e Seu Sete:

Seu Sete não sabe, mas seu terreiro agora tem um muro
– Meu chapa, sendo ou não da imprensa, eu acho melhor você se retirar. Se não a situação pode engrossar para o seu lado. Nós não gostamos de jornal aqui dentro e você tem cara de repórter.

Com esta decisão, o repórter do Correio da Manhã foi convidado a deixar o imenso sítio da Rua dos Caquizeiros, em Santíssimo, onde fica o discutido terreiro de Seu Sete da Lira. Depois dos últimos acontecimentos, e com as ameaças de fechamento do Centro, a imprensa tornou-se persona non grata nos domínios de Seu Sete.

É longo o caminho até à Rua dos Caquizeiros. Poucos quilômetros depois de Campo Grande, pela Avenida Brasil, está a entrada para o bairro de Santíssimo. Prosseguindo pela estrada secundária chega-se fácil ao terreiro. É só perguntar a qualquer pessoa. Antes mesmo de se completar a pergunta a indicação vem, segura e incisiva. Todos sabem de cor os caminhos de Seu Sete.

Uma seta vermelha, afixada a um poste, mostra a Estrada das Mangueiras. Um grande 7 em fundo vermelho indica a opção. Desde o princípio da Estrada das Mangueiras, os estacionamentos de veículos, nada oficiais, mostram ao visitante que ele está indo certo. Bem próximo ao sítio o preço ainda é camarada: 2 cruzeiros por carro. Em volta do centro, como a comodidade é maior, o preço também sobe: 3 cruzeiros sem muita conversa.

A Rua dos Caquizeiros é uma das mais bem sinalizadas do Estado da Guanabara: placas de orientação e paradas proibidas são coisas que não faltam. Em frente ao centro é proibido estacionar para não congestionar o tráfego. Em volta barraquinhas de sanduíches e refrigerantes cobrando sempre um preço acima do normal. Tão logo o carro para em frente à porta de entrada do sítio vários garotos correm para oferecer estacionamento, "baratinho e vigiado até o fim da sessão". E a briga é grande: há mais de 30 áreas de estacionamento por perto.

Quando o carro da reportagem passou em frente ao portão, o vigia da entrada fixou os olhos. O repórter passou, ele deixou de lado a severa repreensão que passava em um motorista desatento e veio correndo atrás do carro do CM.

– Ei cara, espera aí
– Algum problema?
– Você é da imprensa?
– Não, não sou. Estou aqui como curioso.
– Mas o seu carro é de jornal.
– Eu não estou aqui a trabalho. Estou de visita. Por quê?
– Você sabe que se fosse da imprensa eu ia acompanhá-lo para mostrar o centro.

Em seguida liberou o repórter e correu para um dos contínuos – das dezenas que lá trabalham, verdadeiros leões de chácara – e cochichou alguma coisa. O contínuo, em passo apressado, correu para o interior do sítio.

Um galpão de uns 40 metros por 15 com várias mesas de trabalho e espaço em volta (para os atrasados), dois bares, tendinha de lembranças, duas capelas e uns 80 empregados compõem atualmente o mundo de Seu Sete. Em um canto do terreno um novo galpão está sendo construído: armações de aço, cobertura de amianto, muitos empregados trabalhando.

Lá dentro os preços não são muito convidativos: uma Coca-Cola custa 80 centavos, um cordão amuleto de couro sai por 15 cruzeiros, uma garrafa de cachaça custa 5 cruzeiros. A entrada para a sessão, duramente disputada desde cedo, em uma longa fila custa também 5 cruzeiros. Assim uma sessão com 10.000 pessoas, coisa muito fácil de acontecer, rende nada menos que 50.000 Cruzeiros para Seu Sete.

Os valores arrecadados com as vendas de produtos eram frequentemente utilizados como objeto de crítica por parte da imprensa. Na verdade, os valores divulgados eram estimativas que, em muitas situações, não estavam de acordo com o valor real arrecadado e que era dirigido para o andamento das obras da nova Lira e para suprir os gastos de manutenção do terreno, que não eram poucos. Para participar da Mesa de Cura não era necessário se pagar nada, no entanto, se pedia uma doação simbólica para custear a compra de cachaças e charutos necessários em grandes quantidades nos trabalhos. Nas situações em que o fiel não podia ajudar, sua passagem pela Mesa era dada sem necessidade de ajuda financeira, embora muitos da época dissessem o contrário. Continuando a mesma matéria do *Correio da Manhã*:

> *O repórter estava calmamente tomando uma Coca-Cola de 80 centavos, recostado no balcão do bar, quando três senhoras muito bem-vestidas o interpelaram bruscamente:*
> *– Deixa eu ver este papel que o senhor está rabiscando! Aposto como o senhor é de jornal!*
> *Foi difícil convencê-las de que o papel continha apenas uma poesia e que o repórter não era repórter, mas, sim, um mero assistente. Depois de muita conversa ela concordou desconfiada:*
> *– O senhor sabe, esses jornalistas vêm aqui muito gentis e depois vão para o jornal "baixar o pau" na gente. Por isso nós resolvemos proibir a entrada da imprensa: a nossa paciência se esgotou.*
> *A partir daquele instante, os leões de chácara entraram em ação. Onde o repórter ia, três deles o seguiam a distância. Bastou uma entrada na fila para que um deles se postasse bem ao lado. Uma ligeira olhada ao novo pavilhão que está sendo construído, algumas centenas de pessoas já esperando (15 horas), os operários transportando as armações de aço que vão sustentar a cobertura, foi muito perigosa. Os leões de chácara não gostaram:*

> – São uns palhaços; vêm aqui e depois vão falar besteiras no jornal. Eu acho que a gente devia é grampear logo ele. Se a gente fizesse isso, garanto que jornalista nenhum metido a beata ia continuar metendo o malho.
>
> A alusão indireta, mas positiva, foi o estopim. Após uma ombrada "sem querer" um deles se adiantou e convidou o repórter a ir embora. Acabava ali a rápida e perigosa visita aos domínios de Seu Sete da Lira.
>
> Na portaria uma nova briga: um fotógrafo e um repórter de O Dia tentavam entrar na proibida mansão da Lira. A discussão só não deu em briga porque o repórter decidiu a parada, desafiando os leões de chácara de Seu Sete a empastelarem o carro do jornal: "experimentem só tocar em mim ou no carro do jornal! Você não tem peito porque sabe que se isso acontecer amanhã mesmo o terreiro é fechado e vocês ficam sem emprego".
>
> Mas os leões não se deram por vencidos:
>
> – Se os jornais continuarem a provocar Seu Sete, vão se dar muito mal. Nós não temos medo da imprensa, nem de ninguém.

Os devotos da Lira foram incisivos em defender a imagem de Seu Sete das publicações de notícias. A presença de repórteres e jornalistas não era proibida no Sítio, visto que todos eram bem-vindos desde que não estivessem a trabalho e, caso estivessem, era necessário ter uma autorização dada pela direção do Centro. A preocupação não era se fariam matérias a respeito das atividades da Lira, mas, sim, a forma distorcida como esses registros jornalísticos eram escritos e publicados. Mais tarde, Mãe Cacilda disse: "O que essa campanha prejudicou a mim e a minha família, eu não desejo a meu maior inimigo. Fui obrigada a tirar meus netos do colégio e até mudar de endereço. Mas o pior aconteceu com pessoas que frequentavam o centro. Por gostar do Seu Sete, muita gente ficou desempregada. Isso tudo aconteceu devido à maldade que existe dentro de certas pessoas. Quanto a mim, jamais deixei de ir todos os sábados para Santíssimo, onde Seu Sete dizia apenas que era preciso ter calma."

A relação de Seu Sete com a imprensa não mudou em comparação com a que existia no início de seus trabalhos. Continuava gostando dos profissionais de notícia, louvava seus feitos positivos, lia algumas reportagens a respeito da Lira durante as sessões para os presentes e até mesmo permitiu novas reportagens no terreiro. No entanto, ele se revoltava com aquilo que intitulava como "imprensa marrom".

A mídia, mais uma vez, iria a Santíssimo atrás de mais sensacionalismo. Dessa vez, porém, o objeto não seriam as curas realizadas nem tampouco a índole de Mãe Cacilda, e sim uma visita um tanto quanto crítica.

Fisco na Lira

"Toma conta da nossa Gira, Exu
Toma conta do nosso Ilê, oh, Exu
Ele é das sete encruzilhadas
Que tem formosura e quem exé"
(*Guardião dos caminhos*, Cacilda de Assis e Milton Alexandre).

Mentiras e verdades

Com a ida de Seu Sete à televisão, sua figura ficou ainda mais conhecida do que antes em nível nacional. Consequentemente, a quantidade de fiéis que acorriam aos seus trabalhos teve um aumento considerável. Isso fez com que aumentasse também o comércio popular ao redor e dentro da própria Lira. Ambulantes com pipoca, milho cozido, refrigerante, santinhos, entre outros itens, eram facilmente encontrados nos arredores da Lira de Santíssimo. Além deles, havia os estacionamentos, que obtinham bons ganhos a cada dia de trabalho no Centro. Como forma de prevenir uma despersonalização do objetivo principal do local, a direção da casa proibiu a entrada de vendedores ambulantes no espaço do Sítio. O próprio templo, assim, passou a ser o único a fornecer alimento e bebidas no interior do Sítio. Os valores arrecadados eram aplicados na receita do Centro e direcionados a gastos específicos. Não demorou muito, contudo, para que as vendas de alimentos e artigos religiosos dentro das dependências se tornassem razão para mais falácias.

Pouco tempo após a aparição de Seu Sete na TV, técnicos do Ministério da Fazenda confirmaram o início de sindicâncias para levantar os bens e rendimentos tributáveis de Mãe Cacilda. Na ocasião, fizeram questão de afirmar aos jornalistas que, caso ficasse caracterizada alguma omissão no recolhimento do Imposto de Renda durante a averiguação, seriam aplicadas as penalidades cabíveis. O *Jornal do Brasil* anunciava em matéria na ocasião: "Não se sabe até agora se D. Cacilda de Assis declarou ou não os seus rendimentos". O Exu, como sempre, não se deixava abalar e dizia:

– Eu estou certo, estou fazendo o bem, não estou fazendo o mal, estou trabalhando...

A notícia, como tudo que se referia a Seu Sete da Lira àquela altura, tomou a capa dos jornais. Muito se questionava sobre o que era feito dos valores obtidos com o nome do Exu. O jornal *Correio da Manhã* discorreu a respeito, revelando a formação de uma "corrente do fisco" dentro do terreiro:

> *A partir de segunda-feira que vem, Seu Sete, que atrai milhares de pessoas ao subúrbio carioca de Santíssimo e cujo aparecimento em programas de televisão deu origem, virtualmente, a todo um processo de renovação cultural nas TVs, vai ser taxado em dois impostos estaduais: o Imposto Sobre Serviços e o Imposto de Circulação de Mercadoria – ICM. São ordens terminantes do Secretário de Finanças da Guanabara, alertando para o forte comércio de bebidas, salgadinhos, doces e outras bugigangas na área do Sítio*

de Seu Sete, em Santíssimo. Até hoje, sem que ninguém soubesse ou identificasse, uma equipe de fiscais formou na Corrente do Seu Sete apenas com o objetivo de anotar o "movimento" de vendas para instruir o processo de taxação. Tudo isto independente das medidas que o Governo Federal decidiu adotar, aplicando legislação do Imposto de Renda, aos beneficiários financeiros do fenômeno Seu Sete da Lira.

A suposta sonegação de impostos, conforme era falado na época, foi uma das mais pesadas acusações que o terreiro de Santíssimo sofreu, justamente por colocar em questão um dos adjetivos pelos quais Mãe Cacilda mais prezava em sua caminhada: a dignidade. Os fiéis da Lira defendiam o Exu dizendo que aquilo era mais uma tentativa infundada de manchar a imagem de Seu Sete:

Fisco quer ver as contas de Seu Sete
Fiscais da Delegacia da Receita Federal iniciarão hoje diligências no terreiro de Seu Sete, em Santíssimo, para verificar a sua situação junto ao fisco. Apesar de, desde algum tempo, desenvolver atividades de natureza econômica – fabricação de colares, berloques, etc.; revenda de bebidas, serviços de parqueamento de automóveis, etc. – Seu Sete não apresentou, conforme revelou consulta feita ontem aos computadores do Serpro, declaração de rendimentos nem este ano, nem no ano passado.

Técnicos da Secretaria da Receita informaram que o exercício daquelas atividades está sujeito a diversos impostos (IPI no que se relaciona à fabricação e comercialização dos colares; ICM na venda das bebidas e outros produtos de fabricação de terceiros; ISS nos trabalhos de parqueamento de veículos, além do Imposto de Renda). De acordo com a legislação fiscal em vigor, Seu Sete, segundo os técnicos, está sujeito aos impostos devidos e não pagos, com multas de até 250% do valor dos mesmos. Explicaram que a fiscalização do terreiro não é um procedimento especial, pois a Secretaria da Receita, quando observa sinais exteriores de riqueza por parte de qualquer pessoa, promove diligências para verificar se a mesma está quite com o fisco.

Embora o procedimento fosse uma praxe por parte da Receita, não foi com a mesma normalidade de antes das polêmicas que os movimentos pró e contra o terreiro de Santíssimo receberam a notícia. O fato foi suficiente para que se acusasse Mãe Cacilda de enriquecimento à custa dos fiéis da Lira. A causa para a acusação era um apartamento supostamente pertencente à médium que se situava num dos melhores pontos do Rio de Janeiro, a Av. Atlântica, especificamente o edifício de número 1.136. Mesmo se tratando de um imóvel alugado, a discussão ganhou espaço até mesmo na revista *Veja*, onde se lia:

> *A rápida e incrível notoriedade de Seu Sete trouxe para dona Cacilda, além do ataque aberto da Igreja, um prejuízo. Alertada sobre os prósperos negócios da médium na cantina do terreiro, a superintendência da Receita Federal fez uma investigação e descobriu que dona Cacilda não declarou o imposto de renda nos dois últimos exercícios. Por ignorar os preceitos bíblicos, ela se esqueceu de dar a César o que é de César. E o governo pretende cobrar a dívida, a todo risco, com multa, correção monetária e juros de mora.*

Enquanto isso, jornais ainda mais sensacionalistas divulgavam matérias em que afirmavam que o Exu de Santíssimo estaria pretendendo excomungar o governador do Rio de Janeiro, Chagas Freitas, da religião umbandista. Isso porque, conforme afirmavam, em período de campanha eleitoral, o então candidato bateu na porta de todos os terreiros da Guanabara em busca de votos, especialmente no terreiro de Santíssimo e, mesmo assim, estaria permitindo a sindicância, o que seria uma humilhação para Cacilda de Assis e toda Umbanda. Na matéria, o governador era acusado de ingratidão para os que o colocaram no poder, ao mesmo tempo em que questionavam a quem caberia pagar as multas do terreiro caso se comprovasse a sonegação, visto que seria quase impossível intimar o Exu, que só aparecia incorporado. Entrando na mesma ideia, a Sociedade de Defesa dos Direitos Autorais manifestou estar pensando na possibilidade de fazer cobrança judicial ao terreiro por uso de composições musicais usadas durante os trabalhos. A cobrança ou não dependeria da definição do terreiro como local de prática religiosa ou de estabelecimento de fins lucrativos.

Eni de Assis comentou a respeito:

> *"Anunciavam nas rádios: 'Hoje no Seu Sete da Lira está fechado, o imposto de renda fechou o terreiro de Seu 7 da Lira, imposto de rendas, a polícia está lá....'. As pessoas ligavam todas nervosas perguntando: 'é verdade?' Mentira! Eles faziam isso na rádio, não devia processar a rádio? Mas sabe o que a mamãe fez? Um advogado se apresentou, era filho de Omolu, cheio de guias. Mamãe nem queria advogado, ela queria se defender sozinha. 'De hoje em diante, quem falar mal dela agora eu vou processar'. Ele falou isso no jornal, que ia processar."*

"A César o que é de César"

Mãe Cacilda, triste com aquela escalada de acusações e se sentindo tão exposta quanto atraiçoada, decidiu se manifestar publicamente. O veículo escolhido para veicular sua versão dos fatos foi a conhecida revista *O Cruzeiro*. O veículo enviou para o Sítio o jornalista Wanderley Lopes acompanhado do fotógrafo Vieira de Queiroz. O dia escolhido para a produção da entrevista foi um dos mais esperados no ano pelas crianças moradoras dos arredores do Centro, bem como os filhos, netos, sobrinhos e amigos: a tradicional Festa de São Cosme e Damião. Mãe Cacilda a realizava fazia anos na semana do dia 27 de setembro, tendo um número cada vez maior de crianças participantes a cada edição. Na ocasião, como nos anos anteriores, ela distribuiu frutas, doces, bolos, refrescos e as desejadas bolas de leite, sempre em cor vermelha, com o logo de Seu Sete impresso, aos meninos e meninas.

Os profissionais foram convidados a participar da comemoração para, em seguida, efetuarem a esperada matéria. Ao findar da comemoração, a equipe jornalística e a direção da Tenda se reuniram dentro da residência da médium, lugar onde um número restrito de pessoas tinha acesso. Na sala de estar (mesmo local onde ocorriam as incorporações de Seu Sete antes dos concorridos trabalhos), Mãe Cacilda sentou-se na ponta da mesa que decorava o espaço ladeada por componentes da direção do Centro nas outras cadeiras, todos vigiados por uma pintura de Seu Sete executada sobre azulejos, que posicionado atrás da médium formava uma composição.

Na publicação da revista *O Cruzeiro*, pode-se observar uma indireta à revista *Veja*, abrindo a página com letras em negrito: "D. Cacilda mostra que em sua Tenda se dá a Deus o que é de Deus e a César o que é de César". A sentença se referia ao suposto apartamento ilegal de Mãe Cacilda, cujos recibos de pagamentos de valores de aluguel do imóvel apresentados não foram levados em consideração na primeira matéria, mas comprovavam não ser mesmo o imóvel de propriedade dela. Este é o resultado na íntegra da tarde passada pela equipe da revista *O Cruzeiro* no terreiro de Santíssimo:

> Uma mesa comprida com bolos e doces, bandeirinhas azuis, rosas, vermelhas, mil cores. Gente bem-vestida. Expectativa. Estamos na Lira de Seu Sete, em Santíssimo, Guanabara. Ainda não eram três horas e do lado de fora da Tenda Espírita Filhos da Cabocla Jurema, suadas, umas duas mil crianças esperavam, desde o amanhecer, que Mãe Cacilda, cavalo de Seu Sete, iniciasse a distribuição de presentes a vários anos repetida. Era mais um dia 27 de setembro, data de Cosme e Damião. Enquanto todo mundo esperava que seus filhos saíssem de lá com uma lembrança do dia da festa, dona Cacilda de Assis, diretora-presidente do terreiro,

havia naquele mesmo dia feito uma reunião importante com os outros diretores: Petisco, Luzia Prieto e José Gomes. Discutiram as condições da Tenda e uma prestação de contas que deveria ser feita à sociedade.

– A imagem do Rei da Lira, o nosso Pai, foi destorcida por muita gente.

Enquanto falava, ela ia colocando pulseiras nos braços para começar a festa da gurizada. Mãe Cacilda, como é tratada, estava numa tarde atarefada:

– Depois que eu terminar minha missão com a criançada, vou dizer muitas coisas para vocês. Tenho que mostrar aos fiéis que fomos vítimas de injúrias. Eu e Seu Sete.

A vez de Dona Cacilda

De repente Dona Cacilda de Assis passou a viver momentos difíceis perante a sociedade, só por ser a mãe de santo que recebe o Exu Sete da Lira. Várias vezes ela explicou que "o problema da aceitação do povo não foi por culpa minha. Foi só do Seu Sete, que começou a praticar o bem, e muita gente ficou gostando dele. Agora é que estão dizendo o contrário, mas quem diz assim talvez, quem sabe, já tenha precisado do nosso Pai". Ia falando e distribuindo doces entre milhares de mãozinhas frágeis, erguidas em sua direção. Eram bolas, bonecas, carrinhos, roupas feitas pelas mães de santo, sapatos e até medicamentos. Os problemas surgidos não impediram que ela cumprisse a promessa feita aos pais de que aquela festa de Cosme Damião ia ser melhor do que a do ano passado, visto que, na nova Lira – que ainda está em obras –, o espaço seria maior e, consequentemente, a distribuição também. Apesar da movimentação, os membros que compõem a direção da Tenda Espírita Filhos da Cabocla Jurema aguardavam ansiosos que Mãe Cacilda encerrasse tudo, para poder dar atenção aos repórteres e mostrar toda a documentação do terreiro, incluindo cópias autenticadas de comprovantes dos pagamentos das taxas de impostos efetuados desde o início dos trabalhos de Seu Sete. Toda a papelada estava em poder de Armando Prieto, secretário da Tenda e devoto fiel do Rei da Lira. Aproximou-se com um Diário Oficial do dia 13 de agosto de 1971 e mostrou:

"*Tenda Espírita Filhos da Cabocla Jurema... fundada nesta cidade, onde tem sede e foro por tempo indeterminado, com fundo social a constituir-se, tendo por fim: a) praticar, estudar e difundir a religião de Umbanda, de acordo com a legislação em vigor no país, e, dentro dos princípios da Fé, Respeito e Compreensão; b) prestar assistência social, etc.*"

Prieto segura o Diário Oficial entre os dedos e ri para a gente, como quem diz, estamos certos ou não?

Já era noite quando Mãe Cacilda se aproximou do pequeno grupo formado no alpendre da sua casa na Rua dos Caquizeiros, 474, explicando: – Pronto, meus filhos. Terminei minha missão, estou à disposição de vocês para mostrar quantas mentiras andaram espalhando sobre a gente.

Estava empoeirada, o rosto suado. Segurou o grosso envelope com papéis amarelados pelo tempo, para mostrar uma declaração da Loteria Federal do Brasil, datada de 21 de agosto de 1958, pela qual a Empreendedora Civil Ltda. declara ter pago "o prêmio de Cr$ 400.060,00, que tocou ao primeiro décimo do bilhete 3.148 da extração número 119 realizada em 20-8-58, da Loteria Federal do Brasil, a Evanir Félix de Carvalho". Evanir é filho de dona Cacilda e emprestou-lhe o dinheiro para comprar o terreno onde hoje se realizam as reuniões do Seu Sete. – Como vocês estão vendo, eu comprei o terreno com dinheiro do meu filho. O documento prova tudo. Já está desmentido qualquer boato.

De onde vem o dinheiro

Quanto aos carros que se comentavam serem do ano e comprados numa agência em Copacabana, ela também preferiu buscar no meio dos documentos um recibo de 15 de julho de 1971, que explica o seguinte:

"Recebi do Sr. Evanir Félix de Carvalho a importância de Cr$ 1.154,00 (hum mil, cento e cinquenta e quatro cruzeiros), referente à venda de 2 (duas) viaturas TNE. 1/4 Ten, Willys, 1942, motor número MB-420.588 Registro EB-217313 e TNE, 1/4 Tem, Willys, 1942, motor n.º 40-140 Registro EB-21-6023. Quartel da Vila Militar – GB, 15 de julho de 1971".

Neste recibo, o cavalo de Seu Sete mostra o ano dos veículos e como foram comprados, explicando ainda que andaram comentando ser ela possuidora de quatro automóveis. Para justificar os 285 milhões das obras da nova Lira, dona Cacilda argumentou que há muitos anos ela vem fazendo uma campanha justamente naquele sentido. "Com a sua ajuda, faça um doente sorrir"; "Vale um tijolo para a construção da Nova Lira do Seu Sete", e vários outros tíquetes espalhados entre os fiéis durante as apresentações do Rei da Lira.

– A campanha, que durou mais de cinco anos, me rendeu uma soma que ainda não pude calcular, pois estava incluída nas despesas das cantinas – cafés, sopas, guaranás, doces, refrescos e outras coisas –, das vendas de amuletos, cordões com o 7 para os fiéis colocarem ao pescoço, anéis, chaveiros, bonequinhos vestidos de Exu 7, guardanapos, plásticos, etc. De tudo isso saía dinheiro que era entregue aos diretores (cinco), para, depois de somado, ser aplicado nas obras. Como prova, podem conversar com dirigentes da Construtora ENAL, que está fazendo tudo, que eles não dirão o contrário.

A respeito dos estacionamentos abertos ao lado do terreno, dona Cacilda de Assis faz questão de afirmar:

– Esta deve ser a milésima vez que explico não ter nada com a renda dos estacionamentos. Por causa de tudo isso é que todos já estão sendo legalizados no Imposto Sobre Serviços. Os proprietários, moradores daqui de Santíssimo, não têm nada a ver com o movimento do terreno. Tanto é que ninguém procurou a diretoria a respeito. As autoridades já sabem que nada temos com os locais onde guardam os automóveis.

Os documentos de dona Cacilda de Assis, proprietária do terreno onde funciona a Tenda Espírita Filhos da Cabocla Jurema, todos reconhecidos em cartórios da Guanabara, estão à disposição de quem por acaso tenha alguma dúvida. Ela mesma explica que não pretende esconder nada. Não gosta que fiquem fazendo péssima imagem de Seu Sete, "Exu que só faz o bem, só pensa em ajudar aos necessitados".

Não devo nem ao meu marido
Disposta a não deixar nada encoberto, dona Cacilda aproveitou a presença da reportagem para mostrar uma cópia autenticada de um recibo que prova que nem ao seu ex-marido ela deve.

– O meu ex-marido andou dizendo, ou andaram dizendo no lugar dele, que eu ainda lhe devo dinheiro, que não paguei o que deveria ter pago. Isto tudo também é mentira dessa gente malvada. Eis o recibo para vocês darem uma olhada.

No recibo está explicado que ela efetuou o pagamento de Cr$ 220.000,00 ao Sr. Reynaldo dos Santos Pereira, como parte que lhe coube no inventário por desquite do casal. O próprio advogado, com inscrição 3.869, garante o pagamento. Também foi exibido um documento do Cadastro Geral de Contribuintes da Secretaria da Receita Federal do Ministério da Fazenda, desmentindo rumores sobre sonegação de impostos. Dona Cacilda e o seu companheiro, o corretor José Gomes, esclarecem nada ter contra ninguém que andou erradamente falando do terreiro. Mas estão fazendo questão de mostrar o lado verdadeiro de tudo. Inclusive ele, como corretor de seguros conhecido na praça do Rio de Janeiro, tem arcado com despesas para a manutenção do terreiro.

– Não conto as vezes em que tive que meter a mão nas minhas finanças para garantir pagamento de empregados da obra. Basta explicar que, para a conclusão de tudo, eu e minha mulher vamos ter que mexer em nossos recursos. Essa história de que tudo é pago no terreiro é conversa. Quando pedimos alguma ajudazinha, é simplesmente para garantir a construção da Nova Lira e

fazer algumas modificações que só trarão mais comodidade para os fiéis.

A grande preocupação do casal é não deixar que permaneça a falsa imagem construída por noticiários apressados. Também não pretendem continuar cobrando Cr$ 5,00 por uma garrafa de cachaça a quem vai à mesa da cura.

– Após a construção da Lira, quando tudo estiver bem prontinho (já me garantiu a construtora que será para esse ano), ninguém mais pagará um centavo em nada. Essas pequenas esmolas também serão evitadas. Quero ver o que dirão os faladores.

Já eram quase 22 horas. Mãe Cacilda tinha desabafado. Fez questão de que os documentos fossem publicados. Espera a compreensão de todos. Olhou para o relógio e falou, antes de entrar. Chamou as empregadas da cozinha e advertiu que os homens que trabalharam com ela na festa ainda não haviam jantado. A mesa tinha que ser posta. Cumprimentou a todos e foi dormir tranquila. Ela, mais uma vez, obedecera a seu Rei. O Seu Sete da Lira, o homem que afirma: "Só o amor constrói".

A extensa matéria ainda tinha em negrito, em um dos cantos da página, a inscrição: "falou e disse, com documentos na mão: tudo legal com Seu 7, que, através de Mãe Cacilda, seu cavalo, também paga Imposto de Renda". Ao lado, uma página inteira carregava fotos de alguns dos documentos apresentados pela médium à equipe da revista. A matéria, primeira resposta pública direta de Mãe Cacilda aos que a acusavam de ter cometido algo errado dentro da Lira, foi um marco na história do terreiro e não se sabia ao certo qual seria a reação da direção do terreiro após sua publicação. Quais rumos o terreiro tomaria dali para frente? Ocorreu que a suposta equipe que seria enviada pelo Fisco ao centro religioso nunca sequer chegou lá:

O Secretário de Finanças, Sr. Heitor Schiller, declarou ontem que não pretende tomar nenhuma providência contra o Seu Sete ou Dona Cacilda de Assis, por não haver qualquer suspeita de que lesou Impostos referentes à área de finanças.

– O problema do Seu Sete está ligado à religião, e nós não temos nada com isso. E até que se torne necessário, nós não tomaremos qualquer atitude de investigar a vida particular de Dona Cacilda de Assis – comentou o Secretário.

Enfim, a Deus o que é de Deus.

Retiro de guarda

> "A minha vida era ruim
> Ninguém tinha pena de mim
> Chamei, meu santo protetor
> Seu 7 veio e me ajudou"
> (*Seu Sete não caiu*).

"Podem anotar, pra conferir: Seu Sete da Lira, na pessoa de sua grande mensageira Cacilda de Assis, vai figurar novamente como possuidor de insuperável popularidade, idêntica ou superior a dos primeiros dias. E não se surpreendam se assumir a direção de uma emissora carioca." Era a previsão do conhecido astrólogo prof. Kaliban para o ano de 1974. No terreiro, no entanto, o que mais se buscava era o oposto dessa previsão. A efervescência da mídia e dos fiéis da Lira em torno da figura de Mãe Cacilda lhe custou o preço de sua privacidade e vida pública. Após a resposta convincente e a isenção de culpa no Fisco, a imprensa marrom ficou sem munição. Como não encontravam fatos negativos que possibilitassem novas matérias maliciosas sobre a vida da médium, passaram a inventar fatos que as justificassem. Entrevistavam supostas entidades incorporadas em diversos terreiros da Guanabara para que essas discorressem sobre a não veracidade do Exu de Santíssimo, além de divulgarem histórias falsas que, segundo diziam, haviam se passado dentro da Lira.

A direção do terreiro, seguindo indicações de Mãe Cacilda, desenvolveu um sistema organizado de segurança em torno da médium e de suas atividades. Jornalistas, representantes de TVs e rádios passaram a ser vistos com reserva. A intenção era diminuir a frequência do nome do Exu e de sua médium nos meios midiáticos, visto que, no entendimento da direção do terreiro, muito da polêmica causada envolvendo o nome da entidade e de sua médium era decorrente de uma má explicação do que eram os seus trabalhos.

Assim, estabeleceu-se maior restrição para a entrada de veículos de comunicação no Centro, quase ninguém se comparado à quantidade que se recebia anteriormente. Para que conseguissem, era fundamental que tivessem algum contato dentro do terreiro e que, principalmente, se convencesse a agora mais cautelosa Mãe Cacilda a permitir a entrevista.

O plano idealizado deu certo. Com o tempo, a constância massiva do nome do Exu e de sua médium diminuiu consideravelmente nos jornais e nas revistas. Os adesivos pretos e vermelhos não eram mais vistos com a mesma frequência de antes perambulando grudados nos vidros dos automóveis nas ruas. Como a distância da cidade até o terreiro não era nada pequena, histórias começaram a ser ouvidas nas rodas de conversas da Guanabara: dizia-se que militares haviam fechado o terreiro e até que Cacilda de Assis havia morrido. Isso não impediu que, em 1977, o nome do "homem" intitulasse uma operação no mercado de capitais do Rio de Janeiro, trazendo à tona sua lembrança recente aos desfavorecidos de boa memória.

Em 26 de janeiro de 1976, um show em homenagem à compositora Cacilda de Assis foi realizado em São Paulo, no Clube Atlético

Ypiranga. Na oportunidade, importantes nomes da música da época se reuniram para interpretar canções compostas por Mãe Cacilda e Seu Sete. Jackson do Pandeiro, Emilinha Borba, Edith Veiga, Alvaiade e outros receberam, em meio a atabaques, reco-recos, cavaquinho, harmônica e outros instrumentos, o Rei da Lira, que se manifestou no local por intermédio de sua médium. A homenagem foi uma oportunidade para que pessoas que não conseguiam ir até o Rio de Janeiro pudessem conhecer e ter contato com o famoso Guardião. Na oportunidade, rodeado de muitas pessoas, Seu Sete fez uma bela prece pelos presentes e deixou um recado: "As portas de meu terreiro em Santíssimo estarão sempre abertas a todos que creem na vitória do amor".

O silêncio da Lira de Seu Sete para a mídia carioca foi quebrado pela primeira vez em 1977 com uma entrevista concedida pela própria Mãe Cacilda ao jornal *O Estado do Rio*. Uma equipe do jornal havia sido enviada ao bairro de Campo Grande para efetuar uma matéria sobre a falta de segurança na região. Durante as conversas travadas entre a equipe e os moradores do bairro, o nome de Seu Sete e de Mãe Cacilda foram frequentemente mencionados, pois, diziam os moradores, era inadmissível que um bairro internacionalmente conhecido (por conta do terreiro de Santíssimo) como era a região da Estrada das Mangueiras, que pertencia à Região Administrativa de Campo Grande, ficasse abandonado da forma como estava. A quantidade de vezes em que o terreiro foi mencionado intrigou o repórter responsável, que decidiu ir em busca de mais informações.

A equipe enfrentou matas, caminhos de chão batido e má iluminação para, enfim, se deparar com um Sítio majestoso e muito bem cuidado, contrastando com o lugar desértico e abandonado que a região se transformou depois do alvoroço midiático em torno do terreiro. O contato entre a equipe de jornalismo de *O Estado do Rio* e a representação do terreiro não foi muito amistoso a princípio, haja vista que as decepções anteriores colocavam a casa numa posição defensiva com relação à imprensa. Porém, o que resultou foi uma boa-nova. O repórter anunciava, seis anos após o estopim das polêmicas, que os trabalhos na lendária Tenda Espírita Filhos da Cabocla Jurema nunca foram encerrados. O terreiro ainda era "o mais famoso centro religioso existente na Zona Oeste e no mundo, onde industriais e operários se confundem e se igualam num culto que é uma verdadeira apoteose".

Com o título "Sem publicidade", o jornal publicou numa breve matéria as duas perguntas respondidas por Mãe Cacilda:

– D. Cacilda, o que aconteceu com "Seu 7 da Lira"?

Seu Sete continua funcionando em seu terreiro como sempre funcionou. O que aconteceu nos anos de 1970 e 1971 foi uma publicidade excessiva em torno da entidade, despertando a curiosidade popular. Esta curiosidade trazia milhares de pessoas para o terreiro; todos queriam conhecer o alvo de tanta publicidade, que era o Seu 7 da Lira. Muitos desavisados chegavam aqui e, encontrando o ambiente festivo, próprio do Seu 7 da Lira, não entendiam e passavam a criticar. Essas críticas encontraram eco em alguns setores e uma campanha de descrédito foi movida contra a entidade, mas, ao contrário do que se poderia julgar, esta campanha não atingiu em nada os propósitos da missão de Seu 7 da Lira, que é de dar conforto espiritual a quem necessita e a todos que tenham fé. Em parte, a campanha não foi má. A grande multidão de curiosos que lotavam as dependências do terreiro desapareceu. Filas imensas de carros que atravancavam o caminho dos que realmente tinham fé e que procuravam Seu 7 para conforto deixaram de acontecer, facilitando o acesso de muitos. Foi feita uma depuração e hoje em dia o terreiro só é frequentado por quem realmente tem fé, o que pode ser facilmente constatado por quantos aqui vierem.

– D. Cacilda, a senhora foi acusada de se beneficiar com a exploração do comércio entre os crentes de Seu 7. A comercialização da entidade foi muito grande, segundo alguns. O que a senhora diz disso?

Os gastos de luz e força aqui são da ordem de 3 mil Cruzeiros mensais. Em cada sessão, só pelo Seu 7 são gastas 200 garrafas de aguardente, duas caixas de charutos e quase uma centena de velas. Além do terreiro de Seu 7 da Lira funcionam aqui outros como, Cabocla Jurema e outros Orixás, todos com muita frequência. A despesa de manutenção destes terreiros é muito grande e tem que ser paga por alguém. A fé não permite de forma alguma que se cobre qualquer coisa dos crentes, o que deixaria de ser um ato de fé para passar a ser um comércio. Nesta região, não existe um único bar ou restaurante que fique funcionando até altas horas da noite e todos sabem que a nossa frequência de fiéis ascende a duas mil pessoas por sessão. O comércio que desenvolvemos aqui, o que pode ser comprovado por qualquer pessoa, é o seguinte: temos em funcionamento um bar que atende à necessidade de todos com café, sanduíches, refrigerantes e comidas leves. Os crentes não precisam perambular pelas ruas em busca de um bar que não vão encontrar nunca aberto, e com a receita apurada gastamos na despesa que temos no terreiro. Muitas vezes o apurado não dá para cobrir os gastos, então completamos com o nosso próprio dinheiro. Não é novidade para ninguém que eu tenho uma boa renda de direitos autorais. Mais de uma centena de músicas minhas gravadas por artistas de sucesso me garantem esta renda. Jackson do Pandeiro, Mauro Rosas, Emilinha Borba, Luiz Airão, Hélio Portinhol, Ivete Garcia, Clara Nunes, Demônios da Garoa, Silvinho e muitos outros cantores gravaram e gravam músicas minhas. Será que isto é comercialização do nome da entidade que tenho a honra de servir? Alguma pessoa, por mais descrente que seja, ou que tenha a maior das desconfianças contra mim, pode a qualquer hora que queira fazer verificação disto que estou falando e depois dizer se falo a verdade ou não. Aqui não temos nada a esconder de ninguém, o que pode atestar o número de pessoas que, invariavelmente, frequentam todos os sábados o terreiro de Seu Sete da Lira.

Como não poderia deixar de ser, a equipe permaneceu no Sítio para assistir à famosa gira do Exu. Naquele dia, esta se arrastou até as últimas horas da manhã de domingo e se manteve na frequência de 2 mil fiéis, como dito por Mãe Cacilda. Aquele número era a prova de que Seu Sete continuava atuante, só que, agora, para os verdadeiros fiéis seguidores ou interessados, e não para os curiosos, que antes faziam questão de frequentar o terreiro, como afirmou Mãe Cacilda.

A matéria publicada pelo jornal caiu como uma bomba no meio umbandista da época. Os líderes de associações e federações temiam que todo o mal-estar causado no passado por conta da presença massiva da mídia no terreiro voltasse perturbar seu descanso. Não foi o que aconteceu. Mantendo o plano de segurança desenvolvido e atuante no terreiro, os repórteres continuavam a ser vistos com cautela. Na mesma corrente, os fiéis da Lira faziam questão de cantar:

> *Eu vim de longe, só pra provar*
> *Que Seu 7 da Lira, ainda está no lugar*
> *Ele é Rei da Encruza, Seu 7 não caiu*
> *O que falaram é besteira, é primeiro de abril*
> *7 da Lira, não lhe dê a ingratidão*
> *Nesse mundo quem aparece, sofre a ingratidão*
> *Mas eu estou aqui, pra defender essa Gira*
> *E mostrar pra todo mundo, quem é Sete da Lira*
> *Debaixo dos seus pés, tem o mundo inteiro*
> *Seu 7 já provou, que é verdadeiro*
> *Para o nosso bem*
> *Seu 7 não caiu*
> *Ele vai mostrar, quem o perseguiu.*

Em maio de 1979, mais de um ano após a reportagem feita pela equipe de *O Estado do Rio*, a revista *Fatos & Fotos Gente* foi recebida em Santíssimo para efetuar uma entrevista esclarecedora. Mãe Cacilda, que não falava mais diretamente com jornalistas, resolveu ela mesma conceder a entrevista, revelando-se como a mulher que era, mas que a grande maioria das pessoas não conhecia. O título da matéria era sugestivo: "SEU SETE assim é DONA CACILDA". A matéria iniciava com uma afirmativa em resposta aos boatos que vinham correndo:

> *Se alguém pensa que o Seu Sete da Lira perdeu a sua força está completamente enganado. Todos os sábados, a partir das 21 horas e sem hora marcada para terminar, no Centro Espírita Cabocla Jurema, em Santíssimo, um subúrbio do Rio, ele continua incorporando – ou baixando, segundo terminologia do espiritismo – em D. Cacilda de Assis. Como vem acontecendo nos últimos 35 anos – segundo seus adeptos – tem realizado curas, algumas consideradas milagrosas. Só que agora a entidade vem sendo venerada por um número bem menor de fiéis (em torno de duas mil pessoas), bem inferior às quase 30 mil que obrigavam Seu Sete da Lira a atender das 21 horas de sábado às 24 horas da segunda-feira, sem interrupção. As sessões, atualmente, estendem-se até as primeiras horas das manhãs de domingo. O acesso continua tão difícil como há oito anos. A estrada que liga o centro do Rio a Santíssimo é totalmente afastada. Mas a Estrada das Mangueiras ainda não recebeu pavimentação: é de terra batida. Nos dias de chuva fica quase intransitável. Mas isso não impede que todos os que têm fé nos poderes do Seu Sete da Lira superem os obstáculos para participar das sessões.*

Durante a entrevista, o jornalista trouxe aos ouvidos da médium os boatos que rodavam na capital não muito longe dali. Ela, com toda a clareza que lhe era peculiar, esclareceu:

> *"Não estive presa, o Exército não efetuou qualquer intervenção no meu Centro espírita, e a Receita Federal vem aprovando todas as minhas declarações de renda. Tudo o que me aconteceu*

não pegou de surpresa os fiéis. Seu Sete da Lira previu tudo, dois anos antes. Disse até que só iriam ficar, após as campanhas difamatórias, os que realmente tivessem fé. Os que estavam querendo apenas seguir a onda em torno do nome dele iriam se afastar. E não deu outra coisa. Em momento algum o Seu Sete da Lira deixou de trabalhar, de fazer curas e atos de caridade, cumprindo a sua missão entre nós."

A entrevista continua:

Entre 1969 e 71, Seu Sete da Lira era a mais famosa e procurada entidade espírita do Brasil. Para atender a todos que compareciam até o distante bairro de Santíssimo – a quase 70 km do centro do Rio – D. Cacilda via-se obrigada a distribuir senhas e promover "várias mesas de cura, só para que ninguém saísse daqui sem ser atendido", esclarece a sua filha mais velha, Luzia.

Aproveitando a oportunidade, Mãe Cacilda deixou claro também o porquê do sumiço de seu nome dos meios jornalísticos:

"A solução encontrada, segundo orientação dada por Seu Sete da Lira, foi não ligar mais para as acusações. Quem tivesse alguma prova que nos levasse às barras dos tribunais para nos colocar na cadeia. Isso não aconteceu. O tempo se encarregou de mostrar, mais uma vez, que Seu Sete estava certo. A maioria das pessoas que nos seguia e que não tinha fé se afastou. Nosso trabalho não sofreu interrupção. Antes pelo contrário: passou a ser mais abençoado. Ele continuou realizando as suas curas e fazendo caridade para um maior número de pessoas, todas realmente carentes, sem condições de enfrentar as longas filas que existiam no passado. Elas vêm de todos os cantos do Brasil e até do exterior."

Mãe Cacilda continuou informando sobre a nova forma de tratar com a mídia:

"Antes de conceder uma entrevista eu tenho que receber uma permissão do Conselho Diretor do Centro Espírita Cabocla Jurema, constituído por advogados, médicos, engenheiros, arquitetos, jornalistas e militares. Eles analisam a proposta da entrevista que me foi feita e dizem da sua conveniência ou não. Passamos a tomar essa atitude para preservar a tranquilidade com que estamos trabalhando e, também, para evitar que a minha família volte a sofrer ataques iguais aos que sofreu há 8 anos. Só quem tem liberdade para agir à vontade, aqui, é o Seu Sete da Lira."

Tarlis Batista, que realizava a entrevista no Sítio, não se conteve e dirigiu à médium uma pergunta que muitos fizeram quando da divulgação, anos antes, da entrevista no jornal O Estado do Rio:

Quais são os objetivos do Seu Sete, D. Cacilda?
"Ele só quer continuar desfrutando de paz e tranquilidade para seguir fazendo os seus trabalhos. Sabe que, no momento, está cercado pelos que verdadeiramente têm fé. E é isso que ele deseja: fé, respeito e compreensão. Como ele veio ao mundo apenas para fazer o bem, curar aqueles que sofrem de males físicos de origem espiritual, Seu Sete não guarda rancor daqueles que um dia tudo fizeram para desmoralizá-lo. A sua missão é muito mais importante e só terminará quando eu desencarnar, ou morrer. Então, Seu Sete não mais voltará à Terra, pois só incorpora na pessoa que ele escolheu, e essa pessoa sou eu."

Na publicação da matéria, o texto era acompanhado de algumas fotos tiradas no Sítio, entre elas uma chamava a atenção: Mãe Cacilda sentada na sala de sua residência, cabelos soltos, nada de cartola ou capa, trajando um conjunto de calça e camisa na cor vermelha e ostentando um broche, uma Lira, no lado esquerdo do peito. A imagem era bela, mas especialmente histórica, pois pela primeira vez era divulgada uma fotografia de D. Cacilda autorizada por ela mostrando-a como era, e não em estado de transe com Seu Sete. Ao lado de uma imagem de Seu Sete incorporado, trajando suas paramentas características, permitia ao leitor arriscar apontar as diferenças entre uma Cacilda mediunizada e outra natural.

Ambas as reportagens, tanto a de *O Estado do Rio* quanto a da revista *Fatos & Fotos Gente*, guardavam uma importância ímpar na época de suas respectivas publicações. Além de serem as únicas autorizadas pelo terreiro, servem ainda hoje como referência de que as atividades do Centro nunca foram encerradas, como afirmavam algumas pessoas.

Saravá, Mãe Cacilda!

À medida que os anos se passaram, a quantidade de fiéis que participavam dos trabalhos de sábado reduziu-se de forma considerável. Mas Mãe Cacilda continuava a cuidar de seus filhos de santos, que não eram poucos. As atividades se dividiam entre o Ilê da Cabocla Jurema e a Lira de Seu Sete. No Ilê ocorriam as cerimônias de iniciação, os trabalhos de Vó Cambinda, Cabocla Jurema, Ogum e algumas festas religiosas. A Lira era o local dos trabalhos de sábado, as saídas de santo e os trabalhos da Pombagira Audara Maria. Nessa fase do terreiro, era possível ter um contato próximo com Seu Sete e Mãe Cacilda, que dificilmente se conseguiria alguns anos antes dado o volume de gente.

A postura reservada adotada por Mãe Cacilda não impediu que, em agosto de 1980, ela fosse laureada pela Ordem dos Cavaleiros da Cruz de Cristo, recebendo por isso o título de Condessa. A notificação da indicação da médium para fazer parte da Ordem lhe chegou por meio de carta datada de 24 de junho de 1980:

> *A Ordem dos Cavaleiros da Cruz de Cristo constituída com o fim precípuo de cultuar e divulgar os valores morais e intelectuais*

dos grandes vultos da nossa história e manter vivo o sentimento cívico da nossa pátria, tem a honra de comunicar-lhe que o Conselho Seletivo houve por bem conferir-lhe o título de Dama Comendadeira. A Ordem dos Cavaleiros da Cruz de Cristo cultua com os preceitos das mais nobres e antigas entidades do mundo cuja finalidade é homenagear aqueles que se conduziram com retidão e com base nos preceitos filantrópicos morais e cristãos.

A cerimônia de entrega da Ordem dos Cavaleiros da Cruz de Cristo aconteceu na cidade de São Paulo, em 11 de julho daquele ano, quando Cacilda de Assis foi recebida por autoridades sociais e eclesiásticas do âmbito nacional ao lado de sua filha Eni. Valorizada, Mãe Cacilda foi classificada como "figura super-humanística e muito estimada, principalmente no campo espiritual, onde procura caridade sem conta em benefício de todos aqueles que a procuram e nela encontram um bálsamo para os seus respectivos sofrimentos". Agora, a Condessa Cacilda de Assis poderia representar os cultos afro-religiosos entre os mais altos grupos sociais de sua época e, com isso, angariar apoio para suas obras e protegidos.

Mais de quatro anos após a última entrevista concedida por Mãe Cacilda a uma equipe de reportagem, uma nova conversa foi autorizada pela direção do terreiro. O jornal *Última Hora* era um velho conhecido da família Assis. O veículo era um dos que não poupavam espaço para noticiar ações positivas dentro do terreiro. Em 17 de janeiro de 1983, uma segunda-feira, o jornal divulgava a matéria com o título: "A volta por cima", um texto de José Edson Gomes, que tinha por função divulgar a matéria que seria publicada na terça-feira da semana seguinte depois que ocorresse a saída do Roncó de novos filhos do terreiro de Santíssimo, ritual de apresentação de iaôs, que estavam recolhidos no terreiro dando obrigação a seus Orixás. Na parte de cima da página da matéria se lia:

Há 10 anos, Seu Sete da Lira decidiu se isolar do mundo. Neste tempo, pouco dele se ouviu falar. Mas Seu Sete continuou seu trabalho. Agora ele resolveu voltar. Leia como será:

Da Estrada do Lameirão, em Santíssimo, à altura do nº 470, sai à Rua Magnesita onde quase no final está a Gira do Seu Sete. Um portão de ferro praticamente arrebentado, corroído pela ferrugem e fora dos gonzos dá acesso ao terreno. Lá embaixo, numa espécie de socavão ao qual se tem acesso por uma estradinha esburacada, está um enorme pavilhão onde menos de 10 anos atrás e especialmente aos sábados, dona Cacilda de Assis, o Seu Sete da Lira, hoje com 63 anos, chegou a ser visitada por mais de 30 mil pessoas. Personagem da cidade, notório e controvertido, com aparecimento praticamente diário no rádio, jornais e televisão, Seu Sete da Lira e/ou dona Cacilda de Assis hoje estão esquecidos. Fechada no retiro em que se constituiu sua própria casa, rodeada por muros altos e isolada por um denso bosque, ela se decidiu a não atender a ninguém fora das horas do culto e "nunca mais" dará entrevistas à Imprensa. Depois de alguma insistência, quando serviu de intermediário entre ela e o repórter seu filho Evanir, decidiu: permitirá ser vista e aceitará expor seus novos planos no próximo dia 23 de janeiro, domingo, quando será feita a saída de camarinha, no Roncó da Cabocla Jurema, de novas sacerdotisas, ou iaôs, iniciadas no Rito de Umbanda, ponto de partida para uma ressurreição não somente das atividades de dona Cacilda de Assis, mas de Seu Sete da Lira.

"Diga a ele que estou forte como antes" – transmitiu ela ao repórter, através de seu filho Evanir. [...] Há quase 10 anos quando decidiu isolar-se do mundo, fugindo à imprensa, com medo de "interpretações erradas sobre o seu culto" e, principalmente, fugindo de pessoas que se "aproveitavam de sua simplicidade e de sua boa-fé", dona Cacilda de Assis se constituía no centro de uma discussão na qual estavam envolvidos não somente os princípios e finalidades dos cultos afro-brasileiros, como a própria utilidade dessa fé. Misto de Candomblé, Quimbanda e Umbanda, num rito

trançado que fugia às normas gerais em uso no Rio, quando os cultos obedeciam a regras mais ou menos definidas, com tendências claras para a magia negra, embora praticassem a magia branca, ou vice-versa, ela começou por uma variação notável. Dentro de seu imenso terreno, um sítio de muitos hectares, entre a estação de Santíssimo e a Avenida Brasil, foi construído um templo branco, grande, espaçoso e enfeitado, destinado à Umbanda pura; o ronco da Cabocla Jurema. Ali as sessões eram mais ou menos restritas, destinadas aos adeptos da Umbanda, da magia branca. [...] Com o retiro de dona Cacilda e/ou Seu Sete da Lira, o abandono tomou conta de tudo, a mãe de santo trabalhando mais por amor à crença e obrigações com os santos e, nas giras dos sábados, a frequência não atinge quinhentas pessoas, sendo que mais de um quinto são filhos de santo, homens ou mulheres, remanescentes daquele tempo de glória, e os outros são fiéis que insistem em não abandonar o terreiro, poucos jovens, alguns curiosos e, de vez em quando, alguém da Zona Sul que vem recordar os velhos tempos.

Na terça-feira seguinte, conforme anunciado, o jornal *Última Hora* publicava uma matéria que sintetizava os festejos ocorridos no terreiro de Santíssimo no domingo. Na capa do jornal era possível ver Seu Sete e a Cabocla Jurema incorporados em Mãe Cacilda em fotos tiradas durante o ritual. Juntamente com as imagens a frase: "Veja como voltou Seu Sete da Lira". Uma volta forjada, pois, na verdade, os trabalhos nunca haviam sofrido interrupção. O culto nagô em que Mãe Cacilda foi iniciada por Pai Benedito do Congo tinha entre seus rituais o recolhimento, e este era ainda realizado pela médium tal qual fora ensinado por seu pai espiritual a ela. A diferença crucial entre aquilo que seu pai fazia para o que ela realizava era a presença de Seu Sete na segunda parte do rito:

No santé da Cabocla Jurema – cuja sacerdotisa (Ialorixá) é Cacilda de Assis de Souza, o Seu Sete da Lira, agraciada pelo Papa

João Paulo II com um diploma de homenagem – houve domingo a saída de camarinha de 20 novos filhos e filhas de santo, iniciadas nos ritos Nagô e de Angola. A beleza do espetáculo é, sem dúvida, impressionante, feita de ritmo, cor e movimento, e as festividades, partindo das oito da noite de domingo, chegaram praticamente à manhã de segunda, poucas horas antes do sol nascer. Dividido em duas partes, teve na primeira, que ultrapassou a meia-noite, a saída de camarinha dos novos iniciados, orientados por Cacilda de Assis vestida de branco e aparentando os 53 anos de idade que tem na verdade, ou talvez um pouco menos. Na segunda parte, a gira do Seu Sete, a transformação foi absoluta. Não somente a babá usava roupas diferentes, à base de negro e dourado, como toda a sua energia transparecia de maneira absoluta, como se a noite estivesse apenas começando. Mas já passava de uma da manhã quando, com enorme charuto entre os dedos (o quinto naquela noite) e uma garrafa de marafo na outra mão, ela entrou no recinto, sendo saudada pelos fiéis de maneira efusiva. Pontos cantados, palmas, gritos de viva e beija mão reverentes saudaram a entrada de Seu Sete. O ritmo dos tambores não era o mesmo da primeira solenidade, sendo agora mais impetuoso e com uma semelhança muito aproximada com sambas ou marchas de Carnaval e onde o estribilho "Salve, Seu Sete da Lira, Seu Sete de Aruanda" repetia-se durante muitos minutos, enquanto a Ialorixá saudava os filhos de santo, agora todos de branco, derramando gotas de marafo pelo chão, curvando-se diante da imagem de Oxóssi (São Sebastião), caminhando pelo salão num vaivém constante. Entre os cantos e o som dos tambores, repetiam-se as homenagens a Oxóssi, o beija-mão de fiéis e as garrafas de marafo [...]. A presença de Cacilda de Assis no terreiro, paramentada como Ialorixá, exerce um fascínio enorme nos adeptos fiéis. É que se torna extraordinário quando ela se transforma, através de roupagens novas, masculinas e exuberantes, em Seu Sete da Lira, capaz de fumar um charuto atrás do outro e beber várias garrafas de marafo (cachaça) sem que os efeitos (pelo menos aparentemente) ultrapassem o horário das sessões. Ao amanhecer do dia, terminadas as atividades do culto, quando dançou e cantou, dirigiu os trabalhos por quase oito horas seguidas, ela parece outra mulher, sem revelar efeitos do álcool, e já preocupada com sua entidade jurídica: Cacilda de Assis de Souza, editora, conferencista, escritora.

O repórter José Edson não era um praticante afro-religioso, mas não precisou de muito para notar que Seu Sete se manifestava com força e firmeza, uma vez que a manifestação da entidade foi por ele classificada como "extraordinária". A verdade é que, embora o terreiro não fosse mais amplamente comentado como antes, Seu Sete continuava seus trabalhos com a mesma força, utilizando-se do mesmo modelo ritualístico que sempre foi característicos dele. Porém, agora, com menor quantidade de fiéis.

Em 3 de setembro de 1983, uma compensadora e justa mensagem, cujo escritor não quis se identificar, foi publicada no jornal *Última Hora*:

> *Existe um aparelho feminino bem conhecido de todos nós, que é Mãe Cacilda. É a ela que dou meu Saravá, meu salve, Sr. Sete da Lira. Tenha certeza, minha irmã, que seu coração foi forte o suficiente para aguentar tantas ingratidões, tantas calúnias, difamações e deboches. Mas ele existe, quis assim, fez um teste. Queria saber se o aparelho que ele incorpora tem forças para sustentar uma coroa do rei Sete da Lira. Todos correram, se afastaram, ficaram com medo. Mas ele não. Ficou e continua trabalhando e dando suas bafaradas no seu charuto. Ficaram também os verdadeiros amigos, aqueles em que ele sempre confiou. Quis lhe mostrar quem eram os verdadeiros. Foi duro e difícil. Foi amargo. Até sua morte foi anunciada, sua queda espiritual foi falada. Até de mistificadora você foi chamada. Esqueceram-se das curas, dos empregos arranjados, dos processos arquivados. Enfim, esqueceram tudo de bom que foi feito aí em Santíssimo pelo Senhor Sete da*

Lira e no aparelho de Mãe Cacilda. A televisão disputou horário de audiência, Senhor Sete saía de um canal e partia para outro. Todos queriam faturar com o nome do Senhor Sete da Lira e com isto a mulher inexperiente, médium de incorporação, levada pela força do homem da encruzilhada e pela maldade dos aproveitadores, chegou a um ponto em que houve desgaste muito grande, tanto físico como espiritual. Daí a necessidade de dar uma parada, diminuir o ritmo. E aqueles que esperavam o número na loteria, os 13 pontos na loteca e outras coisas medíocres e vulgares, foram baixar em outros terreiros. Às televisões não mais interessam Mãe Cacilda nem o Senhor Sete da Lira. Os que foram beneficiados fugiram com medo. Acharam que Mãe Cacilda estava falida e que iria pedir que pagassem suas contas. Estavam também com vergonha de dar um depoimento em nome do espiritismo. Mas a Umbanda tem poder, e o Senhor Sete da Lira continua com os poucos, mas sinceros.

O tempo, implacável, começava a mostrar-se. Mãe Cacilda via sua idade avançar, e Seu Sete a entoar as últimas canções àqueles fiéis que ainda os acompanhavam.

Seu Sete se vai

> "Seu 7 vai
> Seu 7 vai
> Seu 7 vai pra sua banda ele vai
> Adeus terreiro de Umbanda
> Não pode mais demorar
> A sua banda lhe chama, ele vai
> Ele vai, mas torna a voltar"
> (*Subida de Seu 7, Sete da Lira*).

Uma quase despedida

O Rei da Lira era, inquestionavelmente, o Senhor das Sete Encruzilhadas. A prova disso teve o auge em seu trabalho com Mãe Cacilda nas décadas de 1960 e 1970. Mãe Cacilda permaneceu fiel a seu mentor até os seus últimos dias junto daqueles que provaram na prática serem fiéis à sua missão na Terra.

Durante toda a década de 1980, o que se viu foi uma gradativa debandada. Visitas de celebridades deixaram de ser rotina, curiosos perderam o interesse pelo trabalho ali desenvolvido e as multidões foram reduzidas a um pequeno, mas assíduo, grupo de fiéis. Assim, mais sereno, havia a possibilidade de maior concentração nos trabalhos como talvez somente antes de o templo ser erguido, na Tenda em Cascadura ou em Cavalcanti, era possível. A Lira continuava de pé, tocando as atividades de cura junto àqueles que dela precisavam, mas agora atendendo um contingente bem menor de pessoas. Igualmente, Mãe Cacilda não recebia mais como antes as frequentes visitas de repórteres e equipes jornalísticas, mantendo-se fiel ao trabalho do Exu.

Seu Sete já havia avisado anos antes:

– O terreiro vai passar por certos problemas e aqui vão ficar apenas os verdadeiros fiéis, os que têm fé, os que confiam, que acreditam. A casa vai ficar vazia por conta do que vai passar, mas vão ficar os que têm fé, apenas os que têm fé, porque é pra quem tem fé!

O público foi diminuindo paulatinamente. Nas noites de sábado, a Lira mantinha uma média de 1.000 participantes. Seu Sete atendia a todos munido de seus inseparáveis materiais de trabalho. Porém agora, os fiéis que se mantiveram na Lira podiam conversar com o Exu, tirar fotos e celebrar a presença do fiel amigo, algo inimaginável em épocas de superlotação.

Mãe Cacilda, na altura de seus 80 anos, era constantemente auxiliada por sua fiel escudeira Luzia, que cuidava das limitações físicas da mãe durante os trabalhos, embora a médium não demonstrasse qualquer sinal de fraqueza ou dificuldade decorrentes de idade ou saúde.

Quando ela chegou aos anos 1990, o terreiro não era mais tão lembrado pelos jornais. Os tempos eram outros, e os dias de atividades do terreiro sofreram algumas alterações para que Mãe Cacilda tivesse mais descanso. Seu Sete tinha consciência que o encerramento se aproximava, mas se mostrava feliz pelo legado construído. Notificava os fiéis do fim próximo também a seu jeito, ou seja, cantando:

Vou encostar o meu violão
Meu tempo passou
Adeus noitada, adeus madrugada
O boêmio cansou...
Ao que seus fiéis respondiam de forma negativa.

A última sessão na Lira ocorreu em dezembro do ano 2000, quando o Exu realizou o Ebó de final de ano. Pouco tempo após a cerimônia, Mãe Cacilda foi levada a um hospital para realizar alguns exames e se manteve ali por alguns dias. A médium, que nunca antes ficou longo período em ambiente hospitalar, foi acompanhada e amparada por Seu Sete durante todo o período. Constantemente estava a cantar e falar sobre pessoas ligadas a ela por laços da religião. Uma filha de santo que a acompanhava com frequência, Edileusa, reconheceu que não era a médium, mas, sim, seu Guardião quem estava constantemente vibrando sobre ela a fim de lhe garantir guarda física e bem-estar. Célia "Sorriso", uma de suas filhas de santo, assistiu a um show de Alcione na cidade do Rio de Janeiro e, em determinada música, fechou os olhos e ofereceu a canção a Seu Sete, pedindo pelo bem-estar da médium. No hospital, a médium, mais sintonizada que desperta dizia: "pede mesmo por mim, Sorriso..."

O Exu mantinha contato frequente com a médium e a deixava a par de tudo quanto ocorria em outros ambientes ligados a ela. Um exemplo disso foi o fato de terem caído dois balões sobre o Sítio Santo Antônio enquanto ela estava ausente. Grupos de baloeiros se dirigiram para o Sítio em busca de recuperar os dois balões ali caídos, um no teto da residência da médium e outro sobre o teto da Lira. No dia seguinte, ao chegar ao hospital, Luzia foi recebida com perguntas:

– Que era aquele tanto de pessoas lá em casa? O que houve?

Nos últimos trabalhos realizados pelo Guardião na Lira, e com a diminuição do fluxo de pessoas, ficava clara a preocupação com a segurança dos devotos e colaboradores, muitos dos quais precisavam percorrer longos percursos até retornarem às suas residências. A própria permanência dentro do Sítio era uma preocupação, visto que não havia qualquer agente de segurança contratado, o que podia facilitar a ação de mal-intencionados. Foi decidida, depois de tantos anos de muitos feitos, a substituição do local das atividades do terreiro a fim de não oferecer mais riscos aos fiéis participantes. O mobiliário sacro da Lira foi sendo recolhido e guardado, paulatinamente, pelos familiares de Cacilda de Assis. Assim, um altar foi armado dentro da residência da médium para que o espaço servisse para a realização das sessões. Sinais de um ciclo que se encerrava.

Em fevereiro de 2002, Seu Sete presidiu uma sessão aberta na varanda interna da residência de Mãe Cacilda. Usando suas paramentas comuns, mas sem botas. Seguindo o padrão, incorporou dentro da residência da médium e sua chegada foi logo constatada pelos presentes ao ouvirem suas altas gargalhadas. Durante 40 minutos de sessão, o Exu pôde realizar aquela que seria uma de suas últimas giras. A partir dali ele viria ainda outras vezes, no entanto, em grupos menores de assistentes.

Mesmo diante das circunstâncias, Mãe Cacilda não deu por findada sua missão. Em ocasiões mais reservadas, Seu Sete se manifestava para atender aos necessitados, que batiam à porta de Mãe Cacilda. O Exu, em sua sabedoria, dizia uma verdade que poucos queriam realmente acreditar, mas que estava evidente a quem quisesse enxergar: o fim das atividades da entidade na Terra. Dizia, referindo-se à tão fiel e abdicada médium:

– Depois dela, eu não vou mais me manifestar em ninguém! Ela vai ser a última pessoa. Nela se encerra a minha missão. No dia em que ela for embora, eu irei também.

Em relação ao terreiro pelo qual todos o conheciam, Seu Sete da Lira indicava:

– Vendam isso aqui e vão todos embora. O terreiro não irá mais continuar. A missão foi cumprida.

Em 20 de abril de 2009, uma segunda-feira, Mãe Cacilda acordou serena e calma, mas Luzia, conhecendo-a, logo percebeu que algo estava fora do normal. A mãe a agradecia constantemente por todo o cuidado e companhia despendidos a ela durante sua longa caminhada neste plano. A filha, desconfortavelmente, ouvia e repreendia aqueles comentários que, a seu modo de ver, não tinham o porquê de serem feitos. Naquele dia, Luzia não desgrudou da mãe, marcando-a a cada passo. Estava temerosa e preocupada que o pior pudesse acontecer.

Cacilda de Assis, aos 90 anos, via sua energia vital se esvair e buscava avisar Luzia que seu fim se aproximava. Fazia-o da forma mais íntima e grata que lhe era possível, algo que somente uma relação entre mãe e filha pode proporcionar. Em dado momento, Mãe Cacilda pediu água a Luzia, que a ajudar a beber. Logo após ingerir alguns goles, a feição de Cacilda se alterou bruscamente, bem como sua respiração. Desesperada, Luzia gritou por Seu Sete, mas era momento de as leis terrenas prevalecerem. Não havia mais a quem recorrer, nem no plano físico nem no astral. Aquele havia sido o último suspiro da médium. Era quase meia-noite, e naquela noite o Pino da Hora Grande não tinha mais na Terra sua fiel missionária. A razão física: infarto fulminante. A espiritual, ela levou consigo.

O corpo da médium permaneceu em sua residência durante aquela noite, uma ação de respeito por parte da família, que assim o fez para atender ao pedido de duas das filhas de santo de Mãe Cacilda, que desejavam se despedir da sacerdotisa em sua residência. As duas fiéis, Edileuza e Sorriso, profundamente queridas pela médium, foram fiéis a seu lado até os últimos dias de missão, o que justificava o aceite por parte da família. Enquanto ambas se dirigiam ao Sítio para despedirem-se, Luzia e sua filha, Bárbara, preparavam o corpo para o funeral do dia seguinte, tendo o cuidado de mantê-lo aquecido com um edredom na cor vinho.

O dia seguinte amanheceu triste, chuvoso e fechado. Às 8 horas da manhã, o caixão seguiu rumo ao Cemitério de Inhaúma, na Zona

Norte do Rio de Janeiro. Mãe Cacilda foi sepultada juntamente com seus familiares, onde desejava. Durante o velório, realizado na capela do cemitério, muitas orações e uma pequena homenagem em nome dos umbandistas por quem tanto trabalhou.

A ocasião, bastante simples e íntima, considerando-se a pessoa importante que Mãe Cacilda foi, nada lembrava os tempos de assédio da imprensa, quando qualquer passo da famosa médium que recebia Seu Sete da Lira, que compunha canções de sucesso, que comandava o maior terreiro de Umbanda do Brasil, era motivo de notícia. Ao contrário: o funeral, sem multidões nem alvoroço, transcorreu com tranquilidade, como que guiado pela forma como Cacilda de Assis se comportava em vida. Seu desencarne foi notificado por apenas um veículo jornalístico e em uma discreta nota de obituário:

> *No último dia 20 de abril, faleceu aos 90 anos, vítima de infarto, Cacilda de Assis de Souza, a Mãe Cacilda, médium do Exu Sete da Lira. Estiveram presentes os familiares, além de um número considerável de amigos, fiéis e simpatizantes. Ao final todos os presentes cantaram o Hino da Umbanda.*

Com ela, iam-se Vó Cambinda, Cabocla Jurema, Cosminho, Filimpo, Audara Maria e, principalmente, Seu Sete Encruzilhadas – o eterno Rei da Lira.

A Lira eterna

"Palavra de Rei não volta atrás
O galo vai confirmar,
O que Seu 7 promete
Até o fim ele vai dar
Para merecer a amizade do Seu 7
Seja bom, seja sincero
Seja amigo do Seu 7
Pois ele cumpre tudo que promete, na sua fé"
(*Palavra de Rei*, Aloísio Pimentel, 7/7/1966).

O maior terreiro de Umbanda da história, hoje, é um barracão, que recebe cada vez mais as marcas do tempo e do desuso. Ali não se veem mais os milhares de pessoas que o frequentavam semanalmente em busca de alívio, paz e esperança. Seu mais importante morador não anda de forma visível sob seus espaços recebendo seus visitantes e amigos. Certamente, caso ainda viesse a receber a visita de seu idealizador de forma material como acontecia no passado, a música "Vai barracão", cantada por Elizeth Cardozo, seria entoada:

Vai barracão pendurado no morro
Pedindo socorro
A cidade a teus pés
Vai barracão
Tua voz eu escuto
Não te esqueço um minuto
Porque sei que tu és
Barracão de zinco
Tradição de meu país
Barracão de zinco
Pobretão infeliz.

No espaço antes chamado de bar, ainda existem em uma de suas paredes vestígios dos azulejos que representavam a figura de Seu Sete em suas poses e gestos característicos. No entanto, passado tanto tempo, apenas alguns reconhecerão ali a figura do Exu, pois, por consequência do crescente vandalismo, o azulejo foi bastante danificado.

Para muitos fiéis, o Exu ainda retorna ao recinto que sempre foi seu! Os que nisso acreditam fazem questão de visitar o Sítio, como o Sr. José. Sua esposa foi diagnosticada com câncer e, segundo os médicos, corria sério risco de vida. Ele, sem saber o que fazer e preocupado com o futuro premeditado pela ciência, resolveu pedir ajuda ao Dr. Saracura. Conhecia o doutor de outros tempos e por ele foi ajudado diversas vezes. Por isso, não teve dúvidas: aprontou-se e se dirigiu ao endereço do antigo templo, onde ele mesmo, Sr. José, poderia ser encontrado facilmente aos sábados no passado. Não sabia o que poderia encontrar, mas sabia que deveria ir. Lá chegando, se assustou com o estado que se encontrava o local, que em nada lembrava a Lira pujante e cheia de vida de antigamente. Mas sua fé era grande. Sabia que, diferentemente dos médicos da Terra, o médico que atendia naquele hospital, Dr. Saracura, não agendava atendimento nem possuía consultório específico. Foi ao bar, encontrou os cacos do azulejo ainda grudados na parede, levantou seus braços o máximo que podia e fez suas preces. Regada a lágrimas, soluços e muita fé.

Alguns dias depois, José retornou ao outrora terreiro de Mãe Cacilda e Seu Sete da Lira Munido de garrafas de marafo e algumas flores vermelhas, que foram deixadas por ele no bar da Lira, embaixo de onde estavam os cacos que testemunharam sua prece atendida. A esposa curara-se do câncer de maneira espantosa. Sem explicação científica e sem deixar vestígios. O Dr. Saracura não havia se aposentado.

Como Sr. José, outras dezenas de pessoas voltaram, voltam e voltarão a Santíssimo, àquele lugar cuja grande estrutura enfrenta agora, depois de tantos outros desafios vencidos ao longo de décadas, o talvez mais implacável: a ação do tempo. Algumas pessoas deixam garrafas de marafo e flores. Outras acendem velas, fazem orações. Algumas, desconhecendo a história, tentam entender o que foi no passado aquela construção em depreciação. Já quem conhece a razão da existência do antigo Ilê da Cabocla Jurema, simplesmente, para durante alguns instantes e tenta imaginar como devia ser aquele lugar nos tempos de glória.

Após o falecimento de Mãe Cacilda, um dos cambonos de Seu Sete, Adão Lamenza, deu início a um trabalho de busca e preservação dos trabalhos do Exu Curador e sua médium nas redes sociais. As páginas e os grupos criados por ele permitiram que, durante o tempo de luto da família Assis, a médium fosse sempre lembrada, e seu trabalho divulgado. O trabalho de Adão se tornou um importante ponto de registro da memória desse quase inimaginável momento recente da história social do Rio de Janeiro, da Umbanda e da religião no Brasil. Um ato de resistência pelo qual a história permanece viva por meio da era digital, servindo, inclusive, como ponto de encontro virtual dos antigos frequentadores da Lira de Santíssimo.

A pedido de Seu Sete, quando Mãe Cacilda ainda era viva, todo o Sítio Santo Antônio devia ser vendido, inclusive a estrutura da Lira. Foi a forma que ele encontrou para não deixar o lugar, acostumado a receber muita gente, abandonado. Assim está sendo feito, mas a Lira ainda pertence a ele. Certa feita, apareceu alguém querendo adquiri-la: representava uma igreja neopentecostal, muito famosa no Rio de Janeiro e no resto do Brasil, que pretendia erguer no espaço mais um de seus grandes templos. A proposta não agradou os responsáveis, e a Lira continua sob os cuidados do Exu.

A cada ano que se passa, o Exu Sete da Lira e sua médium Cacilda de Assis são recordados e louvados de alguma forma. Não raro ganham lugar nas rodas de conversas, em programas de rádio, de TV, em sites informativos e blogs, jornais, ou viram tema de trabalhos acadêmicos. Os aspectos que mais chamam a atenção dos pesquisadores são os famosos episódios da aparição nas TVs e a resistência do terreiro em meio ao período de Ditadura Militar.

Em 2016, Seu Sete ganhou até mesmo data própria na cidade de Porto Alegre, no Rio Grande do Sul. A Câmara Municipal da cidade aprovou o Projeto de Lei n. 267/16, de autoria do vereador Cláudio Janta (do partido Solidariedade), que inclui o Dia de Exu Rei Seu Sete da Lira no Calendário de Datas Comemorativas e de Conscientização do município. A proposta prevê a celebração da data em 12 de agosto. Em sua justificativa, o autor descreveu a entidade como um "médico curador", que trabalhou em todas as áreas da saúde. *"Conhecido também por ser o senhor dos caminhos, o Exu Rei Seu Sete da Lira realiza trabalhos de abertura de caminhos para o emprego, o comércio, a limpeza de aura e o equilíbrio entre espírito e matéria, orientando as pessoas sobre suas vidas e suas condutas"*, afirmou o vereador. O parlamentar gaúcho destacou ainda que o Reino da Lira é *"de muitas magias, de saúde, de prosperidade, de fartura, de fortuna e de música".*

O Conselho Nacional Deliberativo de Umbanda (CONDU) realizou, em 2015, um evento, o *workshop* "Overdose de Exu: a voz dos guardiões", em que buscou reparar um grande erro para com Seu Sete da Lira. Na chamada para o evento, podia-se ler:

> *No próximo domingo, dia 21/06, a partir das 9h30, no mesmo local onde o antigo CONDU se reuniu para afirmar que Seu Sete Rei da Lira "NÃO ERA UMBANDA", ou seja, na sede da UNIÃO ESPIRITISTA DE UMBANDA DO BRASIL, a Casa Mater da Umbanda, Rua Conselheiro Agostinho, 52, Todos os Santos, RJ, entre outras muitas atrações, estaremos exibindo um vídeo contando um pouco da história desse verdadeiro marco da nossa religião e corrigindo uma INJUSTIÇA HISTÓRICA, quando na presença de centenas de umbandistas afirmaremos que SEU SETE DA LIRA é e sempre foi Umbanda, sim. Contamos com a presença de todos os umbandistas que desejem participar deste momento histórico da nossa religião. AXÉ!*

A União Espiritista de Umbanda do Brasil, primeiro órgão de organização e representação fundado pelo movimento umbandista, em 1939, foi um dos órgãos representativos que, na década de 1970, em meio ao alvoroço provocado pela mídia contra a Lira, levantou voz para afirmar que Seu Sete não era Umbanda e que, por isso, não deveria ser ligado às práticas umbandistas. A ação, liderada pelo CONDU e que tentava uma retratação diante das duras afirmações acusatórias do passado em relação a Seu Sete, tinha na programação também a exibição de um filme com imagens de jornais e fotos do famoso Exu enquanto, ao fundo, se reproduzia o disco gravado pela gravadora Equipe no terreiro de Santíssimo, em 1970. Na época do evento, a organização era dirigida por Pai Pedro Miranda, que na década de 1970 era o secretário da entidade, quando esta se manifestou contrária ao Exu. Anos depois, em entrevista concedida ao acervo da Estrela Verde, Pai Pedro diria:

> *Eu fui e vi quando surgiu aquele fenômeno muito interessante de Sete da Lira. Naquele domingo, ele foi no Chacrinha e*

no Programa do Flávio Cavalcanti e aquilo agitou esse país com uma reação muito grande da Igreja Católica. O que eu entendo? Não tinha a maturidade para a missão daquele espírito que sacudiu esse país. As sessões eram aos sábados [...] Sete da Lira era conhecido, juntava lá na Lira mais de 3.000 pessoas, 5.000 pessoas, como assistência, era comum, e ia povo que não acabava mais. [...] Os nossos irmãos da época tiveram medo, por quê? A pressão foi tão grande que foi feita uma reunião na União com a Congregação, a Federação, pela Confederação, e fizeram uma declaração em conjunto publicada no jornal O Dia dizendo que Sete da Lira não era Umbanda. Eu fui quem secretariei essa reunião e fiz a ata, foi quando nasceu o Conselho Nacional Deliberativo de Umbanda. Se naquela época eu tivesse a experiência que eu tenho hoje, eu teria me manifestado de uma forma diferente, mas naquela época, eu não disse nada, apenas aceitei e fui escrevendo. Nós perdemos uma oportunidade de dizer à sociedade o que nós somos e o que nós realizamos, porque não tinha nada de mais: tinha lá muita gente cantando, vibrando, a mensagem da alegria. Ter alegria é vida, alegria é vida, alegria é saúde. [...].

Hoje, passados os anos, pode-se constatar que, mais do que ajudar doentes e necessitados, Seu Sete e Mãe Cacilda foram responsáveis por executar uma missão específica através de seu trabalho conjunto. A missão de mostrar a realidade da Quimbanda para a Umbanda. Até que o Exu de Santíssimo e sua médium entrassem em cena a visão pública em torno da figura dos Exus era marcada pelo preconceito, medo, receio e uma certa tendência a ligar o culto ao satanismo. Seu Sete, como Exu, alterou de forma prática essa visão: se antes era vergonhoso andar com uma guia de cores preta e vermelha na rua, agora as pessoas imploravam para que pudessem ter essa guia e usá-la de forma pública – fazendo questão, inclusive, de exibi-la e afirmar sua origem. Nisso se baseava um famoso ponto cantado no terreiro:

OSVALDO Nunes é roubado em casa por um rapazola. **A Luta Democrática**, Rio de Janeiro, 12 maio 1971, p. 5.

PELÉ vai a Seu 7. **A Luta Democrática**, Rio de Janeiro, 6 out. 1971, p. 2.

PRADO, Edson Hugo. Cientista indiano investiga Seu 7. **Manchete**, Rio de Janeiro, n. 1.013, p. 40- 42, set. 1971.

PROGRAMAÇÃO da televisão ao vivo faz 3 Ministros s reunirem segunda feira. **Jornal do Brasil**, Rio de Janeiro, 11 set. 1971, 1° caderno, p. 13.

PROLIFERAÇÃO da macumba é desafio a que Igreja mude seus métodos, diz sacerdote. **Jornal do Brasil**, Rio de Janeiro, 1 dez. 1971, 1° caderno, p. 7.

RAMIRO, Carlos. Um artista em cada nota. **O Estado do Rio**, Rio de Janeiro, 5 jul. 1969.

REI do Candomblé desafia Seu Sete. **A Luta Democrática**, Rio de Janeiro, 2 set. 1971, p. 2.

RIO: Igreja reúne-se hoje. **Correio da Manhã**, Rio de Janeiro, 2 set. 1971, 1° caderno, p. 6.

RITO, Lúcia. "Seu 7 de Lira salvou minha vida". **Amiga**, Rio de Janeiro, n. 37, fev. 1971.

ROSSINI diz que Chagas foi amparado por Seu 7 da Lira. **Tribuna da Imprensa**, Rio de Janeiro, 14 set. 1971, p. 2.

ROSSINI elogia Danton por ter ido a Seu 7. **Tribuna da Imprensa**, 12 set. 1972.

SALVE Seu Sete da Lira. **Última Hora**, Rio de Janeiro, 3 set. 1983.

SECRETÁRIO de finanças diz que não pretende fazer nada contra o Seu Sete. **Jornal do Brasil**, Rio de Janeiro, 6 set. 1971, 1° caderno, p. 42.

SEMANA começa com choque de carros que provoca ferimentos e até mortes. **Jornal do Brasil**, Rio de Janeiro, 22 ago. 1972, 1° caderno, p. 20.

SEU 7, fé, charuto e cachaça. **Manchete**, Rio de Janeiro, n. 1.012, p. 28-33, set. 1971.

SEU SETE jura Silvio Santos. **A Luta Democrática**, Rio de Janeiro, 1 set. 1971, p. 2.

SEU SETE não sabe, mas seu terreiro agora tem um muro. **Correio da Manhã**, Rio de Janeiro, 5 set. 1971, 1° caderno, p. 3.

SEU SETE não tem vez nos terreiros da Bahia. **Diário da Noite**.

SEU SETE. **Correio da Manhã**, Rio de Janeiro, 11 set. 1971, p. 1.

SEU SETEM REI DA LIRA. Fatos e Fotos, Brasília, 25 de agosto, página 20 a 23.

SILVA, Roberto. Seu Sete fez Chacrinha chorar na Hora da Buzina. **Correio da Manhã**, Rio de Janeiro, 31 ago. 1971, Jornal de Serviço, p. 7.

SILVEIRA, Pe. Luiz Gonzaga da. Degradação umbandista nas televisões. **A Cruz**, Rio de Janeiro, 5 set. 1971.

T... vendo. **A Luta Democrática**, Rio de Janeiro, 1 set. 1971, p. 4.

T... vendo. **A Luta Democrática**, Rio de Janeiro, 31 ago. 1971, p. 6.

TIRO o Seu Sete de letra. **A Luta Democrática**, Rio de Janeiro, 25 set. 1971, p. 7.

TVS FIRMAM protocolo contra "show" de baixo nível. **Jornal do Brasil**, Rio de Janeiro, 3 set. 1971, 1° caderno, p. 12.

UMBANDISTAS contra Umbanda na TV. **Correio da Manhã**, Rio de Janeiro, 4 set. 1971.

ZÉ ARIGÓ na Umbanda. **A Luta Democrática**, Rio de Janeiro, 3 fev. 1971, p. 1.

Fé em Zambi e pé na estrada,
Encomendo a minha gira a Sete Encruzilhadas da Lira e se assim for,
Não terei medo nem pavor;
Os meus inimigos terão olhos e não me verão,
Terão boca e não me falarão,
Terão mãos e não me ofenderão,
Terão pernas e não me alcançarão,
Pois eu vivo com 7 Encruzas no meu coração.
Zambi na frente e Exu na retaguarda,
Quem abre os meus caminhos é o Exu Sete Encruzilhadas da Lira.
Saravá!

Revista FATOS E FOTOS / 14 de maio de 1979

Revista O CRUZEIRO / 30 de junho de 1971